J.B.METZLER

Dorothee Meer / Ina Pick

# Einführung in die Angewandte Linguistik

Gespräche, Texte, Medienformate analysieren

Mit zahlreichen Abbildungen

J. B. Metzler Verlag

**Die Autorinnen**
*Dorothee Meer* ist Studienrätin am germanistischen Institut der Ruhr-Universität Bochum.
*Ina Pick* ist wissenschaftliche Assistentin am Deutschen Seminar der Universität Basel.

ISBN 978-3-476-04855-4
ISBN 978-3-476-04856-1 (eBook)
https://doi.org/10.1007/978-3-476-04856-1

Die Deutsche Nationalbibliothek verzeichnet diese Publikation in der Deutschen Nationalbibliografie; detaillierte bibliografische Daten sind im Internet über http://dnb.d-nb.de abrufbar.

J. B. Metzler
© Springer-Verlag GmbH Deutschland, ein Teil von Springer Nature 2019
Das Werk einschließlich aller seiner Teile ist urheberrechtlich geschützt. Jede Verwertung, die nicht ausdrücklich vom Urheberrechtsgesetz zugelassen ist, bedarf der vorherigen Zustimmung des Verlags. Das gilt insbesondere für Vervielfältigungen, Bearbeitungen, Übersetzungen, Mikroverfilmungen und die Einspeicherung und Verarbeitung in elektronischen Systemen.
Die Wiedergabe von allgemein beschreibenden Bezeichnungen, Marken, Unternehmensnamen etc. in diesem Werk bedeutet nicht, dass diese frei durch jedermann benutzt werden dürfen. Die Berechtigung zur Benutzung unterliegt, auch ohne gesonderten Hinweis hierzu, den Regeln des Markenrechts. Die Rechte des jeweiligen Zeicheninhabers sind zu beachten.
Der Verlag, die Autoren und die Herausgeber gehen davon aus, dass die Angaben und Informationen in diesem Werk zum Zeitpunkt der Veröffentlichung vollständig und korrekt sind. Weder der Verlag noch die Autoren oder die Herausgeber übernehmen, ausdrücklich oder implizit, Gewähr für den Inhalt des Werkes, etwaige Fehler oder Äußerungen. Der Verlag bleibt im Hinblick auf geografische Zuordnungen und Gebietsbezeichnungen in veröffentlichten Karten und Institutionsadressen neutral.

Einbandgestaltung: Finken & Bumiller, Stuttgart (Foto: shutterstock.com)

J. B. Metzler ist ein Imprint der eingetragenen Gesellschaft Springer-Verlag GmbH, DE und ist ein Teil von Springer Nature
Die Anschrift der Gesellschaft ist: Heidelberger Platz 3, 14197 Berlin, Germany

# Inhaltsverzeichnis

| | | |
|---|---|---|
| **1** | **Einleitung** | 1 |
| 1.1 | Zum Gegenstand der Einführung | 1 |
| 1.2 | Zum Aufbau der Einführung | 2 |
| **2** | **Die Angewandte Linguistik und ihre Gegenstände** | 5 |
| 2.1 | Linguistik und Anwendung | 5 |
| 2.2 | Gegenstandsbereiche der Angewandten Linguistik und eine erste Arbeitsdefinition | 7 |
| **3** | **Gesprächsforschung: Methoden und Verfahren der Analyse authentischer Gespräche** | 15 |
| 3.1 | Zum Gegenstand der Gesprächsforschung | 15 |
| 3.2 | Methodische Zugänge zur Gesprächsforschung | 20 |
| | 3.2.1 Ethnomethodologische Konversationsanalyse | 21 |
| | 3.2.2 Funktionale Pragmatik | 30 |
| | 3.2.3 Asymmetrien in Gesprächen und die linguistische Diskursanalyse (nach Foucault) | 35 |
| 3.3 | Multimodalität und Gesprächsforschung | 39 |
| 3.4 | Anwendungsperspektiven der Gesprächsforschung | 45 |
| **4** | **Sprachliche und bildliche Zeichen: Semiotische Multimodalitätsforschung und die Analyse von Sehflächen** | 51 |
| 4.1 | Vom sprachlichen zum bildlichen Zeichen: Semiotische Überlegungen zum Begriff des Zeichens | 53 |
| 4.2 | Semiotische Multimodalität und die Analyse von Sehflächen | 59 |
| | 4.2.1 Sehflächen und die Kombination von sprachlichen und bildlichen Zeichen | 59 |
| | 4.2.2 Positionierung und Funktion sprachlicher und bildlicher Elemente in Sehflächen | 65 |
| | 4.2.3 Interaktive Funktionen von Sehflächen | 71 |
| 4.3 | Semiotische (Multi-)Modalität | 72 |
| 4.4 | Anwendungsperspektiven der semiotischen Multimodalitätsforschung | 74 |
| **5** | **Von der Sehfläche zum Text: Multimodale Texte – visuell und audiovisuell** | 79 |
| 5.1 | Textlinguistik und multimodale Texte | 80 |
| | 5.1.1 Textualitätskriterien | 81 |
| | 5.1.2 Textsortenspezifik und textsortenspezifische Muster | 86 |
| | 5.1.3 Textuelle Grenzen/Abgeschlossenheit von Texten | 88 |

| | | |
|---|---|---|
| 5.2 | Multimodale Texte und audiovisuelle Textsorten | 90 |
| | 5.2.1 Transkription eines Werbespots | 91 |
| | 5.2.2 Werbespot als Text | 94 |
| 5.3 | Audiovisuelle Texte und ihre mediale Ausarbeitung | 100 |
| | 5.3.1 Kamera, Schnitt und die Montage von Bildern | 101 |
| | 5.3.2 Montage und Ton | 107 |
| | 5.3.3 Montage und gesprochene Sprache | 108 |
| 5.4 | Anwendungsperspektiven: Multimodalität und audiovisuelle Medien | 109 |
| **6** | **Hypermedien und die Ausdifferenzierung neuer Textsorten** | **115** |
| 6.1 | Hypertextualität und das Internet | 116 |
| 6.2 | Formen hypertextueller Hybridität | 124 |
| 6.3 | Ausdifferenzierung neuer Textsorten: Individualisierung und Beteiligung | 128 |
| 6.4 | Anwendungsperspektiven der Hypertextualitätsforschung | 136 |
| **7** | **Linguistische Diskursanalyse und die Analyse politischer Kommunikation** | **141** |
| 7.1 | Theoretische Vorüberlegungen zu Foucault | 142 |
| 7.2 | Zugänge zur linguistischen Diskursanalyse | 145 |
| | 7.2.1 Linguistische Diskursanalyse als transtextuelle Analyse | 145 |
| | 7.2.2 Transtextuelle Korpora und Texte als heterogene Einheiten | 150 |
| | 7.2.3 Kollektivsymbole als fluktuierende Diskursfragmente | 151 |
| 7.3 | Empirische Perspektiven | 155 |
| | 7.3.1 Vom »Liebespaar« zur »Chaos-Scheidung«: Der Brexit und seine Verarbeitung über Kollektivsymbole | 155 |
| | 7.3.2 Flüchtlinge und ihre diskursive Verarbeitung im Einwanderungsdiskurs: Metapher oder Symbol | 158 |
| | 7.3.3 Linguistische Diskursanalyse und Hypermedien: Greta Thunberg und der weltweite Schüler/innenstreik | 163 |
| 7.4 | Anwendungsperspektiven der linguistischen Diskursanalyse | 167 |
| **8** | **Perspektiven der Angewandten Linguistik** | **171** |
| **9** | **Anhang** | **177** |
| 9.1 | Gesamttranskription des Coca-Cola Zero-Werbespots | 177 |
| 9.2 | Auswahlbibliografie | 187 |
| 9.3 | Sachregister | 189 |

# 1 Einleitung

1.1 Zum Gegenstand der Einführung
1.2 Zum Aufbau der Einführung

## 1.1 | Zum Gegenstand der Einführung

Vermutlich gibt es kaum einen wissenschaftlichen Teilbereich in der Linguistik, der so viele heterogene Gegenstände vereint wie die Angewandte Linguistik. Zusammengehalten werden diese Teildisziplinen zunächst nur durch den Begriff der ›Anwendung‹, der wiederum mehrdeutig und vage ist. So verbergen sich hinter der Bezeichnung ›Angewandte Linguistik‹ eine Vielzahl von mehr oder weniger etablierten, mehr oder weniger institutionalisierten, mehr oder weniger traditionsbehafteten linguistischen Teildisziplinen wie die Gesprächsforschung, die Medienlinguistik, die Fremdsprachendidaktik, die Schreibforschung, die Diskursanalyse, aber auch die Sprecherziehung oder der Bereich des Dolmetschen und Übersetzens.

Nun könnte man sagen, dass es keine Notwendigkeit für eine Einführung in die Angewandte Linguistik gibt, da Einführungen in die Gesprächsforschung, die Logopädie, die Diskursanalyse und viele mehr bereits existieren. Allerdings besteht für Studierende, für die diese Einführung hauptsächlich geschrieben ist, hier eine besondere Schwierigkeit: Gerade weil die Angewandte Linguistik sich in so viele verschiedene Teilgebiete ausdifferenziert, führt dies nicht selten dazu, dass jeweils nur einzelne der genannten Teildisziplinen an Universitäten unterrichtet werden. In der Folge erhalten Studierende nur selten Gelegenheit, sich umfassender mit dem Bereich der Angewandten Linguistik zu beschäftigen.

Trotz dieser Situation ist die Wertschätzung von Studierenden für den Bereich der Angewandten Linguistik eher hoch anzusetzen. Dies hat zwei Gründe: Zum einen sind viele Gegenstände, die von der Angewandten Linguistik verhandelt werden, nah an **lebensweltlichen Erfahrungsbereichen** von Studierenden, was ihnen – nicht immer zu Recht – einen schnellen und unmittelbar nachvollziehbaren Zugang zu den jeweiligen Gegenständen verspricht. Zum anderen erhoffen sich Studierende gerade von der Angewandten Linguistik **berufsrelevante Perspektiven**.

Obgleich also aus studentischer Perspektive aus unterschiedlichen Gründen Interesse an einer Einführung in die Angewandte Linguistik besteht, spricht die Menge der unter der Bezeichnung zusammengefassten Teildisziplinen gegen einen solchen Zugriff. Eine Lösung könnte darin bestehen, die Einführung anhand von unabhängigen Einzelkapiteln (unterschiedlicher) Autor/innen aufzubauen. Das hätte aber den Nachteil, dass der Zusammenhang zwischen den einzelnen Teilbereichen vermutlich verlorengehen würde. Außerdem mangelt es – wie bereits erwähnt – nicht an Einführungen in einzelne angewandte Teildisziplinen. Was fehlt, ist eine Einführung, die Studierenden einen systematischen Zugang anbietet, der unterschiedliche Teildisziplinen der Angewandten Linguistik verbindet. Und hier setzt die vorliegende Einführung an.

## 1.2 | Zum Aufbau der Einführung

Ausgehend von den Begriffen ›Anwendung‹ und ›Linguistik‹ geht es uns im Weiteren darum, unterschiedliche Formen der Kommunikation und des Kommunizierens aufzugreifen (alltägliche und institutionelle Gespräche, mündliche und schriftliche Kommunikation in unterschiedlichen Medien) und diese mit einem angewandt linguistischen Zugang zu bearbeiten. Dabei spielt die **Nutzung von empirischen Daten** eine zentrale Rolle, aber auch die Möglichkeit der **Rückführung der Analyseergebnisse** in die **gesellschaftliche Praxis**.

Gegenstandsbereiche: Vor diesem Hintergrund haben wir uns auf vier Gegenstandsbereiche der Angewandten Linguistik festgelegt, die alle Zugänge des menschlichen Kommunizierens zum Gegenstand haben und die in den letzten Jahren nicht nur prominent vertreten waren, sondern häufig auch in Kombination miteinander genutzt werden:
- die Gesprächsforschung
- die multimodale Textanalyse
- die Medienlinguistik
- die Diskursanalyse (im Anschluss an Foucault)

Empirische Felder: Diese Zugänge haben wir im Rahmen der Einführung kombiniert mit fünf empirischen Feldern, die sich bei Studierenden besonderer Beliebtheit erfreuen. So konzentrieren wir uns aus empirischer Perspektive auf:
- die Analyse von institutionellen Gesprächen
- die Analyse von Produktverpackungen und Printanzeigen aus der Werbung
- die Analyse von Werbespots
- die Analyse von Videos auf YouTube
- die Analyse von Daten aus dem Bereich politischer Kommunikation

Uns schien diese Mischung aus theoretischen und thematischen Aspekten im Hinblick auf eine an Studierenden orientierte Einführung besonders geeignet zu sein, um einen Einblick in unterschiedliche theoretische Zugänge zu geben und gleichzeitig am Beispiel konkreter Analysegegenstände zu verdeutlichen, welche Gemeinsamkeiten die jeweiligen Teilbereiche aufweisen. Zusammengehalten wird die Einführung durch eine in Kapitel 2 vorgestellte **Arbeitsdefinition von Angewandter Linguistik**, die in allen weiteren Kapiteln als Orientierungsgröße fungiert und gleichzeitig, wo nötig, präzisiert und ausgeweitet werden kann.

Zielgruppe: Adressat/innen unserer Einführung sind fortgeschrittene Studierende (ab der zweiten Hälfte von Bachelor-Studiengängen mit linguistischen Anteilen), die diese Einführung aufbauend auf traditionelle linguistische Vorkenntnisse nutzen können. Darüber hinaus kann die Einführung jedoch auch zur (komprimierten und häufig schnellen) Examensvorbereitung verwendet werden. Gleichzeitig sollen Lehrende, die eine Einführungsveranstaltung in die Angewandte Sprachwissenschaft planen, ermutigt werden, ihr Vorgehen entlang dieser Einführung in Gänze oder unter Nutzung einzelner Teilkapitel zu konzipieren.

Schließlich möchten wir uns zuallererst bei unserer Lektorin vom Metzler Verlag, Ute Hechtfischer, bedanken, die nicht nur die Idee für diese Einführung hatte, sondern ihre Entstehung in jedem einzelnen Schritt begleitet und unterstützt hat. Ein solches Ausmaß an (nie bevormundender) Betreuung ist in Zeiten des Abbaus von Lektoraten nicht hoch genug zu schätzen. Darüber hinaus möchten wir unseren Mitarbeiterinnen Michelle Mohn und Katharina Bary für all die vielen kleinen und größeren Arbeitsschritte danken, die sie uns im Laufe der Zeit abgenommen haben. Robert Reinecke danken wir für die Unterstützung bei der Anonymisierung der Videoausschnitte in Kapitel 3. Unser abschließender Dank gilt Anita Fetzer, die damit einverstanden war, einen ursprünglich gemeinsam verfassten Beitrag zur Gesprächsforschung in einigen Teilen zur Grundlage von Kapitel 3 dieser Einführung machen zu dürfen.

# 2 Die Angewandte Linguistik und ihre Gegenstände

2.1 Linguistik und Anwendung
2.2 Gegenstandsbereiche der Angewandten Linguistik und eine erste Arbeitsdefinition

## 2.1 | Linguistik und Anwendung

Wie im Vorwort bereits herausgestellt, besteht die Angewandte Linguistik aus teils voneinander abgegrenzten und **heterogenen Gegenstandsbereichen**. In der Folge kann sie – zumindest auf den ersten Blick – kaum als einheitliche Disziplin beschrieben werden. Vor diesem Hintergrund soll im Weiteren zunächst versucht werden, die Angewandte Linguistik ausgehend von ihren Komponenten ›Anwendung‹ und ›Linguistik‹ genauer zu bestimmen.

So verweist der Begriff ›Anwendung‹ in Kombination mit der Bezeichnung ›Linguistik‹ (oder ihrem Synonym ›Sprachwissenschaft‹) zunächst einmal auf den Zusammenhang zwischen linguistischen Überlegungen auf der einen und gesellschaftlichen Gegebenheiten auf der anderen Seite. Begrifflich unklar bleibt dabei allerdings, ob der **Anwendungsbegriff** sich auf die zu analysierenden Daten bezieht oder ob linguistische Erkenntnisse in praktisches Handeln überführt werden sollen.

Schaut man vor dem Hintergrund dieser beiden möglichen Interpretationen auf das Vorwort des Lehrbuchs *Angewandte Linguistik*, so begründet Karlfried Knapp, der Herausgeber dieser Einführung, die Notwendigkeit einer Angewandten Linguistik einleitend wie folgt:

»Die politischen und ökonomischen Zwänge der Gegenwart bringen es mit sich, dass sich die universitären Wissenschaften nicht länger von lebenspraktischen Problemen der Gesellschaft, die sie alimentieren, gänzlich fernhalten oder auch nur darauf beschränken können, solche Probleme verstehend zu beschreiben. Wissenschaften sind zunehmend gefordert, die auf sie verwandten Ressourcen zu rechtfertigen, und dafür ihren Fokus vom Problemverstehen auf das Problemlösen auszuweiten.« (Knapp 2004: XVII)

Auffällig ist an der Formulierung Knapps, dass er zunächst einmal nicht auf einen klar definierbaren wissenschaftlichen Gegenstand Bezug nimmt, sondern einen praktischen Anspruch formuliert: Universitäre Wissenschaft darf sich seiner Einschätzung nach langfristig weder auf eine die Praxis ignorierende ›Elfenbeinturm-Wissenschaft‹ beschränken noch auf den empathischen, aber konsequenzlosen Nachvollzug beobachtbarer gesellschaftlicher Probleme.

Lösung gesellschaftlicher Probleme: Obgleich beide Hinweise den geisteswissenschaftlich-philologischen Hintergrund der Argumentation Knapps erkennen lassen, führt der Verfasser im Weiteren keine geistesgeschichtlich-philologischen Begründungen für die Notwendigkeit einer Angewandten Sprachwissenschaft an, sondern bezieht sich zum einen auf wirtschaftliche und politische Aspekte (»politische[n] und ökonomische[n] Zwänge«), zum anderen auf ethische Zusammenhänge. Indem er auf die »Verpflichtung« der Wissenschaft gegenüber der Gesellschaft verweist, stellt er einen Zusammenhang zwischen gesellschaftlichen Problemlagen und der Notwendigkeit einer wissenschaftlich begründeten Problemlösung her. Entscheidend ist hierbei, dass beide Begründungen auf den Kern der Benennung ›Angewandte Sprachwissenschaft‹ verweisen: Knapp verortet die Angewandte Linguistik als Gegenkonzept zu einer Wissenschaftspraxis, der er indirekt vorwirft, die realen Probleme der Gesellschaft zu ignorieren und damit die in den gesellschafts- und geisteswissenschaftlichen Fächern ohnehin knappen finanziellen Ressourcen für den Bereich der Forschung praktisch folgenlos zu verwenden.

Nun bringt die Bezugnahme auf den Aspekt der Anwendungsorientierung bzw. Praxisnähe in geistes- und gesellschaftswissenschaftlichen Zusammenhängen die Schwierigkeit mit sich, sich von einem rein handwerklichen Anwendungs- bzw. Gebrauchswissen abzugrenzen und den eigenen Gegenstand trotz des Anspruchs auf Praxisrelevanz wissenschaftlich begründen zu müssen. Vor dem Hintergrund dieser Notwendigkeit definiert Knapp die Angewandte Linguistik unter Bezug auf Konrad Ehlich im Weiteren als wissenschaftliche Disziplin, in der

»[...] Theorie und Praxis in gleicher Weise auf- und ernstgenommen werden. Angewandte Sprachwissenschaft ist dann eine Sprachwissenschaft, in der die Anwendungsperspektive wissenschaftlicher Erkenntnisse ebenso selbstverständlich und integral ist, wie die vielfältigen Formen der sprachlichen Praxis zum Objekt der Analyse gemacht werden können.« (Ehlich 1999: 35 f.; zit. nach Knapp 2004: XVIII)

Mit diesem Zitat Ehlichs stärkt Knapp in einem zweiten Schritt zum einen den Aspekt der Kombination von Theorie und Praxis, zum anderen verweist er darauf, dass die sprachliche Praxis sowohl Objekt der Angewandten Linguistik ist als auch aus handlungsorientierter Sicht ihre Zielperspektive darstellt. Mit dieser Positionierung wird nicht nur der wissenschaftliche Status der Angewandten Linguistik markiert, sondern zusätzlich unterstrichen, dass der Aspekt der ›Praxis‹ nicht als Gegenbegriff zu dem der ›Theorie‹ gefasst werden kann: Angewandte Linguistik wird verstanden als theoretische und praktische Beschäftigung mit Fragen und Problemen des Sprachgebrauchs.

**Offene Fragen:** Allerdings reichen diese eher abstrakten Überlegungen zum Zusammenhang zwischen Linguistik und Anwendungsorientierung keineswegs aus: Wir erfahren daraus weder, welche Gegenstände genau analysiert werden (sollen), noch welche spezifischen wissenschaftlichen Methoden dabei angewandt werden. Ebenso wenig wird klar, wie das Verhältnis zwischen analysierten linguistischen Gegenständen und deren Nutzbarkeit für die gesellschaftliche Praxis aussehen soll. Insoweit soll nun in einem nächsten Schritt der Frage nachgegangen werden, welche Gegenstandsbereiche zur Angewandten Linguistik gezählt werden können.

## 2.2 | Gegenstandsbereiche der Angewandten Linguistik und eine erste Arbeitsdefinition

In der Einleitung zu diesem Band haben wir bereits darauf hingewiesen, dass die Gegenstandsbereiche der Angewandten Linguistik aus einer schwer zu überblickenden Vielzahl unterschiedlicher Teildisziplinen bestehen. Um diese Behauptung nicht zu abstrakt erscheinen zu lassen, haben wir hier (ohne den geringsten Anspruch auf Vollständigkeit) einmal versucht, unterschiedliche Teildisziplinen zusammenzutragen (in alphabetischer Reihenfolge):

- Computerlinguistik
- Forensische Linguistik
- (Fremd-)Sprachenerwerb-/didaktik
- Genderlinguistik
- Gesprächsforschung
- Gesundheitskommunikation
- Hypertextlinguistik
- Interkulturelle Linguistik
- Jugendspracheforschung
- Klinische Linguistik/Logopädie
- Linguistische Diskursanalyse
- Linguistische Werbeforschung
- Medienlinguistik
- Mehrsprachigkeitslinguistik
- Politolinguistik
- Psycholinguistik
- Schreib(prozess)forschung
- Sprechwissenschaft
- Textlinguistik und Stilistik
- Übersetzen und Dolmetschen
- etc.

*Teilbereiche der Angewandten Linguistik*

Bereits die Menge der hier angeführten Teildisziplinen, die als offene Liste zu begreifen ist, weist auf die angesprochene Schwierigkeit hin, auf der Grundlage einer so heterogenen Vielzahl unterschiedlicher Disziplinen grundlegende Gemeinsamkeiten herauszuarbeiten. Gleichzeitig verdeutlicht die Vielzahl der genannten linguistischen Teildisziplinen aber auch die angesprochene hohe gesellschaftliche Relevanz der Angewandten Linguistik. Denn betrachtet man die unterschiedlichen Gegenstände der genannten Teildisziplinen, so scheinen sie einen nützlichen Ansatzpunkt für die Behebung der in Medien und Politik immer wieder thematisierten ›Legitimationskrise der Geisteswissenschaften‹ zu versprechen. Wenn es also gelingen soll, der Angewandten Linguistik sowohl innerhalb der Hochschule als auch außerhalb ein besseres ›Standing‹ zu vermitteln, dann ist es zwingend notwendig, trotz der vorliegenden Heterogenität darüber nachzudenken, was unter ›Angewandter Linguistik‹ verstanden werden soll.

Vor diesem Hintergrund soll in einem nächsten Schritt eine relativ weite Arbeitsdefinition von Angewandter Linguistik vorgeschlagen werden, die die vorhergehenden Überlegungen aufgreift. Die einzelnen Komponenten dieser Definition werden an die Definition anschließend direkt Schritt für Schritt begründet:

Definition

> Wir möchten unter Angewandter Linguistik im Weiteren diejenigen linguistischen Gegenstandsbereiche und (Teil-)Disziplinen verstehen, die sich unter Nutzung wissenschaftlich reflektierter Verfahren mit Formen und Funktionen empirisch erhobener (multimodaler) Sprach-/Kommunikationsdaten (Korpora) im Hinblick auf ihre semiotische Relevanz in konkreten gesellschaftlichen Kontexten analytisch und interpretativ auseinandersetzen. Dabei sind die Ergebnisse der empirischen Analysen potenziell dazu geeignet, in den jeweiligen Praxisfeldern für kommunikative oder strukturelle Veränderungen genutzt zu werden.

Diese Definition, die im Laufe dieser Einführung themenspezifisch ausdifferenziert und erweitert werden muss, soll nun in einem ersten Schritt in ihren einzelnen Komponenten erläutert und begründet werden.

**1. Wissenschaftlich reflektierte Verfahren:** In vielen wissenschaftlichen Disziplinen müsste die Tatsache, dass die Nutzung ›wissenschaftlich reflektierter Verfahren‹ die Grundlage der Disziplin darstellen, gar nicht erwähnt werden. Das gilt für die Angewandte Linguistik nicht mit der gleichen Selbstverständlichkeit, da sich hier Disziplinen (wie die Logopädie) finden, die ihren Ursprung und ihren Schwerpunkt nicht durchgängig im wissenschaftlichen Bereich haben. So ist die Logopädie beispielsweise bis heute in weiten Bereichen ein Ausbildungsberuf, dessen Grundlage nur in Ausnahmefällen ein Hochschulstudium darstellt. Dieses ist dann zusätzlich unter der Bezeichnung ›Klinische Linguistik‹ in der Medizin bzw. im Bereich der Gesundheitswissenschaft und nicht in der Linguistik angesiedelt.

Zur Unterscheidung solcher tendenziell praktischen und stark auf Erfahrungswissen beruhenden Ansätze von wissenschaftlich basierten Ansätzen möchten wir unter ›wissenschaftlich reflektierten Verfahren‹ im Weiteren methodische Zugänge verstehen, die ihre Gegenstände anhand von (empirischen) Daten untersuchen, wobei sowohl die Datenerhebung als auch die Datenanalyse intersubjektiv nachprüfbar erfolgen und die Begründung des eigenen Vorgehens unter Bezug auf vorliegende Forschungsergebnisse erfolgen muss.

**2. Datenorientierung und authentische Daten:** Die Angewandte Linguistik arbeitet datenorientiert. Konkret handelt es sich bei linguistisch relevanten (qualitativen) Daten um verbale und visuelle Gegenstände wie Gespräche (z. B. schulische Unterrichtsgespräche, Verkaufsgespräche), schrift-sprachliche Texte (z. B. Kochrezepte, Zeitungsberichte), Medienformate (z. B. Printanzeigen, Werbespots, Fernsehnachrichten) etc.

Die Daten der Angewandten Linguistik sind in der Regel authentische Daten. Hierunter versteht man Daten, die unter ›natürlichen‹ kommunikativen Bedingungen gesammelt und in Form von wissenschaftlichen **Korpora** (lat./Pl. = Sammlung zu analysierender Daten, Sg./N.: das

Korpus) zusammengestellt werden. Wenn hier von ›natürlichen‹ Bedingungen gesprochen wird, so bedeutet dies nur, dass die aufgezeichneten bzw. erhobenen Daten Teil einer üblichen gesellschaftlichen Praxis sind und nicht zum Zweck der Analyse produziert worden sind. Dies trifft beispielsweise auf die Aufnahme eines klinischen Gesprächs zu, aber auch auf die Aufzeichnung einer Fernsehdiskussion oder auf ein YouTube-Video. Die anhand solcher (oder ähnlicher) Daten zusammengestellten Korpora können – je nach Fragestellung – unterschiedlich groß sein; entscheidend ist, dass ein Korpus bezogen auf die jeweilige Fragestellung intersubjektiv nachvollziehbar begründet werden muss. Hierbei muss auch die Frage beantwortet werden, warum es auf der Grundlage eines konkreten Korpus möglich ist, eine konkrete Fragestellung zu bearbeiten.

**3. Sprachliche Daten und Multimodalität:** An dieser Stelle ist aus wissenschaftshistorischer Sicht zu beachten, dass den traditionellen Kernbereich linguistischer Forschung im Anschluss an den Linguisten Ferdinand de Saussure ›die Sprache‹ darstellte, wobei ›Sprache‹ (bis in die 1970er Jahre) vorrangig als geschriebene Sprache erfasst und analysiert wurde. Die gesprochene Sprache kam dabei lange Zeit gar nicht oder als defizitäre Version der ›eigentlichen‹ Sprache in den Blick. Hinzu kam die Tatsache, dass die Mehrzahl der Linguisten/innen ›Sprache‹ auf Aspekte des Sprachsystems einschränkten und dieses nicht empirisch (also anhand von Daten) analysierten, sondern vorrangig aufgrund des Verfahrens der Introspektion (»Betrachtung der eigenen Annahmen zu sprachlichen Gegenständen«) Aussagen über das Sprachsystem machten.

Diese Begrenzung auf das semiotische System ( = Zeichensystem) der (geschriebenen) Sprache wurde allerdings seit den 1970er Jahren zunehmend durch die Beschäftigung mit mündlichen Sprachdaten in konkreten gesellschaftlichen Zusammenhängen erweitert. Aber auch diese Beschränkung auf die Modalitäten ( = Zeichenressourcen) der gesprochenen und geschriebenen Sprache erwies sich aus der Perspektive einer Angewandten Linguistik noch als zu eng und so wurde die Ausschließlichkeit der Beschäftigung mit Sprache seit der Jahrtausendwende ebenfalls heftig kritisiert. Hierbei hat man auf (viel ältere) Erkenntnisse aus dem Bereich der Semiotik ( = allgemeine Zeichenlehre) zurückgegriffen (s. dazu Kap. 4) und auf die **Relevanz von anderen Modalitäten** wie bildlichen Darstellungen, körpersprachlichen Aspekten, aber auch paraverbalen Aspekten wie der Intonation (als paraverbalem Bestandteil gesprochener Sprache) oder der Typografie als paraverbalem Bestandteil der geschriebenen Sprache hingewiesen.

Vor dem Hintergrund dieser Ausweitung des Untersuchungsgegenstands der Linguistik, die aufgrund der multimodalen Realisierung alltäglicher Kommunikation auf Dauer vermutlich unausweichlich war, muss die Angewandte Linguistik seit der Jahrtausendwende ebenfalls zunehmend als ›multimodal‹ charakterisiert werden. Wenn wir den Gegenstand der Angewandten Linguistik somit empiriebasiert unter Bezug auf den Begriff des ›Datums‹ bestimmen, so verstehen wir darunter prinzipiell auch ›multimodale Daten‹.

**4. Formen und Funktionen:** Die Differenzierung zwischen Formen und Funktionen von Sprache geht auf den bereits erwähnten Begründer der strukturalistischen Sprachwissenschaft, Ferdinand de Saussure, zurück, der darauf hingewiesen hat, dass sprachliche Zeichen sowohl eine Formseite als auch eine Inhaltsseite haben. Beide seien (beispielsweise im Rahmen des Lexems Baum) arbiträr, das heißt ›willkürlich‹ und konventionell miteinander verknüpft. De Saussure machte mit dieser Feststellung auf die Tatsache aufmerksam, dass die Verbindung zwischen der Form- und der Inhaltsseite der Mehrzahl sprachlicher Zeichen nur durch den Erwerb der sprachlichen Konventionen einer Gesellschaft motiviert ist und es keine zwingende oder gar natürliche Verbindung zwischen den beiden Seiten eines (sprachlichen) Zeichens gibt.

Diese Annahmen haben im Verlauf der Geschichte der Linguistik unter anderem dazu geführt, dass Formen und Inhalte von Sprache häufig getrennt voneinander untersucht worden sind: Während sich beispielsweise die Phonologie (die Lehre vom System der sprachlichen Laute) mit der Formseite sprachlicher Laute beschäftigt hat, hat sich die Semantik (die Lehre von der Bedeutung sprachlicher Zeichen) vorrangig auf funktionale Fragen des Inhalts sprachlicher Einheiten und somit auf die sprachliche Bedeutung konzentriert. Fragen nach Funktionen sprachlicher Zeichen wurden zunächst bezogen auf den Zusammenhang mit anderen sprachlichen Zeichen gestellt, Funktionen von Sprache bezogen auf außersprachliche Zusammenhänge kamen erst später in den Blick der Linguistik.

Vor dem Hintergrund dieser langjährig betriebenen Ausdifferenzierung der Form- und der Inhaltsseite sprachlicher Einheiten geht es der Angewandten Linguistik darum, Aspekte von Form und Inhalt sowie von Form und Funktion integriert zu betrachten. Die Relevanz dieser integrierten Betrachtungsweise formaler und funktionaler Aspekte, die u. a. von dem Semiotiker Louis Hjelmslev unterstrichen worden ist, wird beispielsweise deutlich, wenn man unterschiedliche Formen der Begrüßung in hochschulischen Sprechstunden betrachtet: So ist ein knappes HALlo. als Begrüßung auf Seiten des Lehrenden im Gegensatz zu einer lächelnden Begrüßung wie halLO frau schneider; KOMmen sie doch rein. nicht nur ein Unterschied auf der Formseite der genutzten Zeichen, sondern auch einer auf der Ebene der kommunikativ-funktionalen Bedeutung. Noch deutlicher wird die funktionale Relevanz sprachlicher Formen, wenn eine Lehrende auf die eher stark ritualisierte Begrüßung eines Studenten wie guten TAG frau doktor meer mit einem lächelnden HEY, kommen Se doch rein. reagiert. Hier bewirkt der stilistische Wechsel auf der Ebene der Form eine punktuelle kommunikative Reduktion der hochschulischen Hierarchien für die Startphase der konkreten Sprechstunde.

Insoweit kann festgehalten werden, dass es der Angewandten Linguistik vor dem Hintergrund ihres Bezugs auf konkrete gesellschaftliche Zusammenhänge um eine integrierte Betrachtungsweise von Formen und Funktionen von Kommunikation geht.

5. Semiotische Relevanz: Der Begriff der Semiotik als ›allgemeine Lehre vom Zeichen‹ (s. Kap. 4.1) ist oben bereits im Zusammenhang mit dem Aspekt der ›Modalität‹ als Zeichen- bzw. Ausdrucksressource gefallen. Mit dem Begriff der ›semiotischen Relevanz‹ in unserer Definition möchten wir darauf hinweisen, dass zu analysierende Datenkorpora in der

Angewandten Linguistik inzwischen vielfach multimodal sind und somit die konkreten Formen und Funktionen in der Analyse ebenfalls multimodal erfasst werden können. Das bedeutet vor dem Hintergrund der vergleichsweise kurzen Phase multimodaler Forschung natürlich nicht, dass jede Analyse im Bereich der Angewandten Linguistik von nun an multimodal ausgerichtet sein wird oder muss. Vielmehr geht es darum, die Berechtigung, aber auch die Relevanz einer multimodalen Betrachtungsweise zu unterstreichen. Welche Beachtung multimodalen Aspekten in der Angewandten Linguistik vor diesem Hintergrund zukommen wird, muss die Zukunft zeigen.

**6. Gesellschaftliche Kontexte:** Die konkreten gesellschaftlichen Zusammenhänge ( = Kontexte) der erhobenen (authentischen) Daten sind verstärkt seit den Anfängen der Analyse gesprochen-sprachlicher Daten im Laufe der 1970er Jahre berücksichtigt worden. Während in den Anfängen der Analyse gesprochener Sprache in Deutschland vor allem die Unterschiede zwischen gesprochener und geschriebener Sprache thematisiert wurden, kamen Fragen bezüglich der Relevanz des gesellschaftlichen Kontextes der erhobenen Daten erst nach und nach in den Blick: Hierbei wurde der Begriff des ›Kontexts‹ je nach methodischem Zugang zu den analysierten Daten unterschiedlich definiert.

Prinzipiell lassen sich zwei bis heute relevante Definitionen von ›Kontext‹ festhalten: Zum einen wird das gesellschaftliche Umfeld, innerhalb dessen konkrete Daten erhoben werden, als ›Kontext‹ bezeichnet. Bei einem solchen Verständnis von ›Kontext‹ kommen beispielsweise bei der Analyse von Daten der schulischen Unterrichtskommunikation kontextuelle Aspekte der Institution ›Schule‹ in den Blick, es könnten aber auch konkretere Aspekte des Kontexts der untersuchten Klasse berücksichtigt werden. Dieser Kontextbegriff, der den gesellschaftlichen Zusammenhang, in dem Daten erhoben werden, im Sinne eines ›einflussreichen Rahmens‹ definiert, unterscheidet sich von einem zweiten Kontextbegriff, der den Kontext nicht als Voraussetzung der Analyse, sondern als Ergebnis von sprachlichen oder anderen kommunikativen Handlungen begreift. ›Kontext‹ in diesem Sinne bildet keinen Rahmen, sondern wird durch die kommunikativen Handlungen überhaupt erst hergestellt. Indem etwa eine Mandantin im Rahmen eines anwaltlichen Mandant/innengesprächs den Anwalt darum bittet, ihr eine bestimmte rechtliche Frage zu beantworten, macht sie im Sinne eines solchen zweiten Kontextbegriffs die Wissensasymmetrie zwischen sich und dem konkreten Anwalt relevant und konstituiert damit einen spezifischen (wissensasymmetrischen) Kontext mit bestimmten verteilten Zuständigkeiten (s. dazu auch Kap. 3.2).

Obgleich sich Vertreter/innen der genannten unterschiedlichen Kontextbegriffe lange Zeit attackiert haben, deutet sich in den letzten Jahren an, dass beide Begrifflichkeiten – je nach Fragestellung und Untersuchungsinteresse – ihre Relevanz haben: So müssen Kontexte in konkreten Situationen relevant gemacht werden, um in einer konkreten Situation als bedeutsam, d. h. kommunikativ einflussreich erkannt zu werden: Formuliert eine Mandantin in einem Mandant/innengespräch ihre Vorstellung für eine mögliche rechtliche Lösung, weil sie selbst sehr vertraut mit dem Rechtsgebiet ist, so werden die Wissensasymmetrien in einem solchen Gespräch sicherlich anders relevant, als im Fall der Mandantin, die kaum rechtsrelevantes Wissen einbringt. Das heißt einerseits, dass Kontextmerkmale nicht sinnvoll unabhängig von konkreten kommunikativen Aktivitäten bestimmt werden können bzw. sollten, andererseits wäre es ebenso wenig überzeugend, davon auszugehen, dass Wissen über gesellschaftliche Zuständigkeiten nicht bereits vor Beginn eines konkreten Gesprächs durch Sozialisation und Erfahrung existieren würden, sondern erst im Moment des Gesprächs selber entstehen.

**Der Anwendungsbegriff:** Wenn am Ende der vorgeschlagenen Definition von Angewandter Linguistik davon die Rede ist, dass die Ergebnisse von Untersuchungen in diesem Bereich ›potenziell‹ dazu genutzt werden können, um in Form konkreter Empfehlungen oder gesellschaftlicher Veränderungen in die Gesellschaft zurückzuwirken, so reagiert diese Formulierung darauf, dass eine solche Perspektive nicht von allen angewandt arbeitenden Linguist/innen geteilt wird. Ohne die Gründe hierfür an dieser Stelle ausführlicher diskutieren zu wollen, möchten wir im Weiteren zwischen einem ›engen‹ und einem ›weiten Anwendungsbegriff‹ unterscheiden:

*Verschiedene Anwendungsbegriffe*

- Unter einem **engen Anwendungsbegriff** werden empirische Untersuchungen linguistischer Gegenstände zusammengefasst, die datengestützt Erkenntnisse über sprachliche und andere multimodal-kommunikative Prozesse erarbeiten. Hierzu könnten beispielsweise Untersuchungen transkribierter Gesprächsverläufe im Rahmen von Gesprächen zwischen Ärzt/innen und Patient/innen ebenso zählen wie die semiotische Analyse eines Korpus von Wahlplakaten. Entscheidend ist im Anschluss an die bisherigen Überlegungen, dass es sich um die analytische Bearbeitung (authentischer) Daten handelt.
- Dieser enge Anwendungsbegriff soll von einem **weiten Anwendungsbegriff** unterschieden werden, mit dem die Teilbereiche sprachwissenschaftlichen Arbeitens erfasst werden, die auf der Grundlage empirischer Befunde darauf ausgerichtet sind, diese in die untersuchte Praxis zurückzutragen und dort reflektiert und meist in Zusammenarbeit mit der Praxis beobachtbare Problemstellen der analysierten Kommunikationssituationen zu beheben. Ein solcher weiter Anwendungsbegriff setzt das skizzierte enge Verständnis voraus und baut auf diesem auf. Denn es müssen unter wissenschaftlichen Bedingungen gewonnene Erkenntnisse methodisch reflektiert für die Entwicklung verschiedener Handlungsalternativen genutzt werden. Dies ist kein einfacher Schritt, weil die gewonnenen empirischen Ergebnisse sowohl auf die Perspektive von Kommunizierenden in den untersuchten Feldern zugeschnitten werden müssen als auch didaktisch so aufbereitet werden müssen, dass die Ergebnisse in die Praxisfelder eingehen können. Dabei handelt es sich keineswegs um ›Rezepte‹ oder ›Regeln‹, die einfach vermittelt werden, wie es der Begriff der Anwendung suggerieren könnte, sondern um oft enge Auseinandersetzungen mit der untersuchten Praxis über ihre kommunikativen Prozesse und deren strukturellen Bedingungen. Dazu ist die Zusammenarbeit mit den Kommunizierenden notwendig.

## 2.2 Gegenstandsbereiche der Angewandten Linguistik und eine erste Arbeitsdefinition

**Gesellschaftliche Perspektiven:** Im Hinblick auf vorliegende wissenschaftliche Befunde muss allerdings festgehalten werden, dass Konzepte im Rahmen eines weiten Anwendungsbegriffs in der Angewandten Linguistik bisher vorrangig im Bereich der Gesprächs- bzw. Konversationsanalyse entwickelt worden sind (s. dazu Kap. 3.4). Dennoch soll kontinuierlich versucht werden, die Erkenntnisse (aus dem Bereich der Gesprächsforschung) auf andere Bereiche der Angewandten Linguistik zu übertragen. Auch wenn sich die Angewandte Linguistik im Sinne eines weiten Anwendungsbegriffs erst in ihren Anfängen befindet, so scheinen uns diese Überlegungen sowohl im Hinblick auf studentische Berufsperspektiven, aber auch im Hinblick auf die von Knapp (2004) angesprochenen gesellschaftlichen Veränderungen hoch relevant. Gerade die Angewandte Linguistik hat vielfältige Ergebnisse auf empirischer Datengrundlage gewonnen, die für die Praxis genau aufgrund der Authentizität der untersuchten Daten nützlich sein können.

**Ziel der Definition:** Nun könnte man vor dem Hintergrund dieser ersten Definition auf die Idee kommen, einige der weiter oben erwähnten Teildisziplinen ihre ›Zugehörigkeit‹ zur Angewandten Linguistik absprechen zu wollen, weil sie gemessen an ihren eigenen Kriterien oder auch gemessen an den Kriterien der vorliegenden Definition von Angewandter Linguistik eines oder mehrere der genannten Merkmale nicht erfüllen. Eine solche Perspektive liegt uns fern: Zum einen scheint uns ein solches Vorgehen deshalb nicht sinnvoll zu sein, weil es innerhalb einiger der genannten linguistischen Teildisziplinen unterschiedliche Ansichten über die Relevanz von Wissenschaftlichkeit, Datenorientierung oder Praxisbezug für die eigene Disziplin gibt (vgl. dazu die Bemerkungen zur ›Logopädie‹ weiter oben). In Richtung auf solche (oder ähnlich gelagerte) Disziplinen möchten wir unsere Definition als Orientierung zur Bestimmung eines eigenen Selbstverständnisses anbieten, nicht jedoch eine Entscheidung über Zugehörigkeit oder Ausschluss fällen. Zum andern ist es im Hinblick auf die Heterogenität angewandt-linguistischer Gegenstände vermutlich ohnehin sinnvoller, den umgekehrten Weg zu gehen und ausgehend vom Selbstverständnis einer Teildisziplin zu fragen, warum es sich um wissenschaftliche Gegenstandsbereiche handelt, die sich selbst als angewandt-linguistisch bezeichnen.

- So hat sich beispielsweise die ethnomethodologische Gesprächs- bzw. Konversationsanalyse (in doppelter Abgrenzung zur normativen Soziologie und einer deduktiven Sprechakttheorie) ganz explizit als Disziplin konstituiert, die ausgehend von authentischen Daten wissenschaftlich reflektierte empirisch gestützte Aussagen über handlungsleitenden Kategorien menschlicher Interaktion macht.
- Etwas anders gestaltet sich die Entwicklung der semiotischen Multimodalitätsforschung, die sich aus der theoretischen Semiotik entwickelt hat und ihre traditionell sprachlich orientierten Gegenstände erst langsam um Aspekte anderer (semiotischer und) multimodaler Ressourcen wie Bilder, Musik und Geräusche erweitert hat.
- Und noch einmal anders lässt sich die Hinwendung der Textlinguistik zu einer in Teilen angewandten Disziplin beschreiben: So arbeiten einige Teile der Textlinguistik bis heute vorrangig theoretisch, während

*Zugänge zur Angewandten Linguistik*

andere auf der Grundlage empirischer Analysen Verbindungen mit anderen Disziplinen wie der Multimodalitätsforschung, der Stilistik oder der Diskursanalyse eingehen und an diesen Stellen über ein anwendungsorientiertes Potenzial im hier definierten Sinn verfügen (s. Kap. 5).

Unser Ziel ist es vor dem Hintergrund der beschriebenen Gemengelage ein doppeltes: Aus theoretischer Perspektive geht es darum, Vertreter/innen unterschiedlicher Teildisziplinen der Angewandten Linguistik ein im oben definierten Sinn kategorial fundiertes Angebot zur Überprüfung des eigenen Selbstverständnisses anzubieten und damit zur Diskussion dessen beizutragen, was in Zukunft als Angewandte Linguistik verstanden werden soll. Dabei ist es durchaus erwartbar, dass unsere Arbeitsdefinition im Rahmen einer solchen Diskussion verändert bzw. erweitert werden muss. Darüber hinaus geht es uns im Hinblick auf studentische Adressat/innen dieser Einführung darum, ihnen ausgehend von der vorgestellten Definition eine exemplarische Vorstellung davon zu vermitteln, wie Angewandte Linguistik aussehen und welche Ziele sie verfolgen kann. Dadurch sollen Studierende dazu ermuntert werden, andere linguistische Konzepte mit dem hier vorgeschlagenen zu vergleichen und darüber nachzudenken, inwieweit diese ebenfalls ein anwendungsorientiertes Potenzial enthalten.

**Literatur**
Knapp, Karlfried u. a. (Hg.) (2004): *Angewandte Linguistik*. Tübingen: Narr.
Saussure, Ferdinand de (1967/1916): *Grundfragen der allgemeinen Sprachwissenschaft*. Berlin: De Gruyter.

# 3 Gesprächsforschung: Methoden und Verfahren der Analyse authentischer Gespräche

3.1 Zum Gegenstand der Gesprächsforschung
3.2 Methodische Zugänge zur Gesprächsforschung
3.3 Multimodalität und Gesprächsforschung
3.4 Anwendungsperspektiven der Gesprächsforschung

Die linguistische Gesprächsforschung stellt eine entscheidende Teildisziplin der Angewandten Sprachwissenschaft dar. Sie beschäftigt sich anhand von authentischen Gesprächen mit Fragen des Sprachgebrauchs. Hierbei interessiert die Gesprächsforschung, wie die am Gespräch Beteiligten mit ihren verbalen und körperlichen Ausdrucksressourcen gemeinsam das Gespräch herstellen und damit gemeinsam handeln. Je nach Untersuchungsinteresse wird der soziale und institutionelle Kontext und somit konkrete außersprachliche Situationen in die Analyse von sozialem Handeln mehr oder weniger einbezogen. Analysiert werden sowohl alltägliche Gesprächssituationen wie das Erfragen einer Wegauskunft in der Fußgängerzone oder ein Tischgespräch in der Wohngemeinschaft, aber auch stärker institutionell geprägte Gespräche wie die Kommunikation beim Arzt oder bei der Polizei. Wir werden die theoretischen Überlegungen der Gesprächsforschung in diesem Kapitel anhand eines Gesprächs zwischen einem Anwalt und seinen Klient/innen verdeutlichen.

## 3.1 | Zum Gegenstand der Gesprächsforschung

**Gesprächsforschung und Empirie:** Ihrem Gegenstand nähert sich die Gesprächsforschung aus radikal empirischer Sicht, was zur Konsequenz hat, dass nicht nur isolierte Äußerungen bzw. Sprechhandlungen analysiert und beschrieben werden. Vielmehr werden authentische Gespräche so präzise wie möglich und in der jüngsten Vergangenheit zunehmend unter Berücksichtigung multimodaler Aspekte wie Mimik, Blick, Gestik und weiteren Aspekten des körperlichen Verhaltens in konkreten sozialen Zusammenhängen erfasst. Hierbei beschreibt die Gesprächsforschung ausgehend vom dokumentierten kommunikativen Verhalten der Gesprächsteilnehmer/innen, wie diese in einer gegebenen Gesprächssituation handeln. Erst in einem zweiten Schritt wird danach gefragt, welchen Regelmäßigkeiten die beobachtbaren kommunikativen Aktivitäten folgen, wenn man diese in vielen Gesprächen des gleichen Typs untersucht, um das sprachliche Handeln dann systematisch zu kategorisieren. Somit bilden authentische Gespräche die Grundlage gesprächsanalytischen Arbeitens.

## 3 Gesprächsforschung: Methoden und Verfahren der Analyse authentischer Gespräche

**Definition**

Unter einem authentischen Gespräch wird in der Gesprächsforschung ein Gespräch verstanden, das unter natürlichen, d. h. nicht künstlich erzeugten Bedingungen geführt und mit Audio- oder Videoaufnahme dokumentiert wird. Auf keinen Fall wird ein solches Gespräch nur zum Zweck der Analyse inszeniert.

Entscheidend ist für die Gesprächsforschung, dass die Gespräche auf einem Tonträger und – wenn möglich – auf einem Bildträger aufgezeichnet und anschließend verschriftlicht (transkribiert) werden. Aus ethischer Perspektive ist hierbei zu beachten, dass die an einer Aufnahmesituation beteiligten Personen sowohl mit der Aufzeichnung und der anschließenden Verschriftlichung als auch den damit verbundenen wissenschaftlichen Analysezwecken einverstanden sind.

**Definition**

Bei der Verschriftlichung (Transkription) wird im Sinne eines Zwiebelprinzips zwischen Basis- und Feintranskripten unterschieden. Basistranskripte fixieren akribisch den konkreten Wortlaut unter Einbeziehung von elliptischen Sätzen, morphologischen Unregelmäßigkeiten und dialektal gefärbtem Sprechen. Darüber hinaus notieren sie Hauptakzente, Pausen und Überlappungen. Feintranskripte können (je nach Fragestellung) weitere intonatorische und prosodische Detailinformationen enthalten, aber auch multimodale Informationen (s. dazu die folgende Vertiefung). Unabhängig vom Detaillierungsgrad werden die sprachlichen Daten weder in Basis- noch in Feintranskripten in irgendeiner Weise korrigierend verändert.

**Transkriptionskonventionen nach GAT 2:** Obgleich es eine Vielzahl unterschiedlicher Transkriptionssysteme gibt, soll hier auf die Basisversion des Transkriptionssystems GAT 2 (Selting u. a. 2009) Bezug genommen werden, da diese in der deutschsprachigen Gesprächsanalyse verbreitet ist und darüber hinaus für Studierende besonders leicht genutzt werden kann, auch weil sie ohne zusätzliche Software auskommt.

**Sequenzielle Aspekte:**

```
[ ]
[ ]                 Überlappung/Simultansprechen
und=eh              schneller, unmittelbarer Anschluss neuer
                    Beiträge
und_eh              Verschleifungen innerhalb einer Einheit
lo:s, lo::s         Dehnung
?                   Glottalverschluss
```

**Pausen:**
| | |
|---|---|
| (.) | Mikropause |
| (-) | Pause von 0,25 Sekunden |
| (1,3) | gemessene Pause |

**Vokalisation:**
| | |
|---|---|
| .h/.hh | Einatmung |
| h./hh. | Ausatmung |
| so(ho)o | begleitende Lachpartikel |
| haha hehe | silbisches Lachen |
| hm | Rezeptionssignal, einsilbig |
| hm_hm | Rezeptionssignal, zweisilbig |

**Akzentuierung:**
| | |
|---|---|
| akZENT | Fokusakzent |
| akzEnt | Nebenakzent |

**Tonhöhenbewegung am Ende von Intonationsphrasen:**
| | |
|---|---|
| Wort? | hoch steigend |
| Wort, | leicht steigend |
| Wort- | gleich bleibend |
| Wort; | leicht fallend |
| Wort. | tief fallend |

**Volumen und Sprechgeschwindigkeit:**
| | | |
|---|---|---|
| <<f> | > | forte, laut |
| <<p> | > | piano, leise |
| <<all> | > | allegro, schnell |
| <<len> | > | lento, langsam |
| <<cresc> | > | lauter werdend |
| <<dim> | > | leiser werdend |
| <<acc> | > | schneller werdend |
| <<rall> | > | langsamer werdend |

**Sonstige Konventionen:**
| | |
|---|---|
| ((husten)) | para- und außersprachliche Ereignisse |
| <<erstaunt> > | interpretierende Kommentare |
| ( ) | Unverständliches |
| (anthologie) | vermuteter Wortlaut |

Im Verlauf dieses Kapitels soll zur Erläuterung immer wieder auf den folgenden transkribierten Gesprächsausschnitt eines anwaltlichen Mandant/innengesprächs zwischen einem Anwalt und einer Gruppe von Klient/innen Bezug genommen werden.

Das Gespräch wurde im Rahmen von Forschung zu anwaltlichen Mandant/innengesprächen (vgl. Pick 2015; 2017) aufgezeichnet. Es dauert insgesamt 130 Minuten. An dieser Stelle wird daraus ein kurzer Ausschnitt aus der Endphase des Gesprächs (ab Minute 120:17) genauer analysiert. Die Gesprächspartner sind eine Gruppe von Klient/innen, die ein

Bürgerbegehren durchführen wollen und sich dazu im Vorfeld anwaltliche Beratung einholen. Der Ausschnitt beginnt, nachdem der Anwalt über die Kosten des Verfahrens informiert hat. Dabei hat er seinen Stundensatz genannt und den Mandant/innen empfohlen, ein Finanzpolster aufzubauen, um ein etwaiges Verfahren finanzieren zu können.

In diesem Zusammenhang zeichnet er zwei mögliche Szenarien des Verfahrensverlaufs nach: Eines, bei dem die Mandant/innen Geld sparen würden, weil ihr Bürgerbegehren ohne Rechtsstreit ausgeht, ein anderes, bei dem die Mandant/innen feststellen würden, dass sie in eine rechtliche Auseinandersetzung gehen müssen, für die sie aber nicht das nötige Geld angespart hätten. Letzteres Szenario, mit dessen Beschreibung der folgende Transkriptauszug beginnt, bezeichnet der Anwalt unmittelbar vor Beginn des folgenden Auszugs als das deutlich unangenehmere (Zeile 01). Diese Einschätzung rahmt er scherzhaft mit der Bemerkung, dass das zweite Szenario für ihn keine Schwierigkeit darstelle, womit er gleichzeitig seine Rolle als Dienstleister – also als jemand, der mit der Vertretung auch Geld verdienen möchte – selbstironisch herunterstuft (Zeile 03 f.). Nach einer relativ langen Pause von 5 Sekunden leitet er dann den Abschluss des Gesprächs ein, indem er seine nächsten Schritte ankündigt. Dabei meldet sich eine der Mandat/innen mit einer inhaltlichen Rückfrage zum Verfahren des Bürgerbegehrens.

**Transkript eines Ausschnittes aus einem anwaltlichen Mandant/innengespräch (gekürzt)**

```
01   A     das ist deutlich UNangenehmer.
02         al[so für SIE-
03   M1       [hmm-
04   A     für mich NICHT ((lacht));
05         (5.0)
06         ich GLAUB ich hab sie-
07         jetzt an einem tag was mir zu (.) IHRem anliegen
             einfiel;
08   F2    ja VIElen dank;
09   M1    JA;
10   F2    es war sehr informaTIV;
11   A     ja lassen sies SACKen;
12         wenn (.) sie (.) GLEICH zuhause angekommen sind;
13         werden sie FESTstellen dass äh-
14         da vielleicht auch noch mal drei vier NACHfragen
             notwendig sind;
15         ähm wenn das so IST;
16         MELden sie sich,
17         auf einem (-) weg (.) ihrer WAHL;
18         ähm äh aus meiner sicht besteht jetzt kein
             soFORTiger zeitlicher druck;
19         ähm also äh das würde für mich jetzt ganz
             pragMAtisch auch bedeuten;
20         ich überleg ja bei jeder akte wie lang leg ich
             die mal beiSEITe;
```

```
21        um zu GUcken;
22        äh ob da noch was zu tun ist oder NICH;
23        würde sie jetzt GUTen gewissens n monat beiseite
          legen;
24  M3    HMhm;
25  A     wenn sie sich vorher melden hab ich die akte
          VORher wieder in der hand;
26        und wenn sie sich NICHT melden;
27        würd ich wahrSCHEINlich irgendwann aus neugier
          nachfragen,
28        was eigentlich aus ihrer (-) iDEE geworden ist;
29  F1    .h eine FRAge;
30        das INItiative bürgerbegehren;
31  A     HMhm;
32  F1    hat man dann da AUCH nur sechs wochen zeit
          unterschriften zu sammeln?
33  M4    NE;
34  F1    oder kann [man LÄNger sammeln;]
35  A               [ACHso ne;             ]
36  M4    [da kann man LÄNger sammeln;]
37  A     [das müsste UNbefris]tet sein;
38  F1    UNbefristet;
39  A     geNAU;
40        also von DAher;
41        (1.2)
42        äh wenn sie äh dann im sepTEMber ne liste
          zustande äh äh bekomm ham;
43        falls sie ne KOSTenschätzung zum beispiel schon
          erteilt bekommen haben;
44        können sie (.) bis zum WEIHnachtsmarkt sammeln;
45  F1    jA.
46        das ist ja immer mal (-) diese sechs WOCHen (---)
          frist-
47  A     JA;
48  F1    ist doch nur ENG sag ich [jetzt] mal
49  A                              [JA;  ]
50  F1    [weil da alle zu fuss sind]
51  A     [ja wobei ich da der  VOLL]ständigkeit halber
          sagen muss-
52        die sechswochenfrist ist die AUSnahme-
53        die DREImonatsfrist
54        die im gesetz drin steht ist die REgel;
55  F1    ACHso;
56  A     aber auch DREImonate sind manchmal (.) ganz
          schön knapp.
```

Wie leicht zu erkennen ist, stellt ein Transkript wie dieses ein Gespräch zwar sehr detailliert nach, dennoch zeigt es immer nur einen Ausschnitt aus dem Geschehen. So gibt das Transkript hier nur das Hörbare an, in dieser Version als Basistranskript zudem nicht mit allen Informationen (Sprechtempo, Intonationsverläufe, Ein- und Ausatmen etc.). Bereits die Audioaufnahme, die zwar die Informationen enthält, die im Transkript nicht mehr alle verzeichnet sind, hat das Geschehen nur in einem bestimmten Ausschnitt erfasst (kein visuellen, taktilen, olfatorischen Informationen, s. Kap 3.3.). Aber auch eine Videoaufnahme, die zwar Visuelles erfasst, muss sich auch auf eine (oder mehr) bestimmte Kameraperspektive(n) beschränken und wird nicht den gesamten Handlungsraum erfassen können. Die Perspektivität und visuelle Begrenztheit von Kameraaufzeichnungen lässt sich also nicht verhindern, zudem können z. B. weder Gerüche oder taktile Aspekte aufgezeichnet werden. Dieser Zuschnitt der Daten durch die Aufbereitung für die Analysen kann nicht verhindert werden und muss entsprechend methodisch reflektiert werden.

**Datenerhebung und Beobachterparadoxon:** Wir haben bereits herausgestellt, dass den Gegenstand der Gesprächsforschung authentische Daten bilden, Daten also die in ihren natürlichen Entstehungszusammenhängen erfasst werden. Dieser Ausgangspunkt stellt die Gesprächsforschung vor das Problem des Beobachterparadoxons (Labov 1970: 47). Hierunter wird die Schwierigkeit gefasst, dass authentische Gesprächssituationen in dem Moment, in dem sie mit einem Mikrofon oder einer Kamera beobachtet werden, eben nicht mehr ›natürlich‹ bzw. ›authentisch‹ sind, sondern den zu untersuchenden Gegenstand, das Gespräch, beeinflussen.

Nun könnte man zur Vermeidung dieses Problems auf die Idee kommen, Daten ohne das Wissen der Beteiligten zu erheben. Dies aber ist aus **ethischen Gründen** des Persönlichkeitsschutzes und aus **juristischen Gründen** des Datenschutzes auf keinen Fall akzeptabel. Aufnahmen werden daher ausschließlich nach einer umfassenden Erläuterung der Gründe und des Zwecks der Erhebung, einer anschließenden **Einverständniserklärung** der Betroffenen und der Zusage der Anonymisierung der Daten gemacht. Dies bedeutet, dass das Beobachterparadoxon nicht verhindert werden kann, sondern in der Analyse reflektiert werden muss.

## 3.2 | Methodische Zugänge zur Gesprächsforschung

Während über die empirische Fundierung des Arbeitens innerhalb der Gesprächsforschung Einigkeit besteht, lassen sich hinsichtlich des methodischen Vorgehens und der Schwerpunkte der jeweiligen Analyse einige grundlegende Unterschiede zwischen den Ausrichtungen der Gesprächsforschung beobachten. Insoweit sollen die folgenden Zugänge differenziert werden:

Ausrichtungen der Gesprächsforschung
- Ethnomethodologische Konversationsanalyse (*conversation analysis*)
- Funktionaler Pragmatik
- diskursanalytische Überlegungen im Anschluss an Foucault

Während es in der Anfangszeit der Gesprächsanalyse (in den 1970er bis 90er Jahren) vor allem in Deutschland teils zu heftigen Auseinandersetzungen vor allem zwischen den beiden erstgenannten Ansätzen kam, zeichnet sich seit den frühen 2000ern die Tendenz ab, Gemeinsamkeiten und Unterschiede in Abhängigkeit vom konkreten Untersuchungsinteresse mal mehr, mal weniger zu betonen. In diesem Sinne wird es in diesem Kapitel darum gehen, die Spezifik der jeweiligen Ansätze deutlich werden zu lassen, ohne die Gemeinsamkeiten aus dem Blick zu verlieren.

Konkret sollen am Beispiel des Mandant/innengesprächs schrittweise methodische Fragen und grundlegende gesprächsanalytische Termini eingeführt werden. Beginnen wollen wir mit einigen grundlegenden Überlegungen aus dem Bereich der ethnomethodologischen Konversationsanalyse.

## 3.2.1 | Ethnomethodologische Konversationsanalyse

Ausgangspunkt der ethnomethodologischen Konversationsanalyse, so wie sie von dem amerikanischen Soziologen Harold Garfinkel in den 1960er und 70er Jahren begründet wurde, war die Überzeugung, dass soziale Wirklichkeit nicht als feststehende und von sozialen Handlungen isolierte Struktur beschrieben werden kann, sondern dass diese erst durch kommunikatives Handeln interaktionell von den Gesprächsteilnehmer/innen erzeugt wird. Soziale Ordnung wird somit als Prozess der lokalen Produktion von Geordnetheit begriffen. Der Begriff der Geordnetheit verweist darauf, dass die Gesprächspartner/innen im Rahmen von Gesprächen konkrete Verfahren anwenden, die (in der Mehrzahl der Fälle) einen geregelten Ablauf des Gesprächs ermöglichen. Bezogen auf konkrete kommunikative Situationen fragt die Konversationsanalyse in der Folge danach, welche kommunikativen Verfahren Gesprächspartner/innen einsetzen, um sich ihre Interpretation der konkreten Situation gegenseitig zu verdeutlichen und auszuhandeln. Dazu heißt es bei Stukenbrock (2013: 222):

»Die soziale Wirklichkeit wird [von der KA; D. M./I. P.] nicht als etwas objektiv Gegebenes oder Vorfindliches aufgefasst, sondern als fortwährende Hervorbringung, als interaktive **Herstellungsleistung** (accomplishment). Die Herstellung von sozialer Wirklichkeit, von Sinn und Bedeutung ist ein ständiger Prozess, bei dem sich die Gesellschaftsmitglieder bestimmter Verfahren bedienen, die durch die wissenschaftliche Analyse aufgedeckt werden sollen.« (Herv. im Orig.)

**Accountability:** Hierbei ist entscheidend, dass solche kommunikativen Prozesse der Herstellung von Wirklichkeit von den Gesprächsteilnehmer/innen gemeinsam interaktiv konstruiert werden. Damit diese interaktive Herstellung einer geteilten kommunikativen Situation auch tatsächlich funktionieren kann, müssen die Gesprächspartner/innen ihre sprachlichen Aktivitäten so gestalten, dass sie für ihr Gegenüber verstehbar sind. Diesen Prozess des »Verstehbar-Machens« bezeichnen die ethnomethodologischen Konversationsanalytiker/innen als *accountability*. Auf diese Grundannahmen aufbauend, geht es der Konversationsanalyse darum zu beschreiben, wie es Sprecher/innen und Hörer/innen gelingt, sich wechselseitig (reflexiv) so auf einander bzw. auf die bisher konstruierte Gesprächssituation zu beziehen, dass für ihr Gegenüber erkennbar wird, wie sie die Situation verstehen und wie sie verstanden werden wollen.

**Reflexivität und Indexikalität:** Für diesen Prozess der reflexiven Bezugnahme (Reflexivität) ist es der Konversationsanalyse im Anschluss an Garfinkel besonders wichtig, die Indexikalität einer Vielzahl sprachlicher Zeichen systematisch zu berücksichtigen. Als indexikalisch werden im Anschluss an den Semiotiker Charles Sanders Peirce (s. Kap. 4) sprachliche Zeichen und kommunikative Prozesse bezeichnet, die ihre Bedeutung nicht in sich selbst tragen, sondern erst durch die Interpretation eines Gegenübers Bedeutung erhalten: z. B. die Interpretation von Rauch als ein Zeichen für Feuer oder einen Schwelbrand oder die Interpretation von roten Flecken im Gesicht eines Kindes als Zeichen für Windpocken oder Masern. Indexikalische Zeichen verweisen damit auf etwas, was sie selbst aus semiotischer Perspektive nicht sind.

Einer der Verdienste von Garfinkel besteht nun darin, die hohe Relevanz indexikalischer Zeichen für Gespräche herausgestellt zu haben. So hat Garfinkel immer wieder unterstrichen, dass Gespräche gerade deshalb funktionieren, weil die Interaktionspartner/innen nicht auf Schritt und Tritt klären, auf was genau eine gerade getätigte Äußerung verweist, sondern bis zum Beleg des Gegenteils davon ausgehen, dass die/der Andere die getätigte Äußerung versteht. Garfinkel spricht in diesem Zusammenhang von der unheilbaren Indexikalität sprachlicher Zeichen. Die damit verbundenen Unschärfen bzw. Vagheiten konkreter Gespräche werden nach Ansicht der Konversationsanalyse nur dann thematisiert und geklärt, wenn sie zu Verstehensunsicherheiten oder -problemen führen. Besonders deutlich wird dies am Beispiel von deiktischen Ausdrücken wie *ich*, *hier*, *so* und *jetzt*, die nur unter Berücksichtigung der konkreten Kontextbedingungen verstanden werden können, in dem sie richtig interpretiert werden. In diesem Zusammenhang hat die Konversationsanalyse herausgestellt, dass die erwähnte indexikalische Unschärfe einer Vielzahl von in Gesprächen genutzten sprachlichen Zeichen innewohnt.

Schaut man sich das oben wiedergegebene Mandant/innengespräch an, so fällt beispielsweise in den Zeilen 6-7 auf, dass der Anwalt nach einer längeren Pause in Zeile 5 dazu übergeht, die Gesprächsbeendigung einzuleiten. Dazu formuliert er eine rückblickend bewertende Äußerung (ich GLAUB ich hab sie-), die er in Zeile 7 dann spezifischer auf seine Bearbeitung des Anliegens im aktuellen Gespräch (jetzt an einem tag) der Mandant/innen bezieht. Beide Äußerungen bleiben aber durch ihre elliptische Struktur vage. Dennoch verstehen die Mandant/innen die Äußerung des Anwalts als Einleitung zur Beendigung des Gesprächs und reagieren mit einem adäquaten Anschluss (Dank für die informative Beratung, Zeile 8-10). Dazu interpretieren sie wohl nicht nur das Gesagte, sondern ebenfalls die lange Pause, die andeutet, dass ein neuer Abschnitt folgt, sowie die bisherige Länge des Gesprächs. Hier findet also trotz der grundsätzlichen Vagheit der Situation eine reibungslose Verständigung statt. Die Beteiligten machen sich gegenseitig deutlich, wie sie jeweils ihre *turns* interpretieren, indem sie gemäß ihrer Interpretation reagieren.

## 3.2 Methodische Zugänge zur Gesprächsforschung

Im Gegensatz zur analysierten Situation, in der die indexikalischen Unschärfen kein Problem für die Verständigung darstellen, sind juristische Fachtermini in ihrem symbolischen Gehalt nicht ohne Weiteres erschließbar. Dies macht zum Beispiel die Rückfrage der Mandantin in den Zeilen 29 ff. deutlich, die nochmals die genauen Bestimmungen zu einem initiativen Bürgerbegehren erfragt.

Somit geht die ethnomethodologische Konversationsanalyse davon aus, dass sich die Gesprächsbeteiligten gegenseitig anzeigen, wie sie ihre *turns* jeweils verstehen. Aus diesem Grund ist es auch analytisch möglich zu verfolgen, wie sich ein Gespräch entfaltet.

> Die dabei angewandte analytische Prozedur der Überprüfung des Sinns einer Äußerung anhand der Folgeäußerung der Interaktionspartner/innen wird in der Analyse von Gesprächen von *turn* zu *turn* praktiziert und nennt sich *next turn proof procedure*. Diese Bezeichnung verweist auf ein Vorgehen, das jeden nächsten *turn* zur Kontrolle der Interpretation des vorhergehenden *turns* nutzt, und das immer so weiter. Dieses spezifische Analyseverfahren, Gespräche *turn by turn* anhand der Prozedur des *next turn proofs* zu überprüfen, wird als sequenzanalytisch bezeichnet.

**Definition**

Aus ethnomethodologischer Sicht muss man mit Annahmen über vermutete Einstellungen oder Intentionen von Sprecher/innen sehr zurückhaltend sein. Hier beschränkt sich die klassische Konversationsanalyse ganz auf das ›Wie‹ des an der kommunikativen Oberfläche beschreibbaren Verhaltens der Gesprächsbeteiligten. Aus einer solchen Perspektive geht es nicht nur darum, einen konkreten *turn* (= zusammenhängender Redebeitrag einer Person) anhand der Art seiner sprachlichen Realisierung zu erfassen, sondern es geht in einem zweiten Schritt darum, verschiedene mögliche Lesarten analytisch zu ermittelt und daraufhin anhand der Folgeäußerungen der übrigen Gesprächsbeteiligten zu überprüfen, wie diese den vorherigen Gesprächsbeitrag (*turn*) aufgefasst haben. Anders ausgedrückt heißt das, dass die Bedeutung eines *turns* für die Kommunikation als das Zusammenspiel zwischen Form und Inhalt erst unter Berücksichtigung der Folgeturns analytisch erfasst werden kann. Bezogen auf das Mandant/innengespräch hat also die Mandantin F1 die Schritte des Anwalts hin zu einer Gesprächsbeendigung durchaus mitvollzogen und ergreift hier nun die letzte Gelegenheit, an der eine Rückfrage im Rahmen dieses Gesprächs noch möglich ist.

Nach dem Dank der Mandant/innen, den man im Rahmen von Beratungsinteraktionen auch als ›Entlastung und Honorierung‹ bezeichnet, folgen in diesem Gesprächsausschnitt weitere Sequenzen. Der Anwalt schließt mit seiner Anschlussäußerung (`ja lassen sies SACKen`) an den in Zeile 10 genannten Informationsgehalt des Gesprächs an, den die Mandant/innen in Ruhe verarbeiten sollen. Damit wendet er zugleich seine Betrachtung weg von einem Rückblick auf das Gespräch hin zu künftigen nächsten Schritten aller Beteiligten. In den Zeilen 12–17 räumt er den Mandant/innen die Möglichkeit für Nachfragen ein. Damit gibt der Anwalt ihnen nicht nur über das Gespräch hinaus die Möglichkeit, seine juristische Expertise in Anspruch zu nehmen, sondern deutet zusätzlich bereits die künftigen Kontakte an, die für den Anwalt auch als Dienstleister lukrativ werden könnten (wie oben beschrieben, hatte der Anwalt kurz vorher bereits seine Honorarvorstellungen dazu genannt). Mit `werden sie FESTstellen` in Zeile 13 macht er zudem seine Erfahrung deutlich, dass sich Mandant/innen häufig im Nachhinein nochmals mit Fragen melden und konkretisiert diese Erfahrung sogar mit der vermuteten Anzahl der Nachfragen in der folgenden Zeile 14.

Ab Zeile 18 richtet der Anwalt daraufhin die Aufmerksamkeit auf seine eigenen möglichen Anschlusshandlungen an das Gespräch. Da hier kein Mandat erteilt wurde, gibt es keine konkreten Anschlusshandlungen für den Anwalt, was dieser deutlich macht. Dennoch behält er sich vor, selbst bei den Mandant/innen nochmals nachzufragen (Zeilen 26 f.). Auch damit bereitet er mögliche Anschlusshandlungen in Richtung eines weiteren Kontakts vor. Neugierde (Zeile 27) wird dabei wohl nur einer der Gründe sein, ein anderer dürfte auch die Auslotung einer Anschlussbeauftragung sein.

An diese Aktivitäten könnten nun die Gesprächsbeendigung und die Verabschiedung anschließen. Eine der Mandant/innen schiebt hier aber noch einmal eine Frage vor eine solche Abschlusssequenz. Da sie damit ein weiteres Mal zur kommunikativen Aufgabe der rechtlichen Wissensvermittlung wechselt, die in dem Gespräch bereits durchlaufen wurde, macht sie dies mit einer vorangestellten Ankündigung (`.h eine FRAge;` Zeile 29) explizit. Damit wird die Gesprächsbeendigung aufgeschoben und die Beteiligten gehen nochmals in die inhaltliche Besprechung des Falles zurück. Wie die Beteiligten sich darauf während des Gesprächs kontinuierlich darüber orientieren und verständigen, was sie gemeinsam tun und welche Anschlusshandlungen folgen, kann mit einer solchen Detailanalyse nachgezeichnet werden.

Obgleich es sich hier um eine sehr spezifische institutionelle Kommunikationssituation handelt, würde es aus ethnomethodologischer Sicht zunächst einmal nicht darum gehen, den institutionellen Rahmen des Gesprächs zu beschreiben oder auf die offensichtlichen institutionellen Rollen zu verweisen. Vielmehr stünden etwa die Fragen im Mittelpunkt, anhand welcher konkreten Aktivitäten die Beteiligten den Kontext »Beratung zu juristischen Fragen und Handlungsmöglichkeiten der Klient/innen« aufbauen, wie sie Asymmetrien etablieren und aushandeln oder wie sie sich gemeinsam koordinieren. Der ›Kontext des Gesprächs‹ wird somit im oben bereits erläuterten Sinne begriffen als ›Kontext *im* Gespräch‹ (Bergmann 1995).

## Exkurs 1: Grundlegende Analysekategorien der Konversationsanalyse

Anschließend an diese ersten theoretischen Überlegungen aus dem Bereich der Konversationsanalyse sollen nun einige grundlegende Analysekategorien terminologisch eingeführt werden, die sich über den ethnomethodologischen Ansatz hinaus in der Gesprächsforschung durchgesetzt haben:

- **Gesprächsbeitrag/*turn*:** Der *turn* oder Gesprächsbeitrag ist die Basiseinheit der Konversationsanalyse, die durch die geordnete Kombination mit einem weiteren *turn* ein Gesprächs- oder Adjazenzpaar (*adjacency pair*) bildet (s. u.). Durch die Kombination mit weiteren *turns* entsteht eine (Gesprächs-)Sequenz. Ein *turn* ist eine quantitative Einheit und bezeichnet die Menge an sprachlichem Material, die ein/e Sprecher/in produziert bis ein/e weitere/r Sprecher/in aktiv in die Konversation eintritt und mit der erfolgreichen Übernahme ihren/seinen *turn* beginnt. So hat im abgedruckten Transkript beispielsweise der Anwalt den *turn* in den Zeilen 4 ff., bevor die Mandantin den Turn in Zeile 8 mit `ja VIElen dank;` übernimmt.
- **Sprecherwechsel/*turn-taking*:** Sprecherwechsel oder *turn-takings* sind notwendiger Bestandteil einer Konversation. Sie laufen geordnet ab und werden in der Regel durch Merkmale wie fallende Intonation oder Frageanhängsel (*question-tag*) als **transition relevance places** (s. u. übergaberelevante Stellen) angezeigt. Sprecherwechsel können entweder frei ausgehandelt werden, indem sich Sprecher/innen selbst als nächste Sprecher/innen auswählen, oder das Rederecht wird durch eine/n aktuell Sprechende/n zugeteilt. Ein Beispiel für einen (glatten) Sprecherwechsel (s. u. »glatter Wechsel«) stellt das *turntaking* im gerade erwähnten Beispiel vom Anwalt in den Zeilen 7 zur Mandantin in Zeile 8 dar.
- **Turn construction unit (TCU):** Ein *turn* wird in der Regel aus kleineren Einheiten konstruiert, den *turn construction units* (*tcus*). Er muss aus mindestens einer *tcu* bestehen, die auch durch Schweigen realisiert werden kann. Er kann aber auch aus einer unendlichen Anzahl von *tcus* bestehen. Eine *tcu* ist die kleinste Information kodierende konversationsanalytische Einheit, deren Grenzen prosodisch, semantisch und syntaktisch markiert sind, ohne dass sie deshalb mit einem Sprechakt, einer Äußerung, einem Teilsatz oder einer grammatischen Konstruktion gleichgesetzt werden kann. So besteht der erwähnte *turn* des Anwalts in den Zeilen 40–44 aus mehreren *tcus*: Mit der ersten syntaktisch, semantisch und prosodisch abgeschlossenen Einheit `also von DAher;` schließt er an seinen vorherigen turn an und kündigt eine Vertiefung des Gesagten an. Mit `äh wenn sie äh dann im sepTEMber ne liste zustande äh äh bekomm ham;` führt er diese Vertiefung inhaltlich entlang der nächsten konkreten Schritte der Mandanten aus.
- **Übergaberelevante Stelle/*transition relevance place* (TRP):** *Transition relevance places* fallen in der Regel mit den Grenzen von turn *construction units* zusammen. Sie sind dem Interaktions- und Informationsmanagement zuzuordnen und zeigen das Ende einer Informationseinheit an, an der im Prinzip ein Sprechwechsel möglich wäre. *Transition relevance places* können zusätzlich zu den genannten Merkmalen durch weitere multimodale (non-verbale) Hinweise wie Körperhaltung, Gestik und Blickverhalten unterstrichen werden.
- **Glatte Sprecherwechsel** sind der prototypische Normalfall des *turntaking*, bei denen der Sprecherwechsel ohne Überlappung, Verzöge-

Grundlegende konversationsanalytische Analysekategorien

rung und Unterbrechung vor sich geht. Dies ist im Transkript in Zeile 29 zu beobachten, in der die Mandantin in einem glatten Wechsel an den Anwalt anschließt. Wichtig ist hier, dass der Sprecherwechsel auf der verbalen Ebene glatt verläuft; untersucht man weitere Modalitäten, wird man feststellen, dass sich der Sprecherwechsel bereits simultan zum *turn* des Anwalts abzeichnet und so den Wechsel mit vorbereitet (s. die Analysen in Kap. 3.3).

- Unterbrechungen können erfolgreich und nicht erfolgreich sein. Im ersten Fall nimmt sich ein/e Interaktionsteilnehmer/in den *turn*, obwohl der gerade Sprechende nicht signalisiert hat, dass er zum *turn-taking* bereit ist. Dies kann entweder an einem *transition relevance place* sein oder aber auch nicht. Häufig sind Unterbrechungen durch einen gewissen Grad an simultanem Sprechen charakterisiert, zwingend ist dies jedoch nicht. Nicht erfolgreiche Unterbrechungen folgen dem gleichen Muster, nur gelingt es dem Unterbrechenden nicht, den *turn* zu übernehmen. In Zeilen 36/37 haben der Anwalt und einer der Mandanten simultane *turns*. Hier setzt sich dann der Anwalt durch und behält das Rederecht, um anschließend noch genauer zu erläutern, wie das Verfahren ablaufen würde. Der Mandant tritt als Sprecher wieder zurück, nachdem er seinen Einwurf beendet hat.
- Wechsel mit Überlappungen und Pausen: *turn-taking* kann auch durch Überlappungen, d. h. simultanem Sprechen gekennzeichnet sein. Überlappungen treten in der Regel an *transition relevance places* auf. Betrachten wir Zeile 34–38 des Transkripts zeigt sich eine solche Überlappung durch simultanes Sprechen mit der Mandantin, die in Zeile 34 eine Frage gestellt hat. Hier setzt der Anwalt bereits mit seiner Antwort an, bevor die Mandantin geschlossen hat mit ACHso ne;. Es findet also ein Wechsel mit einer kurzen Überlappung statt, denn anschließend übernimmt der Anwalt den turn. Sprecherwechsel kann auch durch ein Nicht-Sprechen, d. h. durch Pausen, geregelt sein (s. im Transkript in Zeile 41, in der niemand das Rederecht ergreift und der Anwalt weiterhin die Sprecherrolle behält). Inwiefern Pausen als lang – bzw. zu lang – eingestuft werden, hängt auch von kulturellen Gewohnheiten ab.
- Hörerrückmeldungen/*back-channel-behaviour*: In der Konversationsanalyse sind alle Interaktionsteilnehmer/innen aktive Teilnehmende. Hörer/innen bringen häufig simultan zum *turn* eines anderen Gesprächsbeteiligten durch Formen des *back-channel-behaviours* wie u. a. *hmhm, ach ja, ok, ne* oder *nein* zum Ausdruck, dass sie der Interaktion folgen und gemeinsam mit dem Sprecher situative Bedeutung konstruieren. Dabei können Hörerrückmeldungen ganz unterschiedliche Funktionen haben. Sie können signalisieren, dass die Hörer/innen zuhören und die Sprecher/innen weiterreden sollen (s. Zeilen 24 und 31) oder dass sie zuhören, aber nicht der gleichen Ansicht sind. Eine Häufung von Hörerrückmeldungen findet sich vielfach direkt vor Turnübernahmeversuchen. Insoweit besteht eine weitere Funktion von Hörerrückmeldungen in der Ankündigung der Übernahmebereitschaft.
- Sequenzen und Einschubsequenzen: Die Kategorie der Sequenz ist eine weitere relevante Einheit bei der Analyse von Gesprächen, die

sich aus mehreren *turns* zusammensetzt. Sequenzen sind überwiegend thematisch strukturiert und ihre Grenzen sind eher fließend. Einschubsequenzen unterbrechen eine bereits initiierte Sequenz und dienen in der Regel der Verständnissicherung bzw. der Explikation relevanter Voraussetzungen. Im Transkript finden wir ab Zeile 29 eine typische Einschubsequenz in Form eines Frage-Antwort-Paares. Dieses wird hier von der Mandantin initiiert und vor die Gesprächsbeendigung eingeschoben. Erst wenn die Frage hinreichend beantwortet ist, ist die Einschubsequenz beendet und das Gespräch kann in Richtung Beendigung fortgeführt werden.
- Gesprächsphasen: Jede Konversation besteht aus mehreren Gesprächsphasen, die unterschiedlich lang sein können. In der Regel hat eine Konversation eine Eröffnungsphase, einen Hauptteil und einen Schlussteil. Alle Phasen sind durch **boundary signals** gekennzeichnet und lassen sich in der Regel weiter unterteilen in eine oder mehrere Sequenzen, die wiederum aus *turns* konstruiert werden. Im Beispiel findet sich wie eingangs beschrieben von Zeile 04–05 ein Wechsel von der Phase »Kosten(-übernahme) besprechen« zur Phase »Gesprächsabschluss«. Dieser wird auch durch eine längere Pause deutlich gemacht.

**Regeln des Sprecherwechsels:** Um die interaktive Konstruktion eines konkreten Kontextes zu erfassen, fragt die ethnomethodologische Konversationsanalyse unter Nutzung der eingeführten Grundeinheiten nach der formalen Organisation von Einheiten wie *turns*, Sequenzen und *adjacency pairs*. Hierbei bildet das *turn-taking* die Grundeinheit zur Beschreibung von Sequenzialität als geordneter Abfolge kommunikativer Schritte. Ihm kommt der Status eines Organisationsprinzips (*organizing principle*) zu, das folgendermaßen definiert wird:

Regel 1 – gilt zu Anfang für den ersten übergaberelevanten Ort (TRP) jedes Redebeitrags:
a) Wenn A im laufenden Beitrag B auswählt, muss A aufhören und B als nächster sprechen, wobei der erste Übergang beim ersten TRP nach der Auswahl von B erfolgt.
b) Wenn A nicht auswählt, kann jeder andere Teilnehmer sich selbst wählen, wobei der erste der spricht das Rederecht übernimmt.
c) Wenn A nicht B ausgewählt hat und kein anderer sich selbst unter Option (b) wählt, kann A weitersprechen (muss es aber nicht, d. h. eine weitere beitragsbildende Einheit beanspruchen).
Regel 2 – gilt für alle folgenden TRPs:
Wenn Regel 1c von A angewandt worden ist, gelten beim nächsten TRP und rekursiv bei jedem nächsten TRP die Regeln 1 (a) – (c), bis ein Sprecherwechsel erfolgt. (Becker-Mrotzek/Vogt 2001: 26)

Regeln des Sprecherwechsels

**Konditionelle Relevanz:** Neben den bereits eingeführten Basiseinheiten *turn*, *adjacency pair* und *turn construction unit* spielen in der Konversationsanalyse auch Überlegungen zur konditionellen Relevanz (*conditional relevance*) und Präferenzorganisation (*preference organisation*) eine entscheidende Rolle, die im Folgenden kurz anhand des vorliegenden Transkripts erläutert werden sollen. Indem der Anwalt in Zeile 05–07 den inhaltlichen Teil der Rechtsberatung abschließt, legt er nahe, dass die Mandant/innen das Gespräch und seine Leistung mit einem Dank honorieren (Zeile 8). Ähnlich gilt dies für die Frage der Mandantin in Zeile 29, die eine Antwort des Anwalts nach sich zieht (Zeile 35 ff.). Fragen eröffnen in der Regel ein sehr weites Feld möglicher Anschlussreaktionen. Zwingend ist aufgrund der konversationellen Struktur, dass der Anwalt hier reagiert. Diese konversationelle Struktur wird von der Konversationsanalyse als konditionelle Relevanz beschrieben. Aufgrund der institutionellen Gesprächssituation ist inhaltlich eine Antwort aus dem Spektrum rechtlichen Wissens zu erwarten, das im besten Fall auf die individuelle Situation der Mandant/innen zugeschnitten wird. Dies geschieht auch tatsächlich im anschließenden Turn in den Zeilen 35 ff.

Abstrakter formuliert: Der Begriff der *conditional relevance* weist darauf hin, dass zwischen zwei Turns immer eine Beziehung besteht, da der erste Zug den zweiten kommunikativ vorstrukturiert. Allerdings bleiben den Gesprächspartner/innen hierbei mindestens die Wahl zwischen **präferierten (bevorzugten)** und **nicht-präferierten Reaktionen** (Pomerantz 1984). Letztere lösen jedoch einen erhöhten Erklärungs- und Rechtfertigungsbedarf aus. Wird nicht die präferierte Reaktion gewählt, so muss zusätzlich erläutert werden, warum die erwartbare Reaktion suspendiert oder erst zu einem späteren Punkt erfüllt wird. Dispräferierte Reaktionen sind beispielsweise Ablehnungen von Einladungen oder andere Arten von Ablehnungen bzw. Nicht-Zustimmungen.

Der Konversationsanalytiker Steven C. Levinson fasst die Begriffe der präferierten bzw. dispräferierten zweiten Teile bzw. Züge wie folgt zusammen:

»Der Kernpunkt [der Präferenz; D. M./I. P.] dabei ist, daß die möglichen zweiten Teile zu einem ersten Teil nicht alle gleichrangig sind. Die Alternativen werden in eine bestimmte Reihenfolge gebracht, so daß es zumindest eine *bevorzugte* und eine *weniger bevorzugte* Kategorie von Reaktionen gibt.« (Levinson 2000: 334)

**Adjazenz:** Sowohl die Begrifflichkeiten der konditionellen Relevanz sowie die der Präferenzstruktur sind verbunden mit dem bereits angesprochenen Konzept der Adjazenz. Unter Bezug auf unser Transkript handelt es sich bei der soeben betrachteten Sequenz in den Zeilen 29–39 beispielsweise um ein benachbartes Gesprächspaar (*adjacency pair*), das in Form einer Frage-Antwort-Sequenz organisiert ist. Adjazenzpaare sind also minimal geordnete Einheiten, die für die Konstitution von Gesprächssequenzen sowie für ihre Analyse unerlässlich sind.

Um diese Überlegung genauer zu verstehen, möchten wir die Antwort des Anwalts noch etwas genauer betrachten. Zunächst beantwortet er die funktional geschlossene Frage der Mandantin, die eigentlich nur eine ja/nein-Antwort erforderlich machen würde mit NE; (Zeile 33). Dass dies zwar die Adjazenz erfüllt, dennoch als Antwort von der Mandantin noch nicht als ausreichend betrachtet wird, macht sie mit einer erneuten Nachfrage deutlich (Zeile 34). Auch diese beantwortet der Anwalt relativ knapp (Zeile 35, 37) worauf eine Pause entsteht und der Anwalt nach einer Pause durch Selbstwahl nochmals die Antwort vertieft (Zeile 42).

**Präferenz** hat also nichts mit der psychologischen Disposition der

Kommunikationsteilnehmer/innen zu tun. Vielmehr wird Präferenz definiert durch distributionelle und strukturelle Faktoren, d. h. präferierte zweite Teile sind strukturell weniger komplex. Nicht-präferierte zweite Teile hingegen sind strukturell komplexer und erscheinen typischerweise

»(a) nach einer merklichen Verzögerung, (b) mit einer Einleitung, die auf ihren weniger bevorzugten Status hinweist (im Englischen häufig die Partikel »well«, im Deutschen »nun«, »also« oder »tja«), (c) mit einer Erklärung, warum der bevorzugte zweite Teil nicht erfolgt.« (Levinson 2000: 334)

Auch wenn der zweite Teil des Adjazenzpaares hier vom Anwalt bereits im ersten Zug erfüllt wurde, so wird die Ausführlichkeit der Antwort durch die Reaktionen der Mandant/innen (Rückfrage, Pause) als noch nicht ausreichend markiert. Damit wird gleichzeitig die Ausführlichkeit der Antworten des Anwalts schrittweise erhöht, bis die Mandantin weitere Aspekte aufgreift und damit die erste Frage als ausreichend bearbeitet markiert (Zeile 45 ff.).

Vor dem Hintergrund dieser Überlegungen zu präferierten und dispräferierten zweiten Zügen lassen sich die folgenden Adjazenzpaare immer wieder beobachten:

- **Bitte** mit dem präferierten zweiten Teil **Annahme** und dem nicht-präferierten Teil **Zurückweisung**.
- **Angebot/Einladung** mit dem präferierten zweiten Teil **Annahme** oder dem nicht-präferierten zweiten Teil **Zurückweisung/Ablehnung**.
- Behauptung mit dem präferierten zweiten Teil **Zustimmung** oder mit dem nicht-präferierten zweiten Teil **Widerspruch**.

*Adjazenzpaare*

Diese ersten Überlegungen insgesamt zusammenfassend lässt sich folgende Definition von ethnomethodologischer Konversationsanalyse festhalten:

> Der ethnomethodologischen Konversationsanalyse geht es darum, anhand der Aktivitäten der an einer konkreten Gesprächssituation Beteiligten nachzuvollziehen, welche sprachlichen Techniken und Verfahren Gesprächsteilnehmer/innen anwenden, um ihre Gespräche entstehen zu lassen und um ihre Interpretation der Situation verstehbar zu machen.

*Definition*

Während die hier eingeführten Grundtermini und formalen Organisationsprinzipien von Gesprächen sich über die ethnomethodologische Konversationsanalyse hinaus in der Gesprächsforschung insgesamt weitgehend verbreitet haben, gilt dies nicht in gleichem Maße für die methodischen Grundüberlegungen und für alle theoretischen Annahmen der Konversationsanalyse. Insoweit soll mit der Funktionalen Pragmatik nun eine zweite gesprächslinguistische Richtung näher betrachtet werden.

### 3.2.2 | Funktionale Pragmatik

So überzeugend die eingeführte Grundannahme der ethnomethodologischen Konversationsanalyse auch ist, dass jeder konkrete Gesprächskontext interaktionell erst aufgebaut und währenddessen kontextuell verankert werden muss, so bleiben doch einige grundsätzliche Fragen unbeantwortet:

*Grenzen der Konversationsanalyse*

1. Es wird nicht immer hinreichend berücksichtigt, dass nicht alles, was kommunikativ relevant ist, tatsächlich als das Ergebnis aktueller Gesprächsprozesse betrachtet werden kann. So ist beispielsweise die Notwendigkeit, sich über Voraussetzungen und Durchführungsmöglichkeiten von Bürgerbegehren zu unterhalten, nicht etwa Ergebnis der Aushandlungsprozesse innerhalb dieses Gesprächs, sondern die Beteiligten sind überhaupt erst aufgrund der Tatsache zum Gespräch zusammengekommen, dass die Gesellschaft bestimmte Verfahrensweisen (z. B. Bürgerbegehren) bereithält, um bestimmte Konflikte zu bearbeiten. Dazu hat der Anwalt des hier diskutierten Beispiels eine Ausbildung gemacht, in der er spezifische Wissens- und Verfahrensweisen erlernt hat, die er nun auf die individuelle Situation dieser Mandant/innen bezieht. Diese Zusammenhänge erschließen sich in den Analysen nicht immer unmittelbar aus dem Gespräch selbst, sind aber dennoch im Wissen der Beteiligten vorhanden und sind insofern (mit) handlungsleitend.

2. Ein weiterer Aspekt schließt sich unmittelbar hieran an: Nicht alles, was interaktionell für ein Gespräch relevant ist, wird von den Gesprächsbeteiligten auch tatsächlich für die Analysierenden erkennbar kommuniziert bzw. indexikalisch markiert. So ist das Angebot des Anwalts, ihn auch nach dem Gespräch kontaktieren zu können, einerseits eine freundliche Geste, sein Wissen auch über das Gespräch hinaus zu teilen. Andererseits dient sie aber der Kundenbindung, die eine Beauftragung des konkreten Anwalts wahrscheinlich macht, sollte dazu zukünftig Bedarf bestehen. Diese Doppelfunktion der Äußerungen wird in den Gesprächen selten explizit gemacht und erfordert zusätzliches Wissen über den konkreten institutionellen Hintergrund. Insoweit sind die Motive für dieses Verhalten für Analysierende nur dann einsichtig, wenn sie mit dem konkreten Gesprächsbereich vertraut sind (vgl. Deppermann 2000).

3. Ein dritter Aspekt betrifft die Fokussierung dessen, was analytisch im Zentrum steht. Wie wir gezeigt haben, betrachtet die Konversationsanalyse vor allem formale Organisationsprinzipien und Mechanismen in Gesprächen. Diese Analysen erhellen, wie die Beteiligten ihre Gespräche jeweils aufbauen, sich dies gegenseitig anzeigen und miteinander verhandeln. Im Zentrum steht damit das sprachliche Handeln der Beteiligten beim Aufbau und der Bearbeitung von Gesprächen. Weniger im Blick der Analysen ist dagegen das sprachliche Handeln in seinem Bezug zur außersprachlichen Wirklichkeit. Also Fragen danach, in welchen übergeordneten Handlungszusammenhängen Gespräche geführt werden, wozu die Beteiligten also überhaupt zu welchen Arten von Interaktionen zusammenkommen. In einer solchen Betrachtung stellt sich dann weniger die Frage, was die Beteiligten ›tun‹, um Gespräche herzustellen, sondern was sie in und mit diesen Gesprächen ›tun‹, um gesellschaftliche oder kulturelle Strukturen zu etablieren und weiterzuentwickeln.

Vor dem Hintergrund dieser Hinweise wird deutlich, dass die Konversationsanalyse nicht alle Fragen, die sich bei der Analyse von Gesprächen stellen, beantwortet. Vor allem Fragen nach der Relevanz des externen Kontextes analysierter Gespräche sowie Wissensstrukturen der Beteiligten und deren Bearbeitung in der Kommunikation bleiben oft an den Stellen offen, an denen sie von den Beteiligten nicht (hinreichend) kommuniziert oder von den Analysierenden nicht erkannt werden.

Insoweit soll nun im Folgenden eine weitere gesprächslinguistische Richtung betrachtet werden, die den (externen) Kontext und die gesellschaftlichen Zwecke konkreter Gespräche stärker berücksichtigt und sich unter der Bezeichnung ›Funktionale Pragmatik‹ etabliert hat. Mit der Konversationsanalyse teilt die Funktionale Pragmatik die grundlegende Orientierung an authentischen Gesprächsdaten und die Überzeugung, dass soziale Gegebenheiten von Gesprächspartner/innen interaktiv aufgebaut werden müssen (Becker-Mrotzek/Meier 1999: 18). Anders als die Konversationsanalyse fragt die Funktionale Pragmatik jedoch nicht in erster Linie nach den lokalen Prozeduren der Gesprächsorganisation (dem ›Wie‹ kommunikativen Verhaltens), sondern nach den übergeordneten **gesellschaftlichen Zwecken**, die mit Gesprächen in bestimmten **Handlungsmustern** vollzogen werden. Die Funktionale Pragmatik rekonstruiert diese Zwecke und Muster anhand authentischer Gesprächsdaten (Ehlich 1991). Im Mittelpunkt der Aufmerksamkeit der Funktionalen Pragmatik stehen die gesellschaftlichen Funktionen des sprachlichen Handelns und damit das ›Warum und Wozu‹ des beobachtbaren Sprachverhaltens (Brünner/Graefen 1994: 13). Damit versteht die Funktionale Pragmatik Sprachanalysen als Teil einer Gesellschaftsanalyse (Ehlich 1984).

Zweckorientierung: Unter der Kategorie des Zwecks versteht die Funktionale Pragmatik nicht individuelle Ziele, sondern fragt, welche (wiederkehrenden) gesellschaftlichen Zwecke mit den untersuchten Gesprächen bearbeitet werden und wie sich diese Zwecke in kommunikativen Anforderungen an die Beteiligten in einer konkreten Gesprächssituation zeigen. In dieser Hinsicht versteht sich die Funktionale Pragmatik als Teil einer Gesellschaftsanalyse, die empirisch untersucht, wie die Gesellschaft ihre Belange kommunikativ organisiert.

Schaut man sich unter dieser Perspektive das bereits untersuchte Mandant/innengespräch an, so wird deutlich, dass hier der Anwalt in einer ganz spezifischen gesellschaftlichen Rolle handelt: Er ist Berater und Vertreter in Rechtsfragen, seine Zuständigkeiten sind in Teilen sogar gesetzlich festgelegt. Ebenso ist gesetzlich geregelt, wie er Rechtsanwalt werden konnte. Diese Rolle benötigt die Gesellschaft deshalb, weil es – so zeigen die Gesprächsdaten aus Mandant/innengesprächen, aber auch aus anderen rechtlichen Zusammenhängen wie der gerichtlichen oder polizeilichen Kommunikation – eine gesellschaftliche Anforderung ist, Konflikte in geregelter Weise beizulegen. Im Mandant/innengespräch wird dieser Zweck beispielsweise daran deutlich, dass Mandant/innen für die Bearbeitung konkreter Konflikte die Unterstützung eines Experten suchen.

Gesellschaftliche Zwecke werden somit zu einem großen Teil kommunikativ prozessiert und dadurch auch immer wieder aktualisiert und können sich im Laufe der Zeit wandeln und verschieben. Andere Institutionen wie beispielsweise Schule oder Hochschule dienen gesellschaftlich dazu, Wissen zu tradieren und die Ausbildung für verschiedene gesellschaftliche Rollen (häufig: Berufe) zu gewährleisten. Auch die Familie wird von der Funktionalen Pragmatik als Institution verstanden, ihre Zwecke sind zum Beispiel Reproduktion, Sozialisation und Spracherwerb. In all diesen Zusammenhängen geht die Funktionale Pragmatik davon aus, dass gesellschaftliche Zwecke in Form von **sprachlichen Handlungsmustern** realisiert werden (Ehlich/Rehbein 1986).

Institutionsspezifische Handlungsmuster: Der Fokus der Analysen der Funktionalen Pragmatik liegt also auf dem Zusammenhang von sprachlichem Handeln und außersprachlicher Wirklichkeit. Die Idee stammt aus der Handlungstheorie (Pragmatik). Diese hat herausgearbeitet, dass mit Sprache nicht nur Aussagen über die Welt gemacht werden, sondern dass wir mit Sprache immer auch konkrete Handlungen durchführen: Eine Frage stellen, Absichten verdeutlichen oder unsere Zustimmung aussprechen. Die Funktionale Pragmatik geht nun davon aus, dass (sprachliches) Handeln dazu dient, bestimmte gesellschaftliche Zwecke zu bearbeiten. Hierauf aufbauend untersucht sie, wie dazu sprachliches Handeln von mehreren Beteiligten gemeinsam interaktional vollzogen wird. Der Ausdruck ›funktional‹ in ›funktionale Pragmatik‹ verweist in diesem Zusammenhang darauf, dass sprachliches Handeln in konkreten gesellschaftlichen Kontexten immer darauf ausgerichtet ist, bestimmte Zwecke zu erfüllen. Insoweit ist es für das Verständnis der Funktionale Pragmatik entscheidend, dass es nicht nur um die Analyse allgemeiner Handlungsmuster geht, sondern um konkrete institutionsspezifische Handlungsmuster, die von Gesprächsteilnehmer/innen situationsspezifisch erworben werden. Solche Handlungsmuster rekonstruiert die Funktionale Pragmatik als sogenannte Tiefenstrukturen. Das bedeutet, dass man empirisch für die rekonstruierten Handlungsmuster viele verschiedene Realisationsmöglichkeiten vorfinden wird, die sich aber letztlich abstrakt auf ein Handlungsmuster abbilden lassen.

Adjazenzpaar Frage-Antwort-Muster: Dieses Muster erfüllt in unterschiedlichen gesellschaftlichen Zusammenhängen je spezifische Zwecke und wird aus der Perspektive der Funktionalen Pragmatik in entsprechend unterschiedlicher Form interaktionell realisiert: So ist es **in der Schule** u. a. in der Form des Musters »Aufgabenstellen – Aufgabenlösen« dazu geeignet, bei Schüler/innen kognitive Prozesse auszulösen, die ihren Wissenserwerb unterstützen. Dabei scheint sich die **Lehrendenfrage** auf der sprachlichen Oberfläche nicht von einer Frage in anderen Zusammenhängen zu unterscheiden (z. B. »Was ist denn die These des Autors im vorliegenden Text?«). In der Schule ist es nun aber so, dass die fragende Person (Lehrkraft) die Antwort bereits kennt und diese sogar kennen muss, um überprüfen zu können, ob die Schüler/innen das zu vermittelnde Wissen erlernt haben. In diesem institutionellen Zusammenhang dient die Frage also nicht dem Wissenszugewinn des Fragenden (in anderen Zusammenhängen fragt man, um neues Wissen zu bekommen), sondern es dient der Überprüfung des Wissens bei den Befragten, den Schüler/innen (Ehlich/Rehbein 1986; Ehlich/Rehbein 1977).

Fragen spielen auch in der **medizinischen Kommunikation** eine wichtige Rolle. Hier ist es häufig ein Arzt bzw. eine Ärztin, die Patient/innen zu ihren Beschwerden befragt. Anders als in der Schule ist das Wissen der Patient/innen dem Arzt vor seiner/ihrer Frage tatsächlich unbekannt. In der klinischen Sprechstunde und in der Krankenhausvisite erfüllt das Frage-Antwort-Muster (auch bezeichnet als **ärztliches Fragen**) eine andere Funktion. Hier ist es dazu geeignet, das für eine Diagnose notwendige Wissen über den Gesundheitszustand der Patient/innen zu erfahren. Das Wissen des Patienten wird vor dem Hintergrund des abstrakten medizinischen Wissens des Arztes/der Ärztin erfragt, um so diejenigen Aspekte zusammenzutragen, die für eine bestimme Diagnose relevant sind (ähnlich auch beim anwaltlichen Fragen). Ein weiterer institutioneller Einsatzort des Frage-Antwort-Musters findet sich z. B. bei der **Zeugenbefragung der Polizei** oder vor **Gericht**. Dort dient das Muster dazu, den relevanten Sachverhalt kritisch und auf seine Glaubwürdigkeit hin zu überprüfen (Meer 2017: 416 ff.).

**Wissensstrukturen und mentale Prozesse:** Es wird deutlich, dass hier jeweils mit auf der sprachlichen Oberfläche sehr ähnlichen Handlungsmustern ganz unterschiedliche Prozesse der Wissensbearbeitung in Gang gesetzt werden. Diese im und für das Gespräch relevant werdenden Wissensstrukturen und mentalen Prozesse rekonstruiert die Funktionale Pragmatik systematisch. Dazu ist es notwendig, nicht nur ausschließlich die Gespräche selbst zu untersuchen, sondern auch Institutionsanalysen durchzuführen, sich also einen Überblick zu verschaffen über das Wissen der Beteiligten, ihre Rollen in der Institution, ihre institutionelle Ausbildung, die Zusammenhänge institutioneller Prozesse etc., sich also mit dem Wissen der Beteiligten, das den Gesprächen zugrunde liegt, aber nicht immer expliziert wird, zu beschäftigen.

**Gemeinsames Handeln:** Schaut man sich diese verschiedenen Realisierungen von Frage-Antwort-Sequenzen an, so wird deutlich, dass die ihnen inhärenten, spezifischen Zwecke im Laufe der **Sozialisation** innerhalb unterschiedlicher **(institutioneller) Settings** erworben werden und somit von den Mitgliedern einer Sprachgemeinschaft verinnerlicht und situationsabhängig eingesetzt werden können. Dass dies nur in Form konkreter kommunikativer Aktivitäten der Beteiligten geschehen kann, mit denen diese ihren Gesprächspartner/innen verdeutlichen, wie sie die Situation verstehen und wie sie verstanden werden wollen, bringt uns auf die analytischen Überlegungen der Konversationsanalyse zurück und macht deutlich, dass diese beiden Analyserichtungen sich trotz mancher theoretischer Unterschiede in vielen Aspekten ergänzen können.

Die funktionale Pragmatik baut u. a. auf Ideen der linguistischen Pragmatik, vor allem der Sprechakttheorie auf, entwickelt diese aber systematisch weiter. Vor allem die Annahme, dass sprachliches Handeln immer interaktional, also gemeinsam von den Beteiligten vollzogen wird, setzt sie zentral. In der Analyse der sprachlichen Handlungsmuster ist deutlich geworden, dass sich die Sprecher/innen- und Hörer/innenrollen abwechseln und gegenseitig aufeinander angewiesen sind. Grundannahme ist, dass ein Handlungsmuster nur im Zusammenspiel beider Beteiligter entstehen kann. Dafür sind zum einen die von der Konversationsanalyse herausgearbeiteten **Organisationsprinzipien** verantwortlich. Zum anderen – und dies ist der Fokus der Funktionalen Pragmatik – betrifft das auch die **Tiefenstrukturen**. Die Beteiligten handeln gemeinsam im beschriebenen Sinne eines Handelns zur **Bearbeitung bestimmter Zwecke**, indem sie verbal und körperlich miteinander interagieren. Dieses Handeln kann nur miteinander und aufeinander bezogen realisiert werden. Das wird umso deutlicher, wenn man beobachet, dass auch Handlungsmuster (Tiefenstrukturen) gemeinsam aufgebaut werden müssen. So kann in einem Mandant/innengespräch z. B. das Beraten mit dem Verkaufen (einer Dienstleistung) changierend, also gleichzeitig, bearbeitet werden (vgl. Pick 2015: Kap. 11) und die Beteiligten müssen gemeinsam steuern, was sie gerade ›tun‹. Dieses gegenseitige Mitsteuern syntaktischer Strukturen in der gesprochenen Sprache hat Peter Auer für die syntaktische Ebene beschrieben und als online-Prozessierung oder online-Syntax bezeichnet (2000; 2007).

Sprecher/innensteuerung: Ein wichtiges **verbal-tonales System**, das im Deutschen dazu beiträgt, den Sprecher während seiner Sprachproduktion (und damit seines Handlungsvollzugs) zu steuern, ist das der Hörerrückmeldungen. Dazu dienen Rezeptionspartikeln, die von Hörer/innen u. a. häufig in der Form von *hmhm* geäußert werden, während jemand anderes spricht. Je nachdem, in welcher tonalen Struktur die Hörerrückmeldungen realisiert werden, drücken sie je eine andere Reaktion auf das vom Sprechenden Gesagte aus:

```
˜hmHM:    eine fallend-steigende Tonstruktur, die Zuhören
          und Zustimmung anzeigt
ˆhmHM:    eine steigend-fallende Tonstruktur, die
          Divergenz ausdrückt
-hmm:     eine gleichbleibend tonierte Tonstruktur, die
          Nicht-Zustimmung oder auch Nicht-Verstehen
          andeutet
```

Je nachdem, wie Hörer/innen jeweils tonieren, werden sie Sprecher/innen auf verschiedene Weise dazu bringen, ihre Sprachproduktion anzupassen, zum Beispiel, indem sie Unklarheiten beseitigen, Erklärungen einfügen oder ihre Meinung nochmals bekräftigen.

Im Kapitel zur Multimodalität (Kap. 3.3) werden wir sehen, dass Sprecher/innen zusätzlich durch weitere Hörerreaktionen bereits während ihrer Produktion gesteuert werden und man davon ausgehen kann, dass ein Gespräch gemeinsam hergestellt wird – nicht nur im Zusammenspiel der verschiedenen Redebeiträge, sondern darüber hinaus auch bereits während der Produktion einzelner Redebeiträge selbst. Dies betrifft sowohl das Handeln beim Herstellen eines Gesprächs als auch das gesellschaftliche Handeln durch ein Gespräch, womit erneut die gegenseitige Ergänzung der Ansätze der Konversationsanalyse und der Funktionalen Pragmatik deutlich wird.

Unterschiede und Gemeinsamkeiten: Die Unterschiede auf theoretischer Ebene zwischen der Konversationsanalyse und der Funktionalen Pragmatik liegen vor allem darin, dass die Funktionale Pragmatik sich als Teil einer Gesellschaftsanalyse versteht, die daran interessiert ist zu untersuchen, wie durch Kommunikation gesellschaftliche Strukturen vollzogen und gleichzeitig geformt werden. Dazu begreift sie Sprechen als Handeln und vergleicht, wie dieses Handeln in verschiedenen Institutionen eingesetzt wird, um gesellschaftliches Handeln zu gestalten. Hierbei werden auch außersprachliche Informationen in die Analysen einbezogen und zusätzlich systematisch mentale Prozesse berücksichtigt, die durch ein Handlungsmuster relevant werden.

Die Konversationsanalyse hingegen fokussiert auf die Geordnetheit von Gesprächen und rekonstruiert die Ordnung gesprochener Sprache aus der Perspektive der Interaktion, die die Beteiligten gemeinsam herstellen. Hat man sich in der Linguistik lange Zeit an der geschriebenen Sprache als Standard orientiert, so kann es durch die Ergebnisse der ethnomethodologischen Konversationsanalyse inzwischen als etabliert gelten, dass auch die gesprochene Sprache Regelmäßigkeit und Geordnetheit aufweist, diese sich aber von schriftsprachlichen Normen unterscheiden. Diese Geordnetheit in ihrem lokalen Zustandekommen zu beschreiben und zu zeigen, wie sie sich immer wieder aufs Neue in Gesprächen manifestiert, bildet einen Schwerpunkt der Konversationsanalyse.

> Die Funktionale Pragmatik begreift den Kontext der untersuchten Gespräche vorrangig als außersprachlich und fragt hierauf aufbauend danach, welche spezifischen gesellschaftlichen Zwecke im Rahmen konkreter (institutioneller) Situationen von den Beteiligten realisiert und ausgehandelt werden. Hierbei geht sie davon aus, dass jede Gesellschaft ein spezifisches Ensemble konkreter sprachlicher Muster (Handlungsmuster) entwickelt hat, um spezifische gesellschaftliche Zwecke zu bearbeiten.

Definition

Während sich die Konversationsanalyse – zumindest in ihrer Anfangsphase – vorrangig auf alltägliche Gespräche bezogen hat, untersuchen Vertreter/innen der Funktionalen Pragmatik institutionell verankerte Gespräche (z. B. Schule, Hochschule, Medizin, Behörden). Allerdings finden sich auch im Rahmen der Konversationsanalyse seit den 1990er Jahren unter dem Begriff der »studies of work« bzw. des »talk at work« (Drew/Heritage 1992) zunehmend Untersuchungen zu Daten aus unterschiedlichen institutionellen Kontexten. Da im Rahmen beider Ansätze kommunikativ eindeutig hierarchisch organisierte Gesprächssituationen empirisch bearbeitet werden, ist die Frage nach der kommunikativen Organisation solcher **asymmetrischen Gesprächsformen** immer relevanter geworden. Insoweit soll nun die Frage betrachtet werden, wie institutionell bedingte Asymmetrien von den Beteiligten realisiert werden und welchen Regeln eine solche Realisierung folgt.

### 3.2.3 | Asymmetrien in Gesprächen und die linguistische Diskursanalyse (nach Foucault)

Ein erster rollenkritischer Zugang: Das Problem der kommunikativen Erfassung der Vielzahl institutioneller Hierarchien, die den Alltag durchziehen, wird von unterschiedlichen gesprächsanalytischen Ansätzen vorrangig mit dem aus der Soziologie übernommenen Begriff der ›Rolle‹ gelöst. Das Problem ist hierbei jedoch, dass sich hinter dem Begriff der Rolle sehr verschiedene Konzepte verbergen. In Anlehnung an den **Rollenbegriff des Theaters** suggeriert der Begriff die Idee des Spiels und damit eine Freiwilligkeit der Wahl. Rollen können nicht nur interpretiert, sondern auch umgeschrieben werden. Dies trifft für ›institutionelle Rollen‹ jedoch nur in eingeschränktem Umfang zu. Darüber hinaus wird der Begriff der Rolle in vielen Fällen im Sinne von ›**Gesprächsrollen**‹ interpretiert, die flexibel zwischen den Gesprächspartner/innen ausgehandelt werden. Aus theoretischer Sicht bleibt dabei jedoch unklar, welchen Einflüssen die Aushandlungsprozesse der Beteiligten unter spezifischen Bedingungen unterliegen.

Auch deshalb wird der Begriff der Rolle als (institutionell festgelegte) **soziale Rolle** verstanden, deren Einhaltung vorrangig durch Sanktionen oder die Angst vor solchen erwirkt wird. Aber auch diese Annahme klärt zum einen nicht, welche konkreten Sanktionen eigentlich befürchtet werden, zum anderen ist es sehr fragwürdig, ob den Faktoren ›Angst‹ und ›Zwang‹ tatsächlich eine generelle kommunikative Bedeutung beigemessen werden kann (s. dazu Kap. 7.1). Insgesamt scheint der Begriff der Rolle die methodischen Schwierigkeiten, die er zu lösen vorgibt, eher zu verdecken.

Da die Konversationsanalyse aufgrund ihrer Konzentration auf symmetrische Gesprächssituationen das Problem institutioneller Asymmetrien und deren Folgen für den Verlauf institutioneller Gespräche unter Nutzung der ersten beiden angeführten Rollenbegriffe lange Zeit empirisch eher ignoriert hat, spielte es in ihrer Theoriebildung keine zentrale Rolle. Aber auch in neueren Texten der »studies of work« konzentrieren sich die Forscher/innen darauf, dass Hierarchien kommunikativ über die Herstellung von Asymmetrien realisiert werden müssen (vgl. ten Have 1999). Damit bleibt – wie weiter oben bereits erwähnt – allerdings die Frage nach dem ›Warum‹ der an vielen Stellen auffälligen Gleichförmigkeit institutioneller Gesprächsverläufe in Teilen unbeantwortet.

Im Folgenden soll deshalb der Gesprächsverlauf des oben widergegebenen Auszugs aus einem Anwalt-Mandant/innengespräch ab Zeile 11 erneut betrachtet werden und die Frage geklärt werden, welche Bedeutung dem **Wissen des Anwalts** für die Konstitution von Asymmetrien im Verlauf des transkribierten Gesprächsauszugs zukommt.

**Institutionelle Agent/innen und Klient/innen:** Die Vertreter/innen der Funktionalen Pragmatik, würden beim Blick auf das hier analysierte Gespräch und die darin beobachtbaren Asymmetrien vermutlich vorrangig auf den Zweck des Gesprächs verweisen, der u. a. darin besteht, das Wissen des Anwalts für die Mandant/innen und ihr Anliegen nutzbar zu machen (Wissenstransfer vom Anwalt zu den Mandant/innen). Hieraus ergeben sich sowohl die bereits beschriebenen Formen der Gesprächssteuerung, die im vorliegenden Auszug stark vom Anwalt dominiert werden, als auch der Frage-Antwort-Mechanismus, mit dem die Klientin (F1) beispielsweise in Zeile 29 zusätzlich das Wissen des Anwalts ansteuert. Die **Asymmetrien** liegen somit im **Gesprächszweck selbst** begründet.

**Interaktionsverlauf:** Ethnomethodologisch orientierte Konversationsanalytiker/innen würden im kommunikativen Verhalten des Anwalts in der Gesprächsphase ab Zeile 11 unter Umständen eher eine Passage im Rahmen eines Prozesses des *opening-up-closings* erkennen, also eine Phase der Ankündigung, das Gespräch zu beenden. In diesem Rahmen könnte die Konversationsanalyse darauf hinweisen, dass der Anwalt an dieser Stelle sein professionelles Erfahrungswissen in den Vordergrund stellt, um seine Version denkbarer zukünftiger Kontakte zu prozessieren. Die Einschubsequenz der Frau (F1) könnte aus einer solchen Perspektive als Aufschub der Gesprächsbeendigung interpretiert werden. Asymmetrien zwischen den Beteiligten müssten hier nicht zwingend in den Blick kommen, da der Anwalt zwar versucht, das Gespräch dahingehend zu steuern, dass er sein Ende anmoderiert, aber die Mandantin durchaus in der Lage ist, dies zu verhindern.

Diskursanalyse (Michel Foucault): Diese Beobachtungen, die einerseits die Aspekte der institutionellen Zweckorientierung und der unterschiedlichen institutionellen Position aus der Funktionalen Pragmatik aufgreifen, andererseits den Aspekt der interaktionellen Realisierung sozialer Wirklichkeit im Rahmen von Aushandlungsprozessen aus der Konversationsanalyse berücksichtigen, sollen im nächsten Schritt durch einige systematische Überlegungen im Anschluss an den französischen Diskurstheoretiker Michel Foucault ergänzt werden, die es erlauben, den **Aspekt konversationeller Asymmetrien** aus einer anderen Perspektive zu betrachten. Leitend sind hierbei Foucaults Ausführungen zum Begriff des **Diskurses**. Allerdings muss hier herausgestellt werden, dass Foucault selber kein Linguist, sondern Philosoph und historischer Soziologe war und die Grundlagen seiner Überlegungen nicht ›Gesprächsdaten‹ im hier definierten Sinne bildeten (s. dazu Kap. 7 ausführlicher). Insoweit geht es darum, einige wenige seiner Überlegungen für den Gegenstand der Gesprächsforschung im Zusammenhang mit dem Begriff der Asymmetrie nutzbar zu machen.

Foucault geht davon aus, dass das, was zu einem konkreten Zeitpunkt und in einer konkreten Situation gesagt werden kann und gesagt wird, diskursiv vorstrukturiert ist. Diskurse sind für ihn abstrakte Konzepte des zu einem konkreten Zeitpunkt Sagbaren, Akzeptablen oder ›Wahren‹ (Foucault 1977).

> In diesem Sinne sind Diskurse beschreibbar als sprachlich strukturierte und begrenzte Möglichkeitsfelder dessen, was gesagt, gefragt oder bestritten werden kann. Entscheidend ist hierbei, dass nicht jeder Mensch im Rahmen der bestehenden diskursiven Möglichkeiten beliebig Zugang zu jedem diskursiven Feld bzw. zu jeder diskursiven Position hat, sondern dass die Sprechenden bestimmte Bedingungen erfüllen müssen, um etwas in einer konkreten sozialen Situation behaupten, erfragen oder bestreiten zu können. Für die Analyse institutioneller Asymmetrien ist hierbei entscheidend, dass Institutionen als verfestigte gesellschaftliche Organisationsformen das, was diskursiv möglich ist, mitstrukturieren (ebd.).

Definition

Bezogen auf den Auszug aus dem hier analysierten Gespräch folgt daraus, dass die kommunikativen Möglichkeiten der Gesprächsbeteiligten mit Foucault gesprochen u. a. durch die Anforderungen des **juristischen Diskurses** geprägt werden. Diese Annahme wird durch die bisherige Analyse insoweit bestätigt, als dass das juristische Wissen des Anwalts für den Verlauf des Gesprächs entscheidend ist. Dabei ist die Position des Anwalts vorrangig durch dieses Wissen und seine Fähigkeit, dieses glaubwürdig und nachvollziehbar zu kommunizieren geprägt. Indem er glaubhaft machen kann, dass er in der Lage ist, sich im »Wahren« des juristischen Diskurses zu bewegen, ist seine Expertise im Gespräch relevant. Dies wir u. a. durch die Frage der Mandantin in Zeile 29 ff. bestätigt, mit der sie erneut eben diesen Aspekt zentral stellt. Insoweit liegt die Asymmetrie des Gesprächs zum einen, wie auch die Funktionale Pragmatik unterstreichen würde, im Bereich des ungleich verteilten Wissens begründet.

Zum andern lässt sich mit Foucault aber auch erklären, warum es der Frau trotz der bestehenden Asymmetrien problemlos gelingt, den Versuch der Gesprächsbeendigung durch den Anwalt durch ihre Frage aufzuschieben: So sind nicht nur die Mandat/innen vom Wissen des Anwalts abhängig, sondern auch umgekehrt, der Anwalt von der Zufriedenheit der Klient/innen. Diesen Zustand, den man als eine für institutionelle Kommunikation typische Form der **Gegenabhängigkeit** von Agent/innen und Klient/innen beschreiben kann (Meer 1998: 50; 53), lässt sich mit Foucault erklären. So verweist dieser immer wieder darauf, dass Machtwirkungen niemals nur einseitig von oben nach unten wirksam werden (s. auch Kap. 7.1), sondern dass sie als vielgestaltige Mechanismen aus unterschiedlichen Richtungen beschrieben werden müssen (Foucault 1978: 211). Insoweit ist es nicht verwunderlich, dass der Anwalt hoch kooperativ auf die Zurückweisung seines Versuchs der Gesprächsbeendigung durch die Mandantin reagiert und ihre Frage ab Zeile 35 ff. ausführlich beantwortet.

Damit kann festgehalten werden, dass die hier skizzierten diskursanalytischen Überlegungen im Anschluss an Foucault vor allem in Verbindung mit Aspekten institutioneller Asymmetrien und der Erklärungen ungleicher kommunikativer Möglichkeiten eine sinnvolle Erweiterung vorliegender Ansätze der Gesprächsforschung darstellen, da sie auf ein Modell zurückgreifen, das es erlaub **heterogene Machtwirkungen** diskurstheoretisch fundiert zu erklären.

**Diskursanalytische Überlegungen** im Anschluss an Michel Foucault sind zunächst einmal kein genuiner Bestandteil der linguistischen Gesprächsforschung. Sie erweitert jedoch bezogen auf die Analyse von Gesprächsdaten den Blick, indem sie den Zusammenhang zwischen unterschiedlichen institutionellen Positionen und konkretem kommunikativen Verhalten als interaktional realisierte Wirklichkeitskonstruktion begreift, die als Wechselspiel zwischen diskursiv und kommunikativ Möglichem beschreibbar ist.

## 3.3 | Multimodalität und Gesprächsforschung

**Multimodalität und Gespräch:** Nachdem wir uns bisher ausschließlich mit **auditiven Tondaten** beschäftigt haben, möchten wir an dieser Stelle unseren Blick anhand des Anwalt-Mandat/innengesprächs über die gesprochen-sprachlichen Aspekte von *face-to-face*-Situationen hinaus auf die nicht-verbalen, körperlich-visuellen Ressourcen direkter Interaktionssituationen richten. Mit der Weiterentwicklung technischer Möglichkeiten von Gesprächsaufnahmen, die einen immer besseren und leichteren Zugriff auch **Videodaten** und deren Bearbeitung ermöglichen, sind zunehmend Untersuchungen entstanden, mit denen Aspekte wie **Gestik, Mimik, Blickverhalten, Körperorientierung** oder die **Bewegung im Raum** als Ressourcen für die Interaktion analytisch nutzbar gemacht werden konnten (Hausendorf/Mondada/Schmitt 2012). Dabei zeigt sich, dass die körperlich-visuellen Ressourcen in Verbindung mit den verbalen gemeinsam an der Entstehung der Interaktion beteiligt sind und sich somit für die Analyse und Interpretation weitere Perspektiven ergeben.

> **Multimodalität** bezeichnet in der gesprächslinguistischen Forschungstradition das Zusammenspiel verschiedener körperlich-visueller Ausdrucksressourcen oder Ausdrucksmodi, die gemeinsam mit verbalen Ressourcen eine Interaktion entstehen lassen. Als Modalitäten (= Ausdrucksressourcen) werden Gestik, Blickverhalten, Kopfbewegungen, Mimik, Körperhaltung, Körperbewegung im Raum und Formen der Objektmanipulation untersucht. Alle Modalitäten sind gemeinsam in ihrem Zusammenspiel für die Interaktion relevant. Dabei wird sowohl relevant, wie diese Ressourcen von einem Sprecher kombiniert werden, als auch die Frage, wie alle Beteiligten die Ressourcen gemeinsam in einer konkreten Gesprächssituation einsetzen, um sich zu koordinieren.

*Definition*

Im Weiteren sollen nun einige zentrale nicht-verbale Ressourcen anhand des Gesprächsbeispiels betrachtet werden, dessen verbale Entwicklung bereits untersucht wurde (s. Kap. 3.2). Dabei soll exemplarisch gezeigt werden, wie die multimodale Perspektive die Analyse eines Gesprächs ergänzen kann.

Ausgangspunkt für die vorliegende multimodale Transkription eines Anwalt-Mandat/innen-Gesprächs bildet das **Standbildverfahren**, das wir von Stukenbrock (2009) übernehmen und dessen Grundlage die bereits eingeführte Form der Transkription verbaler Daten nach GAT 2-Konventionen darstellt (s. Kap. 3.1 und 5.2.1). Dieses Transkript wird unter Berücksichtigung der visuell wahrnehmbaren Aspekte konkreter Kommunikationssituationen durch einzelne Standbilder erweitert, die in einer Zeile oberhalb des verbalen Transkripts angeordnet werden. Entscheidend ist hierbei, dass für die Nutzer/innen derartiger Transkripte erkennbar sein muss, welchem Punkt der verbalen Äußerung das konkrete Standbild zugeordnet werden kann, damit die Zeitlichkeit der Aktivitäten in ihrem Zusammenspiel ersichtlich wird. Die verbalen Aspekte stellen also weiterhin die Bezugsgröße (den »anchor-mode«: ›Anker-Modalität‹) der Transkription und der Analyse des Transkripts dar.

In dem untersuchten Ausschnitt sind die folgenden Sprecher/innen beteiligt: Der Anwalt ist als A bezeichnet und sitzt am Kopfende des Tisches. Die anderen Beteiligten sind eine Gruppe von Mandant/innen. Links neben dem Anwalt sitzt Mandantin F1, weiter im Uhrzeigersinn um den Tisch sind die Personen mit folgenden Siglen im Transkript verzeichnet: M1, M3, F2 und M4.

Die beiden Standbilder zeigen denselben Moment aus zwei unterschiedlichen Kameraperspektiven. Dieser Ausschnitt wird von nachfragen verbal begleitet, was durch den vertikalen Strich auf dem a gekennzeichnet ist.

**Demonstrationsbeispiel multimodales Transkript**

```
27  A    würd ich wahrSCHEINlich irgendwann aus neugier
              |
         nachfragen-
    Ko   A: Blick auf M4, F1: Blick auf A
```

Das Standbildverfahren ist nicht die einzige Möglichkeit der multimodalen Transkription von *face-to-face*-Gesprächen (vgl. dazu Stukenbrock 2009 zum symbolischen Transkriptionsverfahren). Wir haben uns jedoch aus Gründen der hohen Anschaulichkeit und der leichteren Lesbarkeit dazu entschieden, im Rahmen dieser Einführung nur das Standbildverfahren vorzustellen. Einen weiteren Grund für diese Beschränkung stellt außerdem die Nähe des Verfahrens zu den in der Medienwissenschaft üblichen Formen der Transkription dar, worauf wir in Kapitel 5 zurückkommen werden.

Die Bilder wurden mit **Adobe Photoshop anonymisiert**, indem ein Stilisierungsfilter verwendet wurde, der vor allem die Konturlinien deutlich zeichnet, andere Merkmale, anhand derer die Personen erkannt werden könnten, in Graustufen angleicht. Um nicht nur die Konturen, sondern auch Details der Flächen etwas stärker zeichnen zu können, wurde das Original mit hohem Transparenzgrad darübergelegt. Dies diente vor allem dazu, die Flächen (vor allem die Gesichter zur besseren Wiedergabe der Mimik) etwas genauer abbilden zu können und dabei gleichzeitig die Anonymität zu gewährleisten.

**Standbildauswahl:** Entscheidend ist an dieser Stelle die Frage, wie und mit welcher Dichte Standbilder ausgewählt werden. Diese Frage ist nicht allgemein und für alle Fälle zu beantworten: Zunächst einmal kann man generell festhalten, dass die Fragestellung, unter der ein Transkript bearbeitet werden soll, einen ersten und entscheidenden Ausschlag für die Auswahl der Standbilder gibt. Konzentrieren wir uns – wie im vorliegenden Fall – auf den Sprecherwechsel der Gesprächsbeteiligten, so sind natürlich alle multimodalen Ressourcen um diese untersuchte Gesprächsstelle von prinzipiellem Interesse. Wären wir primär zum Beispiel an Gesten interessiert, würden wir diese hauptsächlich in den Standbildern zeigen.

Allerdings reicht eine Reduktion der Transkription auf einen einzelnen Aspekt häufig nicht aus, da das ›Einfrieren‹ visueller Aspekte auf den einzelnen Moment (des Standbilds) vielfach für die Analyse zu kurz greift, so dass zwei weitere Aspekte zu berücksichtigen sind: Zum einen kann es sinnvoll sein, die kommunikative Relevanz einer TCU durch zusätzliche Standbilder anschaulicher zu machen und damit den Nachvollzug der eigenen Analyse zu unterstützen. Hier wird es sich im Verlauf einer Analyse häufig als sinnvoll erweisen, das ursprüngliche Transkript durch weitere Standbilder zu ergänzen. Zum anderen bietet es sich an, unterhalb der verbalen Zeile eine dritte Transkriptionszeile anzulegen, die für ergänzende Kommentare genutzt werden kann, die die verbalen Äußerungen und die ausgewählten Standbilder nicht erkennbar machen.

Die Kommentarzeile wird sich dann als wichtig erweisen, wenn wir in Kapitel 5 erneut auf den Aspekt des multimodalen Transkripts zurückkommen und zusätzlich relevante mediale Informationen wie die dynamische Nutzung der Kamera oder die Möglichkeiten des nachträglichen Schneidens ursprünglicher Aufnahmen ergänzen.

**Beispielanalyse multimodal:** Betrachten wir nun aber den Ausschnitt des Sprecherwechsels in Zeile 27–30 im Anwalt-Mandant/innen-Gespräch genauer. Im Verbaltranskript zeigt sich dieser als glatter Sprecherwechsel mit einer Selbstwahl der Sprecherin (s. die Analysen in Kap. 3.2). So schließt die Mandantin F1 in Zeile 29 an die Ausführungen des Anwalts (A) mit einer Rückfrage an. Untersuchen wir nun aber zusätzlich das gesamte multimodale Geschehen vor und um den Sprecherwechsel herum, zeigt sich, wie dieser bereits weit vor der verbalen Äußerung der Mandantin F1 eingeleitet wird und wie sie ihre Äußerungen auch weiter multimodal prozessiert.

Zunächst ist der **Blick** des Anwalts A auf den Mandanten M4 rechts neben ihm gerichtet. An ihn richtet er bis zu Zeile 27 auch seinen Redebeitrag. Die Mandantin F1 links des Anwalts richtet ihren Blick auf den Anwalt und signalisiert damit ihr Zuhören. Schon bevor F1 verbal ihren Redebeitrag beginnt, richtet sie ihren Blick auf den Mandanten M4, der ihr gegenüber rechts neben dem Anwalt sitzt, und signalisiert ihr Interesse, die nächste Sprecherin zu sein.

```
27   A     würd ich wahrSCHEINlich irgendwann aus neugier
           nachfragen-
     Ko    A: Blick auf M4, F1: Blick auf A
```

```
28         was eigentlich [aus [ihrer (-) [iDEE geworden ist;
     Ko                   [F1: Kopfdrehung leicht nach links,
           Blick zu M4
                               [M4: Blick zu F1, F1 hebt Arm
                                              [A: Kopfdrehung und
           Blick zu F1
```

Im Vergleich der Standbilder von Zeile 27 zu 28 sieht man die minimale Kopfdrehung der Mandantin hin zu dem vom Anwalt in diesem Moment primär adressierten Sprecher M4. Mit dieser kaum merklichen Kopf- und Blicklenkung signalisiert sie ihrem Gegenüber M4 ihr Interesse an einer Turnübernahme, woraufhin dieser zu F1 blickt.

```
29   F1    .h ei[ne                  FR[Age
     Ko    F1 hebt rechten Arm weiter
                [zeigt zu A
                                       [F1: Finger zu sich
```

```
30         [das INItiative bürgerbegehren-
     Ko    [F1 dreht Kopf und Finger in Richtung Unterlagen und
             Zeigt darauf
```

Gleichzeitig hebt sie ihren rechten Arm an, der zuvor auf ihren Beinen lag, und stützt ihren Ellbogen auf den Tisch. Während sie einatmet und den Arm hebt, dreht der Anwalt sukzessive seinen **Kopf und Oberkörper** nach links und auch der Mandant M4 richtet seinen Blick auf die Mandantin F1 (Zeile 28). Auch die anderen Mandant/innen drehen ihre Köpfe und richten damit ihren Blick zur Mandantin F1. Anschließend (Zeile 29) signalisiert F1 durch lautes **Einatmen** den Beginn ihres *turns*. Diese Koordination erfolgt gleichzeitig und sehr geordnet, wie auch die Standbilder zeigen.

Anhand dieser kurzen Analyse der Bilddaten, die sich im Verbaltranskript insgesamt nur über die Zeilen 27–30 erstrecken, wird deutlich, dass Interaktion ein sehr **komplexer Prozess** ist, bei dem viele verschiedene verbale und multimodale Aktivitäten gleichzeitig (simultan) und nacheinander in einem **geordneten zeitlichen Ablauf** (sequenziell) passieren. Diese genau zu rekonstruieren und zu zeigen, wie die Aktivitäten einer Person (intrapersonal) als auch alle Aktivitäten im Zusammenspiel unter allen Beteiligten (interpersonal) koordiniert werden, um eine Situation gemeinsam herzustellen, ist Ziel der multimodaler Gesprächsforschung.

**Interpersonale Koordination:** Wie unsere Analysen gezeigt haben, wird der Sprecherwechsel schon vorbereitet, bevor die Mandantin ihren Beitrag verbal beginnt. Bis zum Beginn ihres *turns* haben die Beteiligten sich bereits durch Blicke, Körperbewegungen, Kopfdrehungen und ein Atemsignal darauf eingestellt, dass die Mandantin den nächsten Turn übernehmen wird. Dies wird auch daran deutlich, dass der Anwalt seinen Körper und Kopf bereits am Ende seines *turns* der Mandantin zuwendet (Zeile 28) und ihr damit signalisiert, dass sie die nächste Sprecherin sein kann.

Insofern ist der Sprecherwechselmechanismus also weit komplexer organisiert, als allein aufgrund verbaler Analysen erkennbar wäre (s. Kap. 3.2). Allerdings kann man anhand dieses Beispiels dennoch von einer Sprecherselbstwahl sprechen. Insoweit kommt man nicht zwingend zu gänzlich anderen Analysen als mit Audiodaten allein, kann aber mit multimodalen Analysen noch sehr viel genauer nachvollziehen, wie das gegenseitige Steuern und gemeinsame Herstellen der Interaktion von den Beteiligten koordiniert wird.

**Intrapersonale Koordination:** Das Zusammenspiel der verschiedenen multimodalen Ressourcen bezogen auf die Aktivitäten einer Person zeigt sich auch im Weiteren, wenn man den Redebeitrag der Mandantin F1 verfolgt. Mit dem Einsetzen ihrer Stimme nimmt sie ihren Arm hoch und stützt den Ellbogen auf den Tisch (Zeile 28–29), womit auch sie eine andere Körperhaltung einnimmt und sich in Richtung des Anwalts orientiert. Dazu nutzt sie zusätzlich ihre Finger und zeigt zunächst auf den Anwalt (Zeile 29).

Anschließend begleitet sie den juristischen Fachterminus »initiatives Bürgerbegehren« (Zeile 30) mit ihrer Zeigegeste, indem sie lokaldeiktisch auf den Notizblock links vor sich verweist, in dem sie den Begriff vermutlich notiert hat.

In dem Moment, in dem sie die Zeitspanne von sechs Wochen thematisiert (Zeile 32), signalisiert sie diese ebenfalls mit ihrer Fingerhaltung.

```
32      hat man dann da AUCH nur sechs wochen zeit
        unterschriften zu sammeln?
```

Hier wird deutlich, wie eine Person ihre *turns* simultan verbal und körperlich prozessiert und erst alle Ressourcen gemeinsam einen *turn* entstehen lassen. Interaktion entsteht, indem diese Person (potenziell) alle Ressourcen von den anderen Beteiligten wahrnimmt und selbst – auch in der Hörer/innenrolle – mit je eigenen Ressourcen reagiert, um das Gesagte zu begleiten (und Aufmerksamkeit zu signalisieren), zu kommentieren (und Zustimmung oder Zweifel anzudeuten) oder selbst wieder das Rederecht zu beanspruchen. Zudem können einzelne *turns* auch rein körperlich-visuell gefüllt sein (z. B. durch Nicken, mimische Antworten oder Körperbewegungen).

Auswertung: Diese Beobachtungen unterstreichen die Erkenntnis, dass Interaktion immer als das **interaktionale Zusammenspiel** aller Beteiligten unter Nutzung **all ihrer Ausdrucksressourcen** betrachtet werden muss. Es ist also sinnvoll, in die Analysen immer auch die multimodalen Aspekte der Interaktion einzubeziehen. Dies gilt insbesondere dann, wenn multimodale Aspekte die verbale Kommunikation nicht nur ergänzen, sondern sie teilweise ersetzen (z. B. Ortsangaben durch Zeigegesten, mimische Bewertungen oder Verweise durch die Blickrichtung).

Bisher liegt das Hauptaugenmerk der Forschung darauf, wie die Interaktionsbeteiligten ihre verbalen und körperlich-visuellen Ausdrucksressourcen aufeinander abstimmen und wie diese mit den verbalen und multimodalen Ressourcen der anderen Beteiligten zeitlich und räumlich koordiniert werden. Mit diesem Erkenntnisinteresse schließt die Multimodalitätsforschung unmittelbar an die konversationsanalytische Forschungstradition an (s. Kap. 3.2) und erforscht die formale Organisation von Gesprächen auch in ihrem multimodalen Zustandekommen.

Multimodalität und Institution: Inwiefern multimodale Analysen auch für Formen institutioneller Kommunikation und Fragen sprachlichen Handelns systematisch fruchtbringend sein können, ist bislang kaum untersucht. Ein Beispiel, das die Relevanz multimodaler Analysen in institutionellen Zusammenhängen zeigt, ist eine Analyse von Sator (2013) in einer Fallstudie zu gedolmetschten Arzt-Patient/innen-Gesprächen. Sator kann zeigen, welche wichtige Rolle vor allem Blick und Gestik bei der Verteilung des Rederechts zwischen den Beteiligten spielt und dass die Beteiligten mit diesen multimodalen Ressourcen die Beteiligungsrollen im Gespräch aushandeln und steuern. Dies wird insbesondere relevant, wenn man Gespräche, in denen ein Familienmitglied dolmetscht, mit Gesprächen unter Beteiligung professioneller Dolmetscher/innen vergleicht.

## 3.4 | Anwendungsperspektiven der Gesprächsforschung

Die Gesprächsforschung ist eine linguistische Teildisziplin, die die Rückführung von Forschungsergebnissen in unterschiedliche gesellschaftliche Praxisbereiche vergleichsweise früh systematisch zu einem Teil ihres Programms gemacht hat. Hierauf aufbauend hat sich Anfang der 1990er Jahre die sogenannte Angewandte Gesprächsforschung etabliert (vgl. Brünner/Fiehler/Kindt 1999/2001). Durch die Kontakte zu Vertreter/innen unterschiedlicher Praxisbereiche während der Datenerhebung ist bereits früh der Wunsch aus der Praxis an Gesprächsforscher/innen herangetragen worden, mehr über die Forschungsergebnisse zu erfahren. Damit verbunden war nicht selten auch der Wunsch nach expliziten Bewertungen der Gespräche und konkreten Verbesserungsvorschlägen durch die Gesprächsforschung. Diese Situation hat maßgeblich zur Etablierung der Angewandten Gesprächsforschung beigetragen und bildet die Grundlage dessen, was in Kapitel 2 als Angewandte Linguistik im weiten Sinne definiert worden ist.

Trainings- und Weiterbildungsmaßnahmen: In der Folge ist eine Vielzahl von Arbeiten zu unterschiedlichen gesellschaftlichen Handlungsfeldern entstanden, die in Teilen für Trainings- und Weiterbildungsmaßnahmen der entsprechenden Berufsgruppen genutzt worden sind. Eine sehr frühe Arbeit, die sich mit der Ausbildungskommunikation im Bergbau beschäftigte (Brünner 1987), bereitete erste Grundlagen für die Rückführung von Forschungsergebnissen in den Bereich der beruflichen Ausbildung vor. Weitere frühe Arbeiten behandelten Beratungsgespräche, den Bereich der medizinischen Kommunikation, der Pflege, der Wirtschaftskommunikation und unterschiedliche Bereiche der hochschulischen Kommunikation. Seit den 2000er Jahren sind darüber hinaus Arbeiten zu anderen Untersuchungsfeldern entstanden, etwa der empirischen Unterrichtsforschung, zu Coaching und Supervision oder zu anwaltlichen Mandantengesprächen. Eine wichtige Institution zur Angewandten Gesprächsforschung ist der seit 1987 halbjährlich an verschiedenen Orten stattfindende Arbeitskreis Angewandte Gesprächsforschung (AAG).

An dieser Stelle kann nicht auf die einzelnen untersuchten Handlungsfelder genauer eingegangen werden, vielmehr wollen wir einen Überblick über die spezifische Ausrichtung angewandt-gesprächslinguistischer Perspektiven geben (vgl. Meer/Spiegel 2009) und neuere Entwicklungen darstellen.

Perspektiven der Angewandten Gesprächsforschung: In der Anfangszeit der Angewandten Gesprächsforschung im weiten Sinne haben Becker-Mrotzek/Brünner (1999) **vier Prinzipien** für die Anwendung formuliert, die wir noch immer für geeignet halten, wichtige Grundsätze der Anwendung zu bestimmen. Allerdings ergaben Erfahrungen mit Trainings und Workshops in den vergangenen Jahrzehnten neuere Erkenntnisse, die diese Prinzipien ergänzen und präzisieren. Doch zunächst sollen die Prinzipien in ihrer ursprünglichen Fassung dargestellt werden:

**Methodische Prinzipien für eine angewandte Ausrichtung der Analysen** nach Becker-Mrotzek/Brünner (1999: 184–187):

1. »Prinzip der Komplexität: ›Beachte die Vieldimensionalität und Widersprüchlichkeit der kommunikativen Wirklichkeit!‹« (Ebd.: 184)
2. »Prinzip der Problemorientierung: ›Orientiere die Analyse an den Problemen der Praxis!‹« (Ebd.: 185)
3. »Prinzip der Aktant/innenorientierung: ›Orientiere die Analyse an der Perspektive der Aktanten!‹« (Ebd.: 185)
4. »Prinzip der normativen Orientierung: ›Setze die Analyseergebnisse in reflektierter Weise in Handlungsempfehlungen um!‹« (Ebd.: 186)

*Prinzipien aus heutiger Sicht*

**1. Das Prinzip der Komplexität** bezieht sich darauf, dass nicht ausschließlich die Analyse der erhobenen Gespräche etwas über die komplexen sprachlichen Wirklichkeiten aussagen kann, sondern dass man immer auch die übergeordneten Zwecke und Handlungszusammenhänge in die Analysen einbeziehen muss, um tragfähige und praxisnahe Aussagen über sprachliches Handeln treffen zu können. Dieses Prinzip, das sich aus heutiger Sicht bestätigt hat und in der deutschsprachigen Gesprächsforschung weitgehend unstrittig ist, verweist u. a. darauf, dass institutionelles Wissen in die Analyse einbezogen werden muss. Gerade für die Anwendungsorientierte Gesprächsforschung (im weiten Sinne) ist die analytische Rekonstruktion von Zwecken und den komplexen Handlungszusammenhängen von entscheidender Bedeutung, wenn die Möglichkeiten und Begrenzungen praktischen Handelns angemessen erfasst werden sollen.

**Offene Forschungsfragen:** Allerdings muss man aus heutiger Sicht herausstellen, dass die Vielfalt der kommunikativen Anforderungen in konkreten beruflichen Praxisfeldern noch immer häufig unterschätzt wird. Dies hat seinen Grund vielfach darin, dass Analysen in der Regel auf einen bestimmten Gesprächstyp fokussiert sind. Dies hat vorrangig praktische Gründe hinsichtlich des Umfangs von Forschungsprojekten und den Möglichkeiten des Zugangs zu einer Vielzahl gesellschaftlicher Bereiche. Könnte man Analysen stärker auf den Gesamtzusammenhang kommunikativer Anforderungen richten, so müsste man viel häufiger Fragen des folgenden Typs stellen: Welche Gesprächstypen gehen den untersuchten Gesprächen voraus oder folgen ihnen? Welche Handlungszusammenhänge umgeben den untersuchten Gesprächstyp? Welche kommunikativen Anforderungen leiten sich aus einzelnen Gesprächen für folgende Kommunikationszusammenhänge ab? Würde man diese Fragen beispielsweise auf mündliche Hochschulprüfungen beziehen, so müsste man sich auf der Grundlage weiterer Gesprächsdaten mit den der mündlichen Prüfung vorausgehenden Lehrveranstaltungen und Sprechstunden befassen.

Aus einer solchen Anwendungsperspektive müsste also deutlich mehr Wissen aus der Praxis datengestützt erhoben werden, damit die Analysen nicht nur auf einen beschränkten Ausschnitt bezogen werden. Damit kann das Prinzip 1 aus heutiger Sicht wie folgt ergänzt werden:

**Prinzip der Komplexität (revidiert):** Beachte die Vieldimensionalität und Widersprüchlichkeit der kommunikativen Wirklichkeit! Beziehe auch die unmittelbare (kommunikative) Umgebung und relevante kommunikative Bezüge ein!

2. Das Prinzip der Problemorientierung setzt Probleme zentral. Möchte man also Gesprächsanalysen mir einer Orientierung auf die Rückführung der Befunde in die Praxis durchführen, so ist es sinnvoll, dort anzusetzen, wo aus der Sicht der Praxis ein tatsächlicher Bedarf besteht. Dieses Prinzip verweist dabei gleichzeitig auch auf die Tatsache, dass die Arbeit der Angewandten Gesprächsforschung von Beginn an entscheidend auf die Kategorie des kommunikativen Problems ausgerichtet war. Dies hatte seinen Grund u. a. darin, dass sich kommunikative Probleme analytisch wesentlich leichter erkennen lassen als gelungene Gesprächspassagen, da Probleme vielfach direkt oder indirekt angesprochen werden. Dies trifft auf gelungene Gespräche nicht in gleicher Weise zu.

**Offene Forschungsfrage:** Für die Bedürfnisse der Praxis ist diese Feststellung deshalb von Bedeutung, da Praktiker/innen häufig eine Antwort auf die Frage suchen, wie sie etwas besser machen können als bisher. Hierauf reagiert die Angewandte Gesprächsforschung aktuell, indem sie den Fokus zunehmend stärker auf den Aspekt der **guten Praxis/*good practice*** legt und nach besonders erfolgreichen sprachlichen Strategien fragt. Diese sind zwar, wie bereits erwähnt, ungleich schwieriger zu ermitteln, für die Praxis jedoch von entscheidendem Wert, da Vertreter/innen aus der Praxis weniger nach Problembeschreibungen suchen als nach empirisch fundierten Lösungen für bestehende Probleme. Dies ist allerdings ein neuer Analysefokus der Angewandten Gesprächsforschung, der noch wenig erprobt ist.

Insofern ist das Prinzip 2 aus heutiger Sicht wie folgt zu ergänzen:

**Prinzip der Problemorientierung (revidiert):** Orientiere die Analyse an den Problemen der Praxis! Ergänze diese durch einen Analysefokus auf gelingendes sprachliches Handeln (*good practice*), auch zur Vermeidung von an anderer Stelle zu beobachtenden Problemen!

3. Das Prinzip der Aktant/innenorientierung stellt die Perspektive der Aktant/innen in den Vordergrund. Dies geschieht, indem die Forscher/innen die Problembeschreibungen der Aktant/innen zu ihren Gesprächen ebenfalls ernst nehmen und erheben. Diese werden mit den Ergebnissen aus der empirischen Analyse abgeglichen. Beim konfrontativen Vergleich »beide[r] Interpretationen« ist zu beachten, dass keine Interpretation »absolut« gilt (Becker-Mrotzek/Brünner 1999: 186).

**Offene Forschungsfrage:** Dieses Prinzip kann nach wie vor als eines der wichtigsten Desiderate ( = ungeklärten Forschungsfrage) der Angewandten Gesprächsforschung angesehen werden (Pick/Meer 2018; Brünner/Pick i. V.). Allerdings sieht die Angewandte Gesprächsforschung heute wesentlich deutlicher, dass die Perspektive der Aktanten nicht nur bezogen auf die Probleme relevant ist, sondern vor allem auch bezogen auf Zielvorstellungen, Wünsche oder positiven Ergebnisse. Da eine angewandt ausgerichtete Forschung an Fragen der *good practice* orientiert sein muss (s. Prinzip 2), muss diese auch an den Bedürfnissen und Bewertungen der Praxis ausgerichtet sein. Diese Bewertungen sind empirisch (z. B.

durch systematische Befragungen) zu ermitteln und mit Ergebnissen von Analysen abzugleichen. Hier steht die Angewandte Gesprächsforschung in den nächsten Jahren noch vor methodischen Herausforderungen.

Entsprechend lautet das Prinzip 3 aus heutiger Sicht:

**Prinzip der Aktant/innenorientierung (revidiert):** Orientiere die Analyse an der Perspektive der Aktant/innen! Ermittle dabei empirisch nicht nur die Problemsicht der Aktant/innen, sondern vor allem auch deren Zielvorstellungen für gelungenes sprachliches Handeln!

**4. Das Prinzip der normativen Orientierung** beinhaltet vor allem die Forderung, dass Handlungsempfehlungen empirisch abgesichert sein müssen. Das bedeutet, dass man Empfehlungen nur kontextbezogen geben kann und diese auf die Analyse von Transkripten und damit auf authentische Gespräche stützen muss.

**Offene Forschungsfrage:** De facto hat dies allerdings, anders als das Prinzip vermuten lässt, lange Zeit bedeutet, dass Gesprächsforscher/innen vorrangig auf Probleme hingewiesen haben, ohne jedoch konkrete Lösungsperspektiven zu entwickeln. Damit hat man jedoch die Entwicklung von Empfehlungen hauptsächlich der Praxis überlassen. Dass eine Einsicht in typische Probleme aber nur der erste Schritt der Anwendung sein kann und der nächste aus einer Vermittlung empirisch abgesicherter gelingender Strategien (*good practice*) bestehen sollte, ist lange unterschätzt worden.

Auch aus heutiger Sicht ist unbestritten, dass Handlungsempfehlungen nur jeweils für einen bestimmten Kontext gegeben werden können. Stärker wird die Auffassung vertreten, dass Zielvorstellungen, an denen gelingende Gesprächsführung zu messen ist, aus der Praxis selbst kommen sollten. Dazu sollte methodisch auf Prinzip 3 zurückgegriffen werden und die Zielvorstellungen systematischer in die Bewertung sprachlichen Handelns einbezogen werden. So wird heute davon ausgegangen, dass Empfehlungen für gelingende Problemlösungen entwickelt werden können, wenn man sie an der Zielvorstellungen der Praxis bemisst. Wie dies allerdings künftig methodisch umzusetzen ist, bedarf weiterer grundlegender Forschung.

**Prinzip der normativen Orientierung (revidiert):** Setze die Analyseergebnisse in reflektierter Weise in Handlungsempfehlungen um! Konzentriere dich dabei nicht nur auf Probleme, sondern ermittle auch die Problemlösungen auf empirischer Basis.

Diese Übersicht über grundlegende Prinzipien der Rückführung von Forschungsergebnissen in die analysierten gesellschaftlichen Praxisbereiche (und unsere Ergänzungen) haben wir nicht zufällig im Kapitel zur Gesprächsforschung platziert. In diesem angewandt-linguistischen Teilgebiet hat die Vermittlung von Ergebnissen eine vergleichsweise lange Tradition. Gleichzeitig ist jedoch festzuhalten, dass die Prinzipien nicht für die Angewandte Gesprächsforschung reserviert sind, sondern auch für andere Teilgebiete der Angewandten Linguistik fruchtbar gemacht werden können. Weil dort Fragen der Anwendung im weiten Sinne oftmals weniger stark methodisch und theoretisch im Zentrum stehen, möchten wir damit auch Impulse für die anderen Teilgebiete zur Weiterentwicklung der Anwendung im weiten Sinne setzen.

## Literatur

Auer, Peter (2000): On line-Syntax. In: *Sprache und Literatur* 31, 43–56.

Auer, Peter (2007): Syntax als Prozess. In: Hausendorf, Heiko (Hg.): *Gespräche als Prozess*. Tübingen: Narr, 95–124.

Becker-Mrotzek, Michael/Brünner, Gisela (1999): Gesprächsforschung für die Praxis: Ziele – Methoden – Ergebnisse. In: Stickel, Gerhard (Hg.): *Sprache – Sprachwissenschaft – Öffentlichkeit*. Berlin: De Gruyter, 172–193.

Becker-Mrotzek, Michael/Meier, Christoph (1999): Arbeitsweisen und Standardverfahren der Angewandten Diskursforschung. In: Brünner, Gisela/Fiehler, Reinhard/Kindt, Walter (Hg.): *Angewandte Diskursforschung. Band 1: Grundlagen und Beispielsanalysen*. Opladen: Westdeutscher Verlag, 18–45.

Becker-Mrotzek, Michael/Vogt, Rüdiger (2001): *Unterrichtskommunikation*. Tübingen: Niemeyer.

Bergmann, Jörg (1995): Konversationsanalyse. In: Brinker, Klaus u. a. (Hg.): *Text- und Gesprächslinguistik*. Berlin: De Gruyter, 1122–1132.

Brünner, Gisela (1987): *Kommunikation in institutionellen Lehr-Lern-Prozessen*. Tübingen: Narr.

Brünner, Gisela/Fiehler, Reinhard/Kindt, Walter (1999/2001): *Angewandte Diskursforschung*. 2 Bände. Mannheim: Verlag für Gesprächsforschung.

Brünner, Gisela/Graefen, Gabriele (1994): Einleitung: Zur Konzeption der Funktionalen Pragmatik. In: Dies. (Hg.): *Texte und Diskurse. Methoden und Forschungsergebnisse der Funktionalen Pragmatik*. Opladen: Westdeutscher Verlag, 7–24.

Brünner, Gisela/Pick, Ina (i. V.): *Bewertungen und good practice in der Angewandten Gesprächsforschung. Methodische Vorschläge für praxisorientierte Forschung*.

Deppermann, Arnulf (2000): Ethnographische Gesprächsanalyse: Zu Nutzen und Notwendigkeit von Ethnographie für die Konversationsanalyse. In: *Gesprächsforschung – Online-Zeitschrift zur verbalen Interaktion* 1, 96–124.

Drew, Paul/Heritage, John (Hg.) (1992): *Talk at Work*. Cambridge: Cambridge University Press.

Ehlich, Konrad (1984): Sprechhandlungsanalyse. In: Haft, Henning/Kordes, Hagen (Hg.): *Enzyklopädie Erziehungswissenschaft. Methoden der Erziehungs- und Bildungsforschung*. Stuttgart: Klett-Cotta, 526–538.

Ehlich, Konrad (1991): Funktional-pragmatische Kommunikationsanalyse: Ziele und Verfahren. In: Flader, Dieter (Hg.): *Verbale Interaktion. Studien zur Empirie und Methodologie der Pragmatik*. Stuttgart: J. B. Metzler, 127–143.

Ehlich, Konrad/Rehbein, Jochen (1977): Wissen, kommunikatives Handeln und die Schule. In: Goeppert, Herma C.: *Sprachverhalten im Unterricht. Zur Kommunikation von Lehrer und Schüler in der Unterrichtssituation*. München: Fink, 36–114.

Ehlich, Konrad/Rehbein, Jochen (1986): *Muster und Institution. Untersuchungen zur schulischen Kommunikation*. Tübingen: Narr.

Foucault, Michel (1977): Die Ordnung des Diskurses. Inauguralvorlesung am Collège de France – 2. Dezember 1970. Frankfurt a. M./Berlin/Wien: Ullstein.

Foucault, Michel (1978): *Dispositive der Macht. Über Sexualität, Wissen und Wahrheit*. Berlin: Merve Verlag.

Garfinkel, Harold (1967): *Studies in Ethnomethodology*. New Jersey: Prentice-Hall.

Hausendorf, Heiko/Mondada, Lorenza/Schmitt, Reinhold (2012): *Raum als interaktive Resource*. Tübingen: Narr.

ten Have, Paul (1999): *Doing Conversation Analysis: A Practical Guide*. London: Sage.

Labov, William (1970): The study of language in social context. In: *Studium Generale* 23, 30–87.

Levinson, Stephen C. (2000): *Pragmatics*. Cambridge: Cambridge University Press.

Meer, Dorothee (1998): *Der Prüfer ist nicht der König. Mündliche Abschlußprüfungen in der Hochschule*. Tübingen: Niemeyer.

Meer, Dorothee (2017): Institutionen als Handlungsfeld II: Exekutive. In: Roth, Kersten Sven/Wengeler, Martin/Ziem, Alexander (Hg.): *Handbuch Sprache in Politik und Gesellschaft*. Berlin: De Gruyter. 398–421.

Meer, Dorothee/Spiegel, Carmen (Hg.) (2009): *Kommunikationstrainings im Beruf*. Mannheim: Verlag für Gesprächsforschung.

Pick, Ina (2015): *Das anwaltliche Mandantengespräch*. Frankfurt a. M.: Peter Lang.

Pick, Ina (2017): Anwaltliche Rechtsberatung. In: Pick, Ina (Hg.): *Beraten in Interaktion*. Frankfurt a. M.: Peter Lang, 185–205.

Pick, Ina/Meer, Dorothee (2018): Wissenschaftskommunikation durch ›Anwendung‹? Normorientierungen der Angewandten Gesprächslinguistik im Austausch mit der Praxis. In: Luginbühl, Martin/Schröter, Juliane (Hg.): *Geisteswissenschaft und Öffentlichkeit. Linguistisch betrachtet*. Bern: Peter Lang, 197–221.

Pomerantz, Anita (1984): Agreeing and disagreeing with assessments: some features of preferred/dispreferred turn shapes. In: Atkinson, J. Maxwell/John M. Heritage (Hg.): *Structures of Social Action*. Cambridge: Cambridge University Press, 57–101.

Sator, Marlene (2013): Familiendolmetschung vs. professionelle Dolmetschung I: Eine Fallstudie. In: Menz, Florian (Hg.): *Migration und medizinische Kommunikation*. Göttingen: Vandenhoeck & Ruprecht Unipress, 33–145.

Selting, Margret u. a. (2009): Gesprächsanalytisches Transkriptionssystem 2 (GAT 2). In: *Gesprächsforschung – Online-Zeitschrift zur verbalen Interaktion*. Ausgabe 10, 353–402.

Stukenbrock, Anja (2009): Herausforderungen der multimodalen Transkription: Methodische und theoretische Überlegungen aus der wissenschaftlichen Praxis. In: Birkner, Karin/Stukenbrock, Anja (Hg.): *Die Arbeit mit Transkripten in Fortbildung, Lehre und Forschung*. Mannheim: Verlag für Gesprächsforschung, 144–169.

Stukenbrock, Anja (2013): Sprachliche Interaktion. In: Auer, Peter (Hg.): *Sprachwissenschaft. Grammatik – Interaktion – Kognition*. Stuttgart/Weimar: J. B. Metzler, 217–259.

# 4 Sprachliche und bildliche Zeichen: Semiotische Multimodalitätsforschung und die Analyse von Sehflächen

4.1 Vom sprachlichen zum bildlichen Zeichen: Semiotische Überlegungen zum Begriff des Zeichens
4.2 Semiotische Multimodalität und die Analyse von Sehflächen
4.3 Semiotische (Multi-)Modalität
4.4 Anwendungsperspektiven der semiotischen Multimodalitätsforschung

Bereits 1998 stellt Stöckl heraus, dass die ausschließliche Konzentration der Linguistik auf schriftsprachliche Aspekte den Erfahrungen moderner Rezipient/innen nicht mehr entspricht (ebd.: 76). Vielmehr käme der multimediale Alltag moderner Individuen nicht ohne die Integration von Bildern in sprachliche Kommunikate aus. Ob Zeitungsartikel, ob Werbeanzeigen, ob Musikvideos – unsere Rezeptionsgewohnheiten hätten sich durch die Allgegenwart multimodaler Zeichenkomplexe deutlich verändert. Konkret heißt es bei Stöckl (ebd.): »Aus dem Linearleser des geordneten Texts wird der Zick-Zack-Scanner der ungegliederten Zeichenflut.«

Auch wenn uns diese Diagnose intuitiv einleuchten mag, so bleiben doch entscheidende Aspekte ungeklärt: Was genau ist mit »Linearleser« gemeint, was mit »Zick-Zack-Scanner«? Was versteht Stöckl unter »ungegliederter Zeichenflut«? Und wie verhalten sich die von Stöckl beschriebenen Phänomene zum Begriff der **Multimodalität**, den wir bereits im letzten Kapitel, aber aus einer anderen Perspektive eingeführt haben? Diese Fragen möchten wir in diesem Kapitel Schritt für Schritt bearbeiten.

Multimodalitätspostulat: Leitend wird auch in diesem Kapitel die Überzeugung sein, dass neben der gesprochenen Sprache auch schriftliche **Kommunikate** (= Zeichenkomplexe mit einer konkreten Funktion) nur multimodal erfasst werden können. So hat sich zeitgleich mit dem Beginn der multimodalen Gesprächsforschung (s. Kap. 3.3) auch in anderen linguistischen Feldern (z. B. der Medienlinguistik, der Werbeforschung und der Politolinguistik) die Erkenntnis durchgesetzt, dass ein Großteil der Linguist/innen des 20. Jahrhunderts »blind für Bilder« waren, wie Ulrich Schmitz dies 2004 im Titel eines Aufsatzes formuliert. In der Folge mehrte sich die Einsicht, dass nicht nur in der Gesprächsforschung, sondern auch in der Schriftlinguistik des 20. Jahrhundert die kommunikative Bedeutung von bildlichen, aber auch schrift-bildlichen Aspekten wie z. B. der Typografie systematisch übersehen worden ist (vgl. Spitzmüller 2013).

Vor diesem Hintergrund wird es in diesem Kapitel zunächst einmal darum gehen, anhand einiger grundlegender Aspekte des Zeichenbegriffs der Frage nachzugehen, welche Relevanz sprachlichen und bildlichen Zeichen (und deren Kombination) in konkreten Zusammenhängen zukommt. Als multimodal möchten wir Gegenstände begreifen, die neben der Sprache weitere **Kodes** (= Zeichensysteme), z. B. bildliche oder tonale, nutzen, um Bedeutung zu erzeugen. Einen solchen Ansatz bezeichnen wir als **zeichentheoretisch** oder **semiotisch**.

In diesem Sinne verstehen wir unter dem Begriff der **semiotischen Multimodalität** Kommunikate, die mehrere Kodes nutzen:

> Definition
> 
> Als Modalität werden in der semiotisch (= zeichentheoretisch) orientierten Forschung die Zeichenressourcen (= Modalitäten) **Sprache, Bild und Ton** unterschieden (Stöckl 2011).

Dass dieser Modalitätsbegriff nicht mit dem der Gesprächsforschung identisch ist, soll weiter unten (s. Kap. 4.3) gezeigt werden.

**Ausdifferenzierung des Modalitätsbegriffs:** Die genannten drei Modalitäten Sprache, Bild und Ton müssen allerdings für die weitere Analyse ausdifferenziert werden (Stöckl 2016; Schmitz 2016). Dies werden wir im vorliegenden Kapitel bezogen auf die Bereiche der **geschriebenen** (im Gegensatz zur gesprochenen) Sprache und des statischen Bildes (im Gegensatz zum dynamischen Bild) verdeutlichen, während in Kapitel 5 zusätzlich gesprochene Sprache und bewegte Bilder, aber auch die Modalitätsaspekte des Tons (z. B. im Rahmen von Videos), differenziert nach den Teilmodalitäten Musik und Geräusch thematisiert werden. Hierbei wird sich zeigen, dass der Modalitätsbegriff der Gesprächsforschung bis zu einem bestimmten Punkt als Teilaspekte des semiotischen Modalitätsverständnisses begriffen werden kann.

Aus einer solchen Perspektive lässt sich die semiotische Multimodalitätsforschung wie folgt zusammenfassend definieren:

> Definition
> 
> Unter der Bezeichnung semiotische Multimodalitätsforschung wollen wir diejenigen linguistischen Ansätze zusammenfassen, die sich auf der Grundlage eines semiotisch reflektierten Zeichenbegriffs mit dem kommunikativen Zusammenspiel von **sprachlichen, bildlichen und tonalen Zeichen** in konkreten kommunikativen Situationen befassen (Stöckl 2011). Dabei ist festzuhalten, dass die semiotische Multimodalitätsforschung ihre Erkenntnisse anhand von **empirischen Gegenständen** (beispielsweise T-Shirt-Aufdrucken, Produktverpackungen oder Wahlwerbung, aber auch anhand von Videos oder Werbespots) gewinnt. Diese werden **datengestützt** zu größeren oder kleineren **Korpora** zusammengefasst und bezogen auf die Frage analysiert, wie sprachliche, bildliche und tonale Zeichen(komplexe) gemeinsam Bedeutung erzeugen. Anders formuliert: Es geht um die Analyse der **Funktion** des Zusammenspiels zwischen unterschiedlichen Modalitäten. Unter Bezug auf dieses Vorgehen handelt es sich bei der semiotischen Multimodalitätsforschung um eine Teildisziplin der Angewandten Sprachwissenschaft im engen Sinne (s. dazu Kap. 2).

Damit sollen im Folgenden einige grundlegende semiotische Überlegungen zum Begriff des Zeichens eingeführt und im Hinblick auf die multimodale Analyse komplexer sprachlicher und bildlicher Kommunikate genutzt werden.

## 4.1 | Vom sprachlichen zum bildlichen Zeichen: Semiotische Überlegungen zum Begriff des Zeichens

Ausgangspunkt dieses Kapitels bildet der Hinweis, dass es sich bei der Semiotik, der allgemeinen Lehre vom Zeichen, um eine sehr alte Disziplin in der Tradition der europäischen Philosophie handelt. Bereits bei Aristoteles findet sich der Begriff des Zeichens (gr. *semeion*). Von einigen Linguist/innen ist die Semiotik aufgrund der generellen Bedeutung von Zeichen als Mittel der Kommunikation sogar als übergreifende Metawissenschaft der Linguistik bezeichnet worden. Eine Teildisziplin der Angewandten Linguistik stellt die Semiotik jedoch sowohl aufgrund ihrer weit zurückreichenden Geschichte als auch aufgrund ihrer sprachphilosophischen Abstraktheit nicht dar (Linke/Nussbaumer/Portmann 2004; Birk/Halawa/Mosbach 2014). Insoweit wird es in diesem Kapitel darum gehen, semiotische Überlegungen für die praktische Analyse kombinierter sprachlicher und bildlicher Zeichenkomplexe nutzbar zu machen. Beginnen möchten wir hierzu mit dem auf das Sprachsystem (und damit auf schriftsprachliche Phänomene) beschränkten Zeichenmodell von Ferdinand de Saussure.

**Ein erstes Zeichenmodell:** In traditionellen Einführungen in die Linguistik wird man häufig auf die Feststellung stoßen, dass die moderne Sprachwissenschaft, die sich auf die synchrone Beschäftigung mit Sprache als System konzentriert hat, mit den Vorlesungen und Schriften von Ferdinand de Saussure (1857–1913) am Anfang des 20. Jahrhundert begonnen hat. In diesem Zusammenhang wird dann auch die Relevanz des Zeichenbegriffs de Saussures herausgestellt. De Saussure, dem es vor allem um das Sprachzeichen als Teil des Sprachsystems (*langue*) ging, definiert das Sprachzeichen als zweistellige Relation zwischen einer **Formseite** (›Lautbild‹, *signifié* oder ›Signifikat‹) und einer Inhaltsseite (›Vorstellung‹, *signifiant* oder ›Signifikant‹).

| *signifié* | *signifiant* |
|---|---|
| Signifikat | Signifikant |
| Lautbild | Vorstellung |
| **Formseite** | **Inhaltsseite** |

Tab. 4.1: Begrifflichkeiten des Zeichenmodells nach de Saussure

 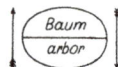 

Abb. 4.1: Begrifflichkeiten des Zeichenmodells nach de Saussure (de Saussure 1916: 99)

Überträgt man diese Überlegungen auf das (abstrakte) Lexem »Baum«, so ergäbe sich im Anschluss an de Saussure folgende Abbildung:

Mit Abbildung 4.1 will de Saussure darauf hinweisen, dass die grafische oder akustische Realisierung eines Zeichens (*signifiant* bzw. Signifikant; hier: das grafisch/bildlich realisierte Lexem »abor« für fr. »Baum«) in unseren »Köpfen«, also mental, untrennbar mit Vorstellungen (dem Signifikat bzw. *signifé*) von dem, was einen Baum ausmacht verknüpft ist. De Saussure spricht in diesem Zusammenhang von den zwei Seiten eines Zeichens, die wie die Vorderseite und die Rückseite eines Papierblatts untrennbar miteinander verknüpft sind.

Arbitrarität und Konventionalität: Trotz dieser Untrennbarkeit von Zeichenform und Zeicheninhalt ist es aber natürlich möglich, über die Beziehung der beiden Seiten eines Zeichens zueinander nachzudenken. In diesem Zusammenhang stellt de Saussure heraus, dass *signifiant* und *signifé* des sprachlichen Zeichens **arbiträr** zueinander sind. D. h., dass das Verhältnis der beiden Seiten des sprachlichen Zeichens zueinander willkürlich ist und in einer Sprach- und Kulturgemeinschaft allein **durch Konventionen abgesichert** wird. Es gibt seiner Ansicht nach keine innere bzw. wesensmäßige Verbindung zwischen Signifikant und Signifikat. Dass diese Annahme für die ganz überwiegende Mehrzahl sprachlicher Zeichen zunächst einmal unstrittig zutrifft, macht bereits ein einfacher Sprachvergleich deutlich, in dessen Rahmen sich zeigt, dass das Phänomen »Haus« im Deutschen als »Haus«, im Französischen als »maison« und im Russischen als »dom« bezeichnet wird. Es zeigt sich also, dass ein und dasselbe Phänomen (›Signifikant‹) in unterschiedlichen Sprachen unterschiedliche Bezeichnungen (›Signifikat‹) hat. Dass damit jedoch nicht alle Aspekte von Zeichen erfasst werden, soll im Weiteren herausgearbeitet werden.

Linearität von Sprache: Für unsere weiteren Überlegungen muss zuvor jedoch ein weiterer Aspekt des de Saussureschen Modells erwähnt werden: So stellt de Saussure heraus, dass sprachliche Zeichen (mündlich oder schriftlich) ausschließlich linear realisiert werden. Sowohl einzelne Laute als auch Wörter und ganze Sätze stellten eine Ausdehnung dar, die nur als Linie beschreibbar seien, da Laute, Wörter und Sätze sukzessiv (d. h. Schritt für Schritt aufeinanderfolgend) Bedeutung aufbauen (Hoffmann 2001: 44). Auch hier wird sich zeigen, dass diese Annahme zwar für sprachliche Zeichen zutrifft, jedoch nicht für alle anderen Modalitäten gilt.

Diese Überlegungen abschließend, soll festgehalten werden, dass de Saussure sich für das sprachliche Zeichen und dessen Wert im Rahmen des synchronen Systems einer Sprache interessiert hat. Ohne Belang war für ihn hingegen die Beziehung von sprachlichen Zeichen zu den bezeichneten Objekten und den Zeichenbenutzern, ein Zusammenhang mit dem sich erst später die linguistische Pragmatik im Rahmen einer allgemeinen Handlungstheorie beschäftigt hat. Stattdessen betont de Saussure die ausschließlich psychische Qualität sprachlicher Zeichen, deren Materialität sich in der linearen (akustischen oder grafischen) Realisierung von Zeichen bzw. Zeichenkomplexen manifestiert. Der Wert eines Zeichens bemesse sich hierbei nur system- bzw. strukturintern als abstrakter Wert in Abgrenzung zu anderen Zeichen und deren Werten innerhalb des Sprachsystems.

**Systemlinguistik vs. Pragmatik:** Diese Überlegungen de Saussures werden einerseits zu Recht als der Beginn einer modernen Linguistik der ›Sprache als System‹ bezeichnet, andererseits legten sie die Linguistik für mehr als ein halbes Jahrhundert (und in vielen Bereichen darüber hinaus bis heute) vorrangig auf den Aspekt des Sprachzeichens und des Sprachsystems fest. Damit folgt die Linguistik bis zur pragmatischen Wende in den 1970er und 1980er Jahren (s. Kap. 3 und 5) der Einschätzung, dass Aspekte des Sprachgebrauchs, aber auch die Relevanz von nicht-sprachlichen Zeichen für die menschliche Kommunikation linguistisch nicht oder wenig relevant sei.

> **Definition**
>
> Unter einem sprachlichen Zeichen versteht man im Anschluss an Ferdinand de Saussure die arbiträre (bzw. willkürliche) Verbindung zwischen der Ausdrucksseite (*signifié* bzw. Signifikat) eines Zeichens und seiner Inhaltsseite (*signifiant* bzw. Signifikant). Die Beziehung zwischen diesen beiden Aspekten wird in unterschiedlichen Sprachgemeinschaften durch Konventionen abgesichert und im Spracherwerb als ›quasi natürlich‹ erlernt. Nicht beachtet werden im Rahmen des de Saussureschen Zeichenmodells außersprachliche Beziehungen von Zeichen zu den Zeichenbenutzer/innen bzw. den bezeichneten Objekten. Im Gegensatz hierzu betont de Saussure die rein mentale Qualität sprachlicher Zeichen. Ebenfalls nicht erfasst werden im Rahmen dieses Modells nicht-sprachliche Zeichen.

Abb. 4.2: Fotografie eines T-Shirt-Aufdrucks (Staubach 2017: 43)

Wenn man sich vor dem Hintergrund dieser theoretischen Überlegungen den folgenden Aufdruck eines T-Shirts anschaut, so wird deutlich, dass man mit der Beschränkung auf den Begriff des Sprachzeichens in unserer alltäglichen Zeichenwelt analytisch schnell an seine Grenzen kommt.

Zwar werden auf diesem T-Shirt einige Sprachzeichen im Sinne de Saussures genutzt, indem sich dort in weißer Schrift auf blauem Untergrund zum einen englische Wörter (»Lexeme«) aus dem Bereich der Modesprache finden (z. B. »shopping«, »Top Modell«, »NEW SEASON«), zum anderen große Metropolen, denen eine Bedeutung für die Mode zugesprochen wird (z. B. »London«, »new york«, »MILAN«, »PARIS«). Alle diese Lexeme können als Verbindung einer Zeichenform mit einem Zeicheninhalt beschrieben werden und erfüllen als solche eine spezifische Funktion.

**Grenzen des de Saussureschen Zeichenbegriffs:** Aber trotz dieser Feststellung erschließt sich der Zusammenhang zwischen den Lexemen auf dem vorliegenden T-Shirt mit de Saussure gesprochen nicht **syntagmatisch** (d. h. aufgrund der linearen Verkettung von Einzelzeichen) Schritt für Schritt, sondern nur **paradigmatisch** (d. h. aufgrund von Ähnlichkeitsbeziehungen) als substituierbare Elemente eines Wortfelds um den Begriff ›Mode‹. Während sich dieser Aspekt also durchaus noch mit de Saussures Zeichenverständnis erklären lässt, so scheitern wir im nächsten Schritt im Hinblick auf die Anordnung der Sprachzeichen auf dem T-Shirt: Diese liegen nicht in der von de Saussure angenommenen linearen Abfolge vor, sondern die Lexeme sind als Cluster teils in einem rechten Winkel und versetzt zueinander angeordnet, so dass keine lineare Reihenfolge zwischen den Lexemen erkennbar ist. Zusätzlich ist festzuhalten, dass auch die Schreibung mancher Lexeme nicht den normativen Regeln eines Sprachsystems folgt: So sind einige Wörter mit deutschen orthografischen Regeln konform groß geschrieben (z. B. »Trend«), andere Lexeme hingegen scheinen sich eher an der englischen Kleinschreibung zu orientieren (z. B. »luxury shopping«) und wieder andere Lexeme (z. B. »STYLE«) sind vollständig groß geschrieben. Wir haben es hier also unter Bezug auf die genutzten Sprachzeichen nicht mit grammatikalisch angeordneten Syntagmen und auch nicht mit einheitlichen orthografischen Regeln zu tun.

Noch deutlicher werden die Grenzen eines ausschließlich an sprachlichen Zeichen orientierten Zugriffs, wenn man die Tatsache berücksichtigt, dass das Wortcluster auf dem T-Shirt nur die eine Hälfte des Aufdrucks darstellt, während die andere Hälfte aus 9 (wie die Schriftzeichen) weißen Sternen besteht. Natürlich kann man diese bildlichen Anordnungen sprachlich mit dem Lexem »Stern« bzw. »Sternen-Cluster« praphrasieren, aber die Bedeutung dieser Anordnung von »Sternen« neben einem zweiten Cluster, bestehend aus Lexemen aus dem Bereich der Mode, ergibt sich daraus nicht.

Ohne diesen T-Shirt-Aufdruck an dieser Stelle umfassend analysieren zu wollen, kann festgehalten werden, dass seine Gesamtbedeutung sich nur als Kombination aus sprachlichen und bildlichen Zeichen erfassen lässt. Hierbei spielen neben der Bedeutung der sprachlichen Lexeme ebenso die bildliche Darstellung der Sterne eine Rolle, wie auch die farbliche Gestaltung von Schrift und Bild und die typografische Nutzung der Schrift. Eine ausschließliche Konzentration auf sprachliche Zeichen muss damit als unzureichend für eine linguistische Betrachtung bezeichnet werden.

**Ein zweites Zeichenmodell (Charles Sanders Peirce):** Vor diesem Hintergrund soll ein zweiter Zeichenbegriff im Anschluss an den amerikanischen Philosophen und Semiotiker Charles Sanders Peirce (1839–1914) vorgestellt werden. Peirce hat seine Überlegungen zur Natur des Zeiches relativ zeitgleich zu de Saussure entwickelt, hat sich dabei jedoch nicht auf das Sprachzeichen beschränkt, sondern hat aus sprachphilosophischer Perspektive über Zeichen und Zeichenprozesse (»Semiose«) allgemein nachgedacht. Dabei teilen die beiden Theoretiker die Annahme, dass Zeichen und Zeichenprozesse nur als kognitive Qualität erfasst werden können. Deutlicher als de Saussure stellt Peirce jedoch heraus, dass

Zeichenprozesse nicht nur eine Repräsentationsfunktion erfüllen (s. das Baumbeispiel in Abb. 4.1), sondern ihnen vor allem auch eine Erkenntnisfunktion zukommt. Wenn wir beispielsweise sprechend oder schreibend über das Leben und seine Hindernisse nachdenken, so tun wir dies im Rahmen von Zeichenprozessen und diese können keineswegs auf Objekte der realen Welt reduziert werden. Erkenntnis ist somit – so Peirce – generell an Zeichenprozesse geknüpft.

Erstheit/Zweitheit/Drittheit: Auf der Grundlage dieser erkenntnistheoretischen Annahmen geht Peirce davon aus, dass Zeichen anhand von drei unterschiedlichen Qualitäten, die er Erstheit, Zweitheit und Drittheit nennt, unterschieden werden können.

Ikonische Zeichen: Die Qualität der **Erstheit** beschreibt Peirce als reine Gefühlsqualität (z. B. die Empfindung eines spontanen Schmerzes). Diese sieht er beispielsweise im Rahmen bildlicher oder ikonischer Zeichen, die in einem **Abbildverhältnis zum bezeichneten** Objekt stehen, in unterschiedlichem Umfang realisiert. Als charakteristisches Merkmal ikonischer Zeichen gibt er also die Ähnlichkeitsbeziehung zwischen dem Zeichen und dem abgebildeten Objekt an. Dies trifft sicherlich auf viele Fotos zu, in schwächerem Maß aber auch auf Piktogramme oder auf sprachliche Lautmalereien. Solche Zeichen bezeichnet Peirce als ikonisch oder als Icons. Ikonische Zeichen liegen in der Abbildung 4.2 beispielsweise bei den »Sternen« vor, die eine gewisse Ähnlichkeit mit Sternen aufweisen. Auf die Tatsache, dass diese Ähnlichkeit tatsächlich nur eine relative ist, kommen wir gleich zurück.

Indexikalische Zeichen: Zuvor soll die Idee der **Zweitheit** und deren Relevanz für das Peircesche Zeichenverständnis genauer betrachten werden. Zweitheit sieht Peirce u. a. dann realisiert, wenn ein Zeichen in einer verweisenden Relation zum bezeichneten Objekt steht, sei es als **Ursache-Folge-Verhältnis**, sei es eine **Zweck-Mittel-Relation** oder in einer **Teil-Ganzes-Beziehung**. Solche Zeichen sagen nichts über die Qualität eines Zeichens aus, sondern sie weisen auf etwas hin, was sie selbst nicht sind (vgl. den Begriff der Indexikalität in Kap. 3.2). So verweist beispielsweise ein spontaner Aufschrei potenziell auf einen Schmerz, er ist aber nicht der Schmerz. Solche verweisenden, symptomatischen Zeichen bezeichnet Peirce als indexikalische Zeichen bzw. Indizes (Sg. Index).

Entscheidend für die Überlegungen Peirce' ist an dieser Stelle, dass er davon ausgeht, dass Zeichen je nach Lesart unterschiedliche Qualitäten haben. Insoweit können die oben bereits als ikonische Zeichen analysierten »Sterne« aus einer anderen Perspektive auch zweitheitlich als indexikalisches Zeichen interpretiert werden, indem sie auf himmlische Sphären verweisen, obgleich sie selber nicht der ›Himmel (der Mode)‹ sind.

Symbolische Zeichen: Diese Feststellung leitet bereits über zur Kategorie der **Drittheit**. Diese nimmt Peirce für Zeichen an, die weder auf Ähnlichkeit noch auf Verweisstrukturen beruhen, sondern die in einem **arbiträren Verhältnis** (im Sinne de Saussures) zum bezeichneten Objekt stehen. Solche auf Arbitrarität beruhenden Zeichen nennt Peirce symbolische Zeichen oder Symbole. In diesem Sinne verweisen die »Sterne« in Abbildung 4.2 einerseits auf die ›Stars‹ der Modebranche, andererseits auf die (Sterne in der Flagge der) USA. Bei beiden Lesarten ist das Verhältnis zwischen den bildlich dargestellten »Sternen« und ihrer Bedeutung rein konventionell und damit arbiträr.

**Zusammenfassende Analyse:** Im Hinblick auf den T-Shirt-Aufdruck in Abbildung 4.2 kann somit im Anschluss an de Saussure festgehalten werden, dass die sprachlich realisierten Lexeme als paradigmatischer Verweis auf den Bereich der Mode gelesen werden können. Erst anhand einer über de Saussure hinausgehende Analyse der sprachlichen und der bildlichen Zeichen ist es jedoch möglich, die Gesamtbedeutung des Aufdrucks zu erschließen:

*Analyse bildlicher Zeichen*

- Ikonisch sind im Rahmen dieser Abbildung sowohl die Farbwahl, die der farblichen und bildlichen Gestaltung der amerikanischen Flagge (in Teilen) ähnlich sieht und die Wahl der Sterne, die eine gewisse (wenn auch schwache) Ähnlichkeit mit den in der Nacht am Himmel zu sehenden Planeten haben.
- Gleichzeitig verweist die Wahl der bildlichen Elemente in Form der Sterne indexikalisch auf den Himmel, als Ort, an dem die Stars der Mode ›zuhause sind‹. Hierbei ist die Bezeichnung des »Stars« und des »Modehimmels« allerdings wiederum nur symbolisch und damit konventionell verankert, eine Annahme, die durch Lexeme wie »Top Model«, »luxury shopping« oder die Namen der Modemetropolen »London«, PARIS«, new york« oder »MILAN« unterstützt wird.
- Zusätzlich referiert die farbliche Gestaltung der weißen Sterne auf blauem Untergrund zum einen symbolisch-konventionell auf die (Flagge der) USA. Diese symbolische Lesart wird zum anderen durch die Dominanz des Englischen im Bereich der sprachlichen Zeichen unterstrichen.

*Definition*

> Unter einem **Zeichen** versteht **Peirce** eine **semiotische Qualität**, die im Bewusstsein einer Person für etwas steht (ein Objekt, einen Sachverhalt, eine Erkenntnis) und damit für diese Person eine Bedeutung hat. Dabei kann das Verhältnis zwischen dem Zeichen und dem durch das Zeichen realisierte Objekt auf einem Ähnlichkeitsverhältnis beruhen, dann ist es ist ein **Ikon**. Es kann auf sein Objekt verweisen, dann ist es ein **Index**. Oder es kann in einem arbiträren, durch Konventionen festgelegten Verhältnis zu dem Objekt stehen. Dann ist es ein **Symbol**. Prinzipiell können Zeichen im Anschluss an Peirce immer in allen drei Relationen genutzt bzw. verstanden werden. Entscheidend ist hierbei unter Bezug auf das Peircesche Zeichenmodell, dass Zeichen je nach Lesart **mehrere Qualitäten gleichzeitig** haben können, auch wenn in manchen Fällen eine Funktion dominiert.

Nun stellt sich natürlich die Frage, warum sich eine Einführung in die Angewandte Linguistik mit derart abstrakten semiotischen Überlegungen beschäftigt. Der entscheidende Grund hierfür ist die bereits mehrfach angedeutete Tatsache, dass unsere alltägliche Welt voll ist von Zeichen unterschiedlicher Art. Dabei sind diese Zeichen keineswegs immer vorrangig sprachlicher Natur und genausowenig sind sie kontinuierlich linear angeordnet. Insoweit sehen sich moderne Individuen ständig mit der

Notwendigkeit konfrontiert, Zeichen unterschiedlicher Art (sei es als Verkehrsschild, als Grafitti, als Produktverpackung oder als Werbspot) zu entziffern und die damit verbundenen Bedeutungen auf sinnvolle Art und Weise zu nutzen. Vor diesem Hintergrund hat sich die semiotische Multimodalitätsforschung die Aufgabe gestellt, die uns alltäglich umgebende Zeichenwelt datengestützt zu analysieren.

Wenn die Aufmerksamkeit dafür im nächsten Schritt exemplarisch auf einige konkrete Kommunikate gelenkt wird, so fällt auf, dass wir diese komplexen Zeichen nicht **bottom-up** vom einzelnen Zeichen hin zum gesamten Kommunikat ›erblicken‹. Vielmehr nehmen wir komplexe Zeichen im Alltag zunächst einmal **holistisch als Ganzes** wahr, bevor wir uns **top-down** mit Details beschäftigen. Diese Feststellung, die bereits auf den analysierten T-Shirt-Aufdruck zutrifft, soll im nächsten Schritt dazu genutzt werden, den Begriff der **Sehfläche** einzuführen, um in diesem Rahmen das Zusammenspiel von sprachlichen und bildlichen Zeichen aus einer alltäglichen Gebrauchsperspektive zu beschreiben.

## 4.2 | Semiotische Multimodalität und die Analyse von Sehflächen

### 4.2.1 | Sehflächen und die Kombination von sprachlichen und bildlichen Zeichen

Abb. 4.3: Fotografie eines Tetra-Paks laktosefreier Milch

**Analytische Annäherung:** Schaut man sich die Verpackung für laktosefreie Milch an, so betrachtet man zunächst einmal nicht die Details, sondern erkennt direkt, dass es sich bei dieser Art eines Tetra-Paks mit einer Öffnung zum Gießen um ein Gefäß handelt, das Flüssigkeit enthält. Dieser **indexikalische Schluss** ist u. a. eine Folge von praktischen Erfahrungswerten: Tetra-Paks sind dafür geeignet, Flüssigkeiten aufzubewahren und sie für den Verbrauch in ein anderes Gefäß umfüllen zu können. Das heißt, dass die Art der Verpackung für ihre alltägliche Verwendung nützlich zu sein scheint. Das bedeutet natürlich nicht, dass es nicht auch andere Möglichkeiten gibt, Flüssigkeiten aufzubewahren (z. B. ökologisch weniger belastende Verfahren), aber zurzeit sind Tetra-Paks in unserem Wirtschafts- und Lebensraum eine **konventionell** weit verbreitete Variante der Aufbewahrung.

An diesen ersten Bemerkungen lässt sich erkennen, dass die Bedeutung, die die abgebildete Verpackung für potenzielle Käufer/innen hat, aus einer Kombination aus konventionellen und indexikalischen semiotischen Prozessen besteht. Dass diese Annahmen auf den zweiten Blick durch weitere semiotische Prozesse, wie beispielsweise die **ikonische** Abbildung von Milch, die in ein Glas geschüttet wird, oder die **symbolische Etikettierung** der Milch als »Frische«, »LAKTOSEFREIE« und »fettarme Milch« unterstützt wird, soll gleich thematisiert werden.

**Erste Wahrnehmungsebene:** Zunächst einmal ist jedoch jenseits der konkreten Peirceschen Prozesse aus alltagspraktischer Perspektive interessant, dass wir Milch-Verpackungen, wie die vorliegende, in vielen

Fällen gar nicht genauer betrachten müssen, bevor wir sie in unseren Einkaufskorb legen: Denn, haben wir die abgebildete Verpackung in seiner typisch gestalteten Verpackung schon mehrfach gekauft, wissen wir **bereits auf den ersten Blick,** dass es sich um die laktosefreie Milch der Firma »MinusL« handelt. Wir müssen dafür nicht speziell den Schriftzug der Firma »MinusL« oder die Produktinformationen »LAKTOSEFREI« oder »Frische fettarme Milch« lesen und wir müssen auch das Milchglas im unteren Drittel der Verpackung, in das gerade Milch aus einem Glaskrug geschüttet wird, nicht speziell betrachten. Wir nehmen das Produkt holistisch als Ganzes wahr (vgl. Schmitz 2011a: 27) und wissen, wofür wir es benötigen.

Was bei dieser Beschreibung unserer alltäglichen Sehgewohnheiten auffällt, ist die Tatsache, dass sprachliche und bildliche Zeichen hier in Kombination miteinander als Ganzes ikonisch wahrgenommen werden (ebd.: 28) und gemeinsam Bedeutung erzeugen. Diese Feststellung macht deutlich, dass die Betrachtung einzelner bildlicher Zeichen, die im vorhergehende Teilkapitel im Mittelpunkt unserer Überlegungen standen, in dieser fragmentarisierten Form keineswegs durchgängig unseren alltäglichen Sehgewohnheiten entspricht.

Definition

> Insoweit können wir in einem ersten Schritt im Anschluss an Schmitz festhalten, dass wir Zeichenkomplexe wie die abgebildete Verpackung auf einer ersten Wahrnehmungsebene als Ganzes (holistisch) wahrnehmen, um sie dann, je nach Erfahrung oder Verwendungsabsicht eventuell anschließend **top-down** vom Ganzen zu den Teilen hin zu erblicken (vgl. ebd.: 31).

Nur in Ausnahmefällen »lesen« wir eine Verpackung linear von links nach rechts (wie de Saussure dies für sprachliche Äußerungen unterstellt). Auch unterscheiden wir bei der »Lektüre« von Kommunikaten wie der vorliegenden Verpackung nicht erkennbar zwischen den sprachlichen und bildlichen Aspekten. Aus theoretischer Sicht heißt dies, dass wir einen semiotischen Analyseansatz benötigen, der es uns ermöglicht, nicht nur semiotische Prozesse im Detail zu beschreiben, die linear und von den Teilen (den einzelnen Zeichen) zum Ganzen, also **bottom-up**, verlaufen, sondern wir benötigen in Anlehnung an unsere flüchtigen alltäglichen Sehgewohnheiten zusätzlich ein Beschreibungsinstrumentarium, das es uns ermöglicht, analytisch den umgekehrten Weg **top-down**, vom Ganzen zu den Details zu gehen (vgl. Schmitz 2011a: 27).

Sehflächen: An dieser Stelle setzen die Überlegungen von Schmitz an, der Sprache-Bild-Kombinationen wie die Verpackung in Abbildung 4.3 als Sehflächen bezeichnet und diese als »Flächen, auf denen Texte und Bilder in geplantem Layout gemeinsam Bedeutungseinheiten bilden« (ebd.: 25) definiert. Weiter stellt er heraus, dass wir in unserem Alltag umgeben sind von Sehflächen, seien es Zeitungen, Zeitschriften, Plakate, Wegweiser, Schaufenster, Printanzeigen, Verkaufsbroschüren, T-Shirts oder eben auch Produktverpackungen.

Wenn wir beispielsweise morgens unseren Kühlschrank öffnen, so erwartet uns – je nach dessen Füllung – ein mehr oder weniger reichhaltiges ›Angebot an Sehflächen‹. Und sicherlich müssen wir nicht alle Verpackungen länger betrachten oder gar ›lesen‹, bevor es uns gelingt, unser Brot mit Marmelade zu bestreichen oder Joghurt auf unser Müsli zu schütten.

**Zweite Wahrnehmungsebene:** Allerdings reicht der beschriebene erste, dominant ganzheitlich-ikonisch funktionierende Wahrnehmungsprozess auch im Alltag nicht immer aus. Das schnelle und zeitökonomische Betrachten der Milchtheke während des Einkaufs genügt, wenn wir wissen, was wir suchen. Er genügt erst recht, wenn wir die Produkte selbst in unseren Kühlschrank gestellt haben. Anders sieht dies jedoch aus, wenn wir ein Produkt noch nicht gut kennen und es deshalb von anderen, ähnlichen Produkten unterscheiden müssen, z. B. die laktosefreie Milch von der Vollmilch oder der Sojamilch.

> Hier werden Schmitz folgend (2011: 27 f.) auf einer **zweiten Wahrnehmungsebene** weitere Details einer Verpackung wahrgenommen und die Sehfläche damit auch nicht mehr nur ikonisch als Ganzes betrachtet. Stattdessen scannen wir sie in Anlehnung an unsere Lesegewohnheiten diagonal von links oben nach rechts unten und erblicken so sprachliche und bildliche Differenzierungspunkte, an denen unsere Aufmerksamkeit ›hängen bleibt‹.

*Definition*

**Differenzierung und Detaillierung:** Ein solcher bedeutungstragender Blickfang könnte im vorliegenden Fall das rot markierte »L« in Kombination mit der roten Banderole und der Aufschrift »LAKTOSEFREI« sein, es könnte aber auch der doppelte verbale Hinweis auf die Fettarmut der Milch sein (»frische fettarme Milch« und »1,5 % Fett«), ebenso wie die bildliche Darstellung traditioneller »weißer« Milch (nicht gelblicher Soja-Milch), die man aus einer Karaffe frisch in ein Glas schüttet. Das bedeutet, dass Produktdesigner bei der Entwicklung eines Produktes unterschiedliche Gebrauchssituationen im Vorhinein antizipieren müssen, um Nutzer/innen auf unterschiedlichen Wahrnehmungsebenen ikonische und symbolische Wahrnehmungsangebote zu machen, die aufgrund ihrer **Position** auf der Sehfläche, aufgrund ihrer **Größe** oder aufgrund ihrer **farblichen oder auch typografischen Gestaltung** als Blickfang wirken.

**Dritte Wahrnehmungsebene:** Diese Tendenz zur Differenzierung und Detaillierung zeigt sich auch auf einer dritten Wahrnehmungsebene, die nur dann relevant wird, wenn die bisherigen Prozesse noch nicht zielführend waren: So kann es beim Gang durch den Einkaufsladen durchaus sein, dass jemand mit fehlender Erfahrung und einer nicht vorab bereits getroffenen Kaufentscheidung mehr über laktosefreie Milch wissen möchte, bevor er oder sie sich für oder gegen den Kauf entscheidet. In einem solchen Fall könnte z. B. die Kalorienmenge bezogen auf 100 mg interessieren oder die Frage, welche Nährstoffe in laktosefreier Milch genau enthalten sind. Nur dann würden Käufer/innen die Details lesend auf sprachliche Aspekte eingehen und sich konkrete Zusatzinformationen aneignen. Dafür müssten sie allerdings die Verpackung drehen und könnten dann auf den Seitenflächen etwas über »durchschnittliche Nährwerte« oder die Herstellung der Milch in einem klimaneutralen Unternehmen erfahren.

> **Definition**
>
> Auf dieser **dritten Wahrnehmungsebene** werden somit Schmitz folgend (2011: 28) die Teile einer Sehfläche traditionell bottom-up und linear ›erlesen‹. Das wiederum heißt, dass beim Erblicken von Sehflächen zwar der erste ikonische Blick holistisch und top-down erfolgt, auf der zweiten und dritten Wahrnehmungsebene jedoch durchaus auch Prozesse der Bedeutungserschließung zu beobachten sind, die bottom-up von den Details zu einer Gesamtbedeutung verlaufen. Dies gilt in besonderem Maß, wenn sprachlich realisierte Fließtexte linear gelesen werden. Solche Detaillektüren ganzer Fließtexte, während derer die lineare Lektüre sprachlicher Einheiten im Mittelpunkt steht, dürfte jedoch im Zusammenhang mit Produktverpackungen im Hinblick auf deren Funktion eher eine Ausnahme darstellen.

**Nützlichkeit:** Unter Bezug auf diese erste Differenzierung von drei möglichen Wahrnehmungsebenen der Lektüre von Sehflächen ist zunächst einmal nachvollziehbar, warum Sprache-Bild-Kombinationen, wie wir sie auf der Milchpackung sehen, sich in der Gegenwart als vorzüglich geeignete Mittel zur schnellen Darbietung relevanter Informationen erwiesen haben. Je nach Erkenntnisinteresse und Wissensstand können Rezipient/innen Sehflächen der hier betrachteten Art sehr schnell und effektiv oder auch detailliert und intensiv lesen, wo es für sie einen persönlichen Nutzen hat. Aufgrund dieser spezifischen Effektivität sind wir im Alltag von Sehflächen aller Art umgeben, in denen »Schrift und Bild durch ein beide Seiten verbindendes Design formal und inhaltlich untrennbar ineinander spielen« (Schmitz 2011a: 26). Diese Überlegungen sind für uns im Weiteren deshalb von Bedeutung, weil sie es nicht nur ermöglichen, Sehflächen semiotisch zu erfassen, sondern darüber hinaus Ansatzpunkte zur Verfügung stellen, um unser Verhalten beim Erblicken von Sehflächen differenziert zu beschreiben.

> **Definition**
>
> Unter einer **Sehfläche** soll ein mit sprachlichen und bildlichen Elementen semiotisch gestaltetes Kommunikat verstanden werden, innerhalb dessen die sprachlichen und bildlichen Zeichen gemeinsam Sinneinheiten konstituieren. Aufgrund der (relativen) Komplexität von Sehflächen können diese je nach Interesse der Betrachter/innen auf unterschiedlichen Wahrnehmungsebenen mit geringerem oder größerem Aufwand ›entschlüsselt‹ (gesehen und/oder gelesen) werden. In manchen Fällen erfüllt bereits ein schneller Blick auf das Gesamtkommunikat alle relevanten Funktionen (erste Wahrnehmungsebene), bei detaillierteren Interessen können Sehflächen jedoch auf einer zweiten Wahrnehmungsebene auf konkrete Teilaspekte hin betrachtet werden oder es können einzelne Details auf einer dritten Wahrnehmungsebene sogar linear erlesen werden.

**Weitere Beispielanalyse:** Dass die beschriebene Nützlichkeit der Organisation von Sehflächen keineswegs nur für Produktverpackungen gilt, soll anhand eines zweiten T-Shirt-Aufdrucks verdeutlicht werden, anhand dessen ein weiterer funktionaler Aspekte von Sehflächen, ihre **ästhetische Funktion**, verstärkt herausgestellt werden soll.

Schaut man sich die in Abbildung 4.4 wiedergegebene Fotografie des T-Shirts eines Jugendlichen an, so fällt auch hier auf, dass wir direkt die (ikonisch realisierte) Skyline irgendeiner Großstadt erkennen. Da solche Skylines (auch als T-Shirt-Aufdruck) in westlichen Gegenwartskulturen in hohem Maß konventionell verankert sind und indexikalisch auf ›Urbanität‹ und ›modern ways of life‹ verweisen, muss man hier zunächst einmal keine weiteren Details wahrnehmen. Das T-Shirt gefällt Betrachter/innen oder es gefällt ihnen nicht.

Abb. 4.4: Fotografie eines T-Shirt-Aufdrucks (Staubach 2017: 46)

**Ästhetische Funktionen von Sehflächen:** Diese Feststellung lenkt die Aufmerksamkeit auf die Tatsache, dass Sehflächen neben **Aspekten der Nützlichkeit** semiotisch auch **ästhetische Funktionen** erfüllen (Schmitz 2011b). Das Design einer Verpackung, einer Illustrierten oder eines T-Shirts spricht uns an oder auch nicht. Eben diese intuitiv wirkende ästhetische Funktion von Sehflächen ist ein weiterer Grund für ihre Verbreitung. Im Hinblick auf T-Shirt-Aufdrucke ist es hierbei besonders relevant, dass wir diese vor dem Hintergrund ihrer ästhetischen Funktion schnell wahrnehmen können, da T-Shirt-Aufdrucke aufgrund gesellschaftlicher Konventionen auf eine schnelle Wahrnehmbarkeit angewiesen sind: Es wäre kaum akzeptabel, längere Zeit auf den T-Shirt-Aufdruck am Körper einer Person zu starren, um Details der Sehfläche zu identifizieren. Ein solches Verhalten wäre **dispräferiert** (Staubach 2017: 33).

Diese Annahme bestätigt auch ein zweiter, analytischer Blick auf das in Abbildung 4.4 gezeigte T-Shirt: So erkennen wir bei genauerem Hinsehen zwar, dass die abgebildete Skyline durch einen handschriftlichen Text überschrieben ist, lesen können wir diesen Text von einzelnen Lexemen abgesehen jedoch nicht. Er erfüllt somit ikonische und indexikalische Funktionen, indem er bildlich als persönliche Nachricht interpretiert werden kann, symbolisch jedoch nicht auflösbar ist. Damit erfüllt auch die handschriftliche Typografie des T-Shirt-Aufdrucks neben dem indexikalischen Hinweis auf eine persönliche Botschaft zusätzlich ästhetische Funktionen.

**Ästhetische Funktionen von Sehflächen:** Insgesamt lässt sich somit festhalten, dass Sehflächen – wie weiter oben schon am Beispiel der Milchverpackung verdeutlicht – neben Aspekten der Nützlichkeit ästhetische Funktionen erfüllen. Uns fällt dies aufgrund der Masse der uns umgebenden Sehflächen allerdings häufig nur noch auf, wenn Sehflächen vergleichsweise ungestaltet sind (z. B. bei markenlosen Billigprodukten oder bei Reisen in verpackungsabstinentere Länder). Anders als bei Produktverpackungen tritt die ästhetische Komponente jedoch bei T-Shirt-Aufdrucken stärker in den Vordergrund. T-Shirts sollen zwar bekleiden (Nützlichkeit), ihre Aufdrucke sollen aber in jedem Fall auch gefallen (Ästhetik). Nützlich sind T-Shirts für die sie tragenden Individuen über ihren Bekleidungsaspekt hinaus dann, wenn sie als Ausdruck bestimmter Eigenschaften der Person gelesen werden (können). Insoweit können sie, wie Staubach herausstellt (2017: 33), durchaus als Beitrag zur Identitätspräsentation (vor allem von Jugendlichen) verstanden werden (jemand ist besonders attraktiv, besonders ›angesagt‹, besonders langweilig etc.).

**Anwendungsmöglichkeiten:** An dieser Stelle können wir erste Anwendungsmöglichkeiten der bisherigen Überlegungen herausstellen: Während es uns im Bisherigen vorrangig darum gegangen ist, Kategorien für die Analyse von Sehflächen einzuführen, sollen am Beispiel der T-Shirt-Aufdrucke unterschiedliche Analysezugänge der Angewandten Linguistik angedeutet werden.

*Analysezugänge zur Anwendung*

- **Ästhetik und Identität:** Zum einen könnte man nach der Relevanz ästhetischer Aspekte für die Gestaltung von T-Shirt-Aufdrucken fragen. Warum gefallen vor allem Jugendlichen bedruckte T-Shirts eher als unbedruckte? Welche Aussage macht die ästhetische Gestaltung einer solchen Sehfläche über die jeweiligen Träger/innen? Um solche oder ähnliche Frage beantworten zu können, bieten sich zwei unterschiedliche empirische Zugänge an: So könnte man zum einen aus produktorientierter Perspektive ein größeres Korpus von Aufdrucken analysieren. Zum anderen könnte man aber auch aus rezeptionstheoretischer Perspektive danach fragen, mit welchen Bedeutungen die jeweiligen Sehflächen für Träger/innen bzw. Betrachter/innen solcher T-Shirts verknüpft sind. Beide Ansätze haben ihre Berechtigung sowie auch ihre Grenzen und es würde im Rahmen einer Konfrontation der Befunde darum gehen, Gemeinsamkeiten bzw. verbindende Befunde herauszuarbeiten.
- **Jugendliche Identitätsentwürfe:** Staubach (2018) hat beide Ansätze bezogen auf ein Korpus von T-Shirt-Aufdrucken kombiniert und konnte dabei nachweisen, dass T-Shirt-Aufdrucke gerade für heranwachsende Jugendliche ein geeignetes Mittel des Selbstausdrucks sind. Sie ermöglichen es Jugendlichen, etwas über sich selbst zu sagen, indem sie die Möglichkeiten des Körperausdrucks dazu nutzen, sich mit einer Art ›Label‹ oder ›Aufdruck‹ zu präsentieren und damit eine spezifische Facette ihrer Identität auszudrücken (ebd.). Staubach kann in Interviews mit Jugendlichen zeigen, dass genau diese Art des ›Labelings‹ bzw. der ›Etikettierung‹ nicht nur als Form des Identitätsausdrucks genutzt wird, sondern auch als Quelle für Fremdeinschätzungen durch die Betrachter/innen relevant ist.
- **Marken und Identität:** Als Teilaspekt dieser Prozesse kommt auch die Relevanz von Marken für die beschriebenen Aspekte der Selbst- und Fremdzuschreibung in den Blick: So kann Staubach 2018) sowohl im Rahmen des produktorientierten wie des rezeptionsorientierten Zugangs zu den T-Shirt-Aufdrucken die Relevanz von Mar-

ken für die Wahrnehmung der Sehflächen nachweisen. Insoweit scheint ein derartiger doppelter Zugang zum Zusammenhang zwischen der Relevanz von Marken und der Wahrnehmung von Sehflächen sich potenziell nicht nur für T-Shirt-Aufdrucke anzubieten, sondern für den gesamten Bereich der Warenwelt interessante Anschlussprojekte zu ermöglichen.

Datenorientierung: Bezogen auf unsere Überlegungen zu einer Definition von Angewandter Linguistik weisen diese Überlegungen auch hinsichtlich der Analyse von Sehflächen erneut auf die Relevanz der Datenorientierung für die Angewandte Linguistik hin. So stützte sich die Weiterentwicklung der semiotischen Multimodalitätsforschung in den letzten Jahren auf größere und kleinere Korpora. Insoweit kann bezüglich der Datenbasis der semiotischen Multimodalitätsforschung festgehalten werden, dass sie sich – wie die Gesprächsforschung – als empirische Disziplin begreift, die ihre theoretischen Überlegungen unter permanenter Bezugnahme auf empirische Gegenstände entwickelt und überprüft.

Damit möchten wir nun im nächsten Abschnitt detaillierter auf das Zusammenspiel von sprachlichen und bildlichen Aspekten auf Sehflächen eingehen.

## 4.2.2 | Positionierung und Funktion sprachlicher und bildlicher Elemente in Sehflächen

Nachdem wir im Anschluss an Überlegungen zum semiotischen Zeichenbegriff im vorherigen Abschnitt den Sehflächenbegriff eingeführt haben, soll es nun darum gehen, die Spezifik des Zusammenspiels verbaler und bildlicher Aspekte genauer zu betrachten. Dazu werden wir aus empirischer Perspektive einen anderen Typ von Sehfläche heranziehen: die Printanzeige. In diesem Zusammenhang soll die Printanzeige einer Schweizer Uhrenfirma (s. Abb. 4.5) betrachtet werden.

Stellen wir uns auch in diesem Zusammenhang zunächst eine alltägliche Gebrauchssituation vor: Würden wir während der Lektüre des Magazins *Spiegel* beim Umblättern auf die vorliegende Printanzeige stoßen, so wüssten wir direkt (erste Wahrnehmungsebene), dass dort eine Herrenuhr beworben wird. Wie im letzten Abschnitt gesehen, würde es von unserem Interesse für ein solches Produkt abhängen, ob wir uns in der Folge länger mit der Anzeige beschäftigen oder direkt weiterblättern.

Abb. 4.5: Uhrenwerbung der Firma MIDO (*Spiegel*, Nr. 45, 05.11.2016)

Abb. 4.6: Bilddiagonale

Löst man sich von dieser quasi natürlichen Wahrnehmungssituation und lenkt den Blick stärker auf die sehflächeninternen semiotischen Prozesse, so lässt sich festhalten, dass die Abbildung der Armbanduhr (relativ zur abgebildeten Brücke) überdimensional groß ist und auch deshalb vermutlich als erstes wahrgenommen wird. Dies liegt jedoch nicht nur an der Größe, sondern auch an der Positionierung der Uhr und an ihrer farblichen Gestaltung. Dies wird deutlich, wenn man eine Diagonale, die sogenannte **Bilddiagonale**, von oben links nach unten rechts durch die Anzeige zieht (s. die eingezeichnete weiße Linie in Abb. 4.6). Die Diagonale macht deutlich, dass sich das Ziffernblatt der Uhr direkt über dem Schnittpunkt zwischen der Bilddiagonalen und der in die Anzeige eingezeichneten orangen Geraden befindet.

Abb. 4.7: Bilddiagonale und Bildachsen

**Bildachsen und Diagonalen:** Solche Sehflächen gestaltende sichtbaren oder unsichtbaren Linien bezeichnet man als **Achsen** (Horizontale oder Vertikale) oder als **Diagonalen**. Sie können – wie im vorliegenden Fall die orange Linie – grafisch realisiert sein, können aber auch die Folge von automatisierten Sehgewohnheiten bilden. So scannen wir Sehflächen beim schnellen Betrachten in Anlehnung an unsere Lesegewohnheiten entlang der Bilddiagonale von links oben nach rechts unten und reagieren intuitiv auf Auffälliges.

Im Zusammenhang mit Printanzeigen hat es sich als besonders effektiv erwiesen, wenn das entscheidende bildliche Element im oberen linken Quadranten liegt (s. Abb. 4.8).

Aber auch entlang der übrigen Bilddiagonale haben sprachliche und bildliche Zeichenkomplexe gute Chancen, bemerkt zu werden. Das nutzen viele konventionelle Printanzeigen, indem sie die entscheidenden Elemente der Werbebotschaft entlang der Bilddiagonale positionieren.

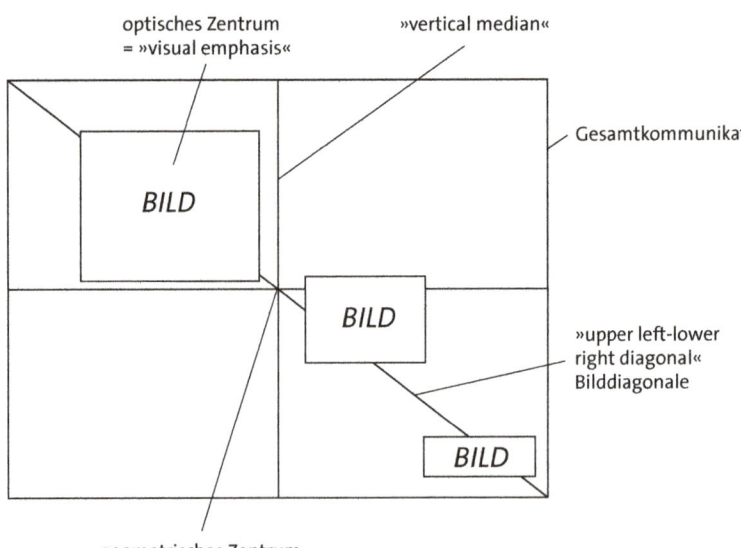

Abb. 4.8: *visual emphasis* und die Wahrnehmung von Bildelementen (nach Stöckl 1998: 81)

## 4.2 Semiotische Multimodalität und die Analyse von Sehflächen

> **Frontstellung/*visual emphasis*:** Wird eine einzelne Komponenten einer Sehfläche aufgrund ihrer räumlichen Position besonders hervorgehoben, spricht man von Frontstellung (Stöckl 1998: 81). Befindet sich ein bildliches Element in Fronstellung, so spricht man von *visual emphasis* (ebd.). Tendenziell kann man sagen, dass Zeichenkomplexe, die links oberhalb des geometrischen Zentrums oder entlang der Bilddiagonale positioniert sind, besonders effektiv wahrgenommen werden. Allerdings können **Größe** und/oder **farbliche Aspekte** der abgebildeten Gegenstände dabei ebenso von Bedeutung sein. Solche Verfahren der Hervorhebung einzelner Elemente werden von Kress und van Leeuwen (2006: 49; 176 f.) auch als *salience* bezeichnet.

*Definition*

**Beispielanalyse:** Unter Bezug auf die Anzeige in Abbildung 4.7 wird der obere linke Quadrant durch die grafisch realisierte orange Linie und die horizontal, leicht nach oben verweisende Brücke vergrößert. Dennoch nimmt man die Abbildung des Ziffernblatts der Uhr, das exakt oberhalb des Schnittpunkts der drei Achsen angesiedelt ist, besonders effektiv und unvoreingenommen wahr, da die Fläche links von der Uhr vorrangig aus der leuchtend gold-orangen Farbe eines Sonnenuntergangs besteht. Die dunkelorange Headline »INSPIRED BY ARCHITECTURE« ist aufgrund der Schriftgröße und des vergleichsweise geringen farblichen Kontrasts zum Hintergrund nicht effektiv genug, um die Aufmerksamkeit der Rezipient/innen bei einem schnellen Blick zu binden.

**Vektoren:** Die die bildliche Darstellung strukturierenden Achsen und Diagonalen können jedoch nicht nur als grafisch realisierte oder nicht realisierte Linien Wirkung entfalten, sondern auch durch die Blickrichtung einer in der Sehfläche abgebildeten Person oder durch deren Körperposition, z. B. einen ausgestreckten Arm, einen gezielten Blick oder eine gerichtete Bewegung. Solche dynamischen Linien, die gleichzeitig auch die Wahrnehmung der Rezipient/innen beeinflussen, bezeichnet man im Anschluss an Kress und van Leeuwen als Vektoren (2006: 42; 45 ff.).

> Unter einem Vektor verstehen Kress und van Leeuwen (2006: 42; 45 ff.) sichtbare und unsichtbare Linien, die Beziehungen zwischen dargestellten Personen oder Gegenständen, aber auch zwischen einer dargestellten Person/einem Gegenstand und Bildbetrachter/innen realisieren. Vektoren können Blicke sein, sie können durch die Ausrichtung von Körperteilen (z. B. Armen) und durch Gesten realisiert werden, sie können aber auch durch Köperausrichtungen oder Anordnungen von Gegenständen entstehen. In jedem Fall drücken Vektoren dynamische Beziehungen aus.

*Definition*

Dies deutet sich bereits in der oben analysierten Uhrenwerbung am Beispiel der Brücke an, die auf die Uhr zuläuft, auch wenn die Dynamik dieser bildlich realisierten Achse eher implizit bleibt und sich weniger auf die Brücke bezieht als auf die Autos, die über sie fahren können. Deutlicher zeigt sich das dynamische Potenzial von Vektoren in der folgenden Printanzeige der Firma STIHL:

**Analyse der Anzeige:** Schaut man sich unter Bezug auf die vorhergehenden Überlegungen die Printanzeige in Abbildung 4.9 an, so lenkt der Blick der abgebildeten Frau die Aufmerksamkeit als Vektor auf den von ihr beschnittenen Baum, dem sie – so soll es suggeriert werden – unter Nutzung der Gartengeräte der Firma STIHL die Form eines überdimensionalen Menschenaffen gegeben hat. Gleichzeitig bildet die Frau selber aber auch einen Vektor, der als Verbindung zwischen dem Firmennamen oben rechts und den im unteren Drittel der Anzeige liegenden Gartengeräten darstellt. Zusätzlich ist zu beachten, dass auch die Heckenschere in der Hand der Frau als Vektor fungiert, der den Blick potenziell genau auf den »Vorteilspreis« für die abgebildeten Geräte lenkt.

Abb. 4.9: Werbung der Firma STIHL (*Spiegel*, Nr. 39, 24.09.2016: 57)

Aber auch der Blick und die Armausrichtung des menschenaffenähnlichen Baums, fungieren als Vektoren: Während der rechte Arm ebenfalls auf den »Vorteilspreis« verweist, haben der Blick und der geöffnete Mund des riesigen Baumwesens für die deutlich kleinere Frau etwas Bedrohliches, das die »Akku Power« der Firma STIHL, von der in der Headline die Rede ist, bildlich und metaphorisch unterstreicht.

Kress und van Leeuwen (2006: 63 ff.) beschreiben über Vektoren organisierte dynamische Prozesse auch anhand der Termini *actor* und *goal*. Im Fall der hier analysierten Anzeige ist die Frau einerseits *actor*, indem sie den Baum-Affen (*goal*) erst erschafft, anschließend wird dieser jedoch selber zum *actor*, der die Frau als *goal* seiner Übermacht erscheinen lässt.

Diese Interpretation lenkt die Aufmerksamkeit zusätzlich auf die spezifische Nutzung des Raums. In diesem Zusammenhang stellen Kress und van Leeuwen (2006: 179 ff.) heraus, dass sich in den bildlichen Darstellungen westlicher Kulturen in der Regel links die bekannte und rechts die neue Information findet, während oben auf einer Seite häufig das Ideale und unten das Reale zu finden ist. Auch wenn diese Annahmen korpusgestützt immer wieder neu zu prüfen sind, so haben sie doch einen deutlichen Erklärungsmehrwert für die vorliegende Anzeige: So erscheint der links oben im Bild angesiedelte »Menschaffe« als das in unserer Kultur bereits Bekannte und Mächtige, während die Frau, die in der Lage ist, derartiges unter Nutzung handwerklicher Geräte zu schaffen, die neue Information darstellt, die mit der Hilfe von STIHL real geworden ist.

> **Links vs. rechts/oben vs. unten:** Damit lässt sich im Anschluss an Kress und van Leeuwen festhalten, dass die spezifisch Gestaltung von Sehflächen in westlichen Kulturen die Wahrnehmung von Rezipient/innen nicht nur durch den Mechanismus des *visual emphase* steuert, sondern auch der übrige Raum von Sehflächen semiotisch kodiert ist: So findet sich nach Ansicht von Kress und van Leeuwen (2006: 179 ff.) das Bekannte häufig links und das Unbekannte oder Neue häufig rechts auf einer Sehfläche, während das Ideale oder auch »Heilige« vielfach im oberen Teil einer Seite und das Reale im unteren Teil einer Seite angeordnet wird.

Definition

**Relevanz bildlicher Elemente:** Bisher sind wir im Anschluss an den Sehflächenbegriff davon ausgegangen, dass Sehflächen als erstes wie ein Ikon wahrgenommen werden bzw. in Sehflächen integrierte Bilder in der Regel vor den sprachlich-symbolischen Einheiten erfasst werden. Diese Annahme ergibt sich aus Erkenntnissen der Wahrnehmungspsychologie, die herausstellen, dass Bilder aufgrund der Spezifik ihrer neurophysiologischen Verarbeitung eine größere Informationsdichte haben als sprachliche Zeichen. Sie werden schneller erfasst, länger behalten und leichter erinnert (Stöckl 2011: 49 f.). Darüber hinaus geben sie aufgrund ihres Konnotationsreichtums mehr Spielraum für unterschiedliche Interpretationen und ihre (ikonische) Wahrnehmungsnähe zieht häufig eine emotionale Wirkung nach sich (ebd.).

Vor den Hintergrund dieses Potenzials ikonischer Zeichen konnte sich in werbeaffinen Branchen einige Zeit die Annahme halten, dass »Bilder mehr sagen als tausend Worte«. Allerdings hat sich diese Überzeugung als zu einfach erwiesen. Vielmehr muss davon ausgegangen werden, dass ikonische Zeichen zwar einerseits anders wirken und anders wahrgenommen werden als sprachliche bzw. symbolische Zeichen, letztere andererseits aber auch spezifische Leistungen erbringen, die Bilder nicht erbringen können: So können wir mit Bildern alleine keine komplexen Zusammenhänge erklären, wir können nicht argumentieren und nicht widersprechen (Stöckl 2011: 49). Hierfür benötigen wir die Linearität und das sukzessive Ausdruckspotenzial sprachlicher Zeichen.

Damit sollen die spezifischen Leistungen von sprachlichen und bildlichen Zeichen in Sehflächen in Anlehnung an Stöckl (2011: 48 f.) und Schmitz (2011a: 29 ff.) nun wie folgt tabellarisch zusammengefasst werden:

|  | Sprache | Bild |
| --- | --- | --- |
| Semiotik/ Zeichentyp | <ul><li>symbolisch-konventionelle Zeichen</li><li>wahrnehmungsfern</li><li>lineare Anordnung nach grammatischen Regeln</li></ul> | <ul><li>auf Ähnlichkeit beruhende, ikonische Zeichen</li><li>wahrnehmungsnah</li><li>räumliche Anordnung</li></ul> |
| Wahrnehmung/ Lektüremodus | <ul><li>sukzessiv, linear, vergleichsweise langsam</li><li>bottom-up-Lektüre (vom einzelnen Lexem zur Gesamtaussage)</li><li>vergleichsweise wirkungsschwach und nicht direkt emotionsverbunden</li></ul> | <ul><li>simultan, holistisch, schnell</li><li>top-down-Lektüre (vom ganzen Bild zu Teilaspekten)</li><li>wirkungsstark und direkt emotionsverbunden</li></ul> |
| Funktion/Leistung | <ul><li>Abstraktion und Kategorisierung</li><li>Argumentation und logische Einordnung</li><li>Konversation und Kontroverse</li></ul> | <ul><li>Zeigen</li><li>Vor-Augen-Führen</li><li>vorwiegend emotionale Wirkung</li></ul> |

Tab. 4.2: Spezifik sprachlicher und bildlicher Zeichen

**Semiotische Leistung sprachlicher und bildlicher Zeichen:** Bezogen auf die Eigenschaften von sprachlichen und bildlichen Zeichen kann man festhalten, dass sprachliche und bildliche Aspekte gerade deshalb so häufig in Kombination genutzt werden, weil sie sich aufgrund ihrer Unterschiedlichkeit perfekt ergänzen: Während sprachliche Zeichen vorrangig der Abstraktion, Argumentation und Konversation dienen, veranschaulichen Bilder das Gemeinte, sie führen es vor Augen und evozieren potenziell eine emotionale Reaktion.

Beziehen wir diesen Annahmen ein letztes Mal auf die Uhrenanzeige in Abbildung 4.5 und berücksichtigen diesmal auch den Fließtext der

Anzeige, so wird deutlich, dass uns die abgebildete Uhr zwar ästhetisch ansprechen kann, wir die Detailinformationen bezüglich der Firma, die sie herstellt, der spezifischen Leistungen, die sie erbringt, des Materials, aus dem sie besteht und des Preises, zu dem sie käuflich erworben werden kann, den sprachlichen Elementen der Anzeige im Rahmen des Fließtextes entnehmen. Diesen »erlesen« wir – wollen wir Schmitz Sehflächenkonzept erneut folgen – allerdings erst auf der dritten Wahrnehmungsebene. Und dies geschieht vermutlich nur, wenn wir tatsächlich an detaillierteren Informationen zur abgebildeten Uhr interessiert sind.

### 4.2.3 | Interaktive Funktionen von Sehflächen

**Interaktive Komponenten von Sehflächen:** Bisher haben wir kaum systematisch zwischen dem empirisch auf einer Sehfläche Beschreibbaren und der vermutbaren bzw. angestrebten Wirkung auf die jeweiligen Rezipient/innen unterschieden. Hier bieten Kress und van Leeuwen eine Differenzierung an, die zwar der Analyse semiotischer Formate in Form von Sehflächen verhaftet bleibt, aber dennoch die Rezipient/innen von Sehflächen analytisch berücksichtigt. So unterscheiden die Autoren drei Analyseebenen, die sie als »metafunctions« bezeichnen (vgl. 2006: 41 f.):

- *Ideational metafunction:* Als *ideational metafunction* fassen sie die Darstellungsfunktion von Sehflächen (Ebene der Darstellung). Unter dieser Funktion verstehen die Autoren die Fähigkeit von Bildzeichen, Objekte der realen Welt bildlich zu realisieren und sie dabei in einer spezifischen und nicht zufälligen Art zueinander in Beziehung zu setzen.

  *Analyseebene der metafunctions*

- *Interpersonal metafunction:* Als zweite Funktionsebene begreifen die Autoren die *interpersonal metafunction*, die als Interaktionsfunktion (Ebene der Interaktion) bezeichnet werden kann. Hierunter ist die Fähigkeit materiell-bildlicher Zeichen zu begreifen, einen Kontakt zwischen Zeichenproduzent/innen und ihren Rezipient/innen aufzubauen.
- *Textual metafunction:* Als dritte Funktion nennen Kress/van Leeuwen (2006: 43 f.) die *textual metafunction*, die mit Textualitätsfunktion (Ebene der Vertextung) wiedergegeben werden kann. Hierunter kann die Fähigkeit visueller Zeichenelemente gefasst werden, zusammenhängende und nachvollziehbare Texte herzustellen.

**Beispielanalyse:** Diese Differenzierung soll nun auf die folgende englische Printanzeige der Kosmetikfirma Nivea angewandt werden:

**Darstellungsebene:** Hier lässt sich im Anschluss an Kress und van Leeuwen auf der Darstellungsebene festhalten, dass die Abbildung des Paares in dieser Anzeige einem *narrative pattern* folgt, das im Gegensatz zu analytisch-schematischen Darstellungen in Form von *conceptual pattern* eine elementare Narration präsentiert. Im Rahmen dieser Narration stellt die Handlung des Rasierens in der Anzeige das Element der *(trans-) action* dar, die von der weiblichen Protagonistin als *actor* am *goal*, (s. Kap. 4.2.2) dem zu rasierenden Mann ausgeführt wird (vgl. ebd.: 68).

# 4 Sprachliche und bildliche Zeichen

Abb. 4.10: Englische Printanzeige von Nivea (https://sites.psu. edu/yuhsuan/ 2016/02/10/ advertising-between-men-and-women/; gesehen am 16.07.2018)

**Interaktionsebene:** Diese erneut eher beschreibenden Aspekte werden im Anschluss an Kress und van Leeuwen auf der Interaktionsebene durch Vektoren interaktiv relevant gemacht: Indem der Blick potenzieller Rezipient/innen durch die lächelnd auf die Rasur gerichteten Blicke beider *actor* und den narrativ inszenierten Vektor der Rasierhandlung selber auf das Wohlgefühl der Beteiligten gelenkt wird, wird dieses für Rezipient/innen erkennbar und nachvollziehbar. Insoweit spielt die Blicklenkung von Rezipient/innen durch Bildachsen und Vektoren eine entscheidende Rolle bezogen auf die *interactional meaning* im Rahmen von Sehflächen. Allerdings ist zu beachten, dass dem von Kress und van Leeuwen benutzten Interaktionsverständnis hier eine gewisse Einseitigkeit zu attestieren ist, da reale Rezipient/innen auf die angesprochenen interaktiven Angebote natürlich nicht interaktiv reagieren können (dazu den Begriff der Parainteraktion in Kap. 6).

**Textualitätsebene:** Auf der Textualitätsebene können wir bei der Analyse der Anzeige auf die weiter oben bereits erläuterten Überlegungen Stöckls zur Positionierung sprachlicher und bildlicher Textelemente zurückgreifen: Indem die zufriedenen Gesichter und die Blicke des abgebildeten Paars in Frontstellung sind und die Aufmerksamkeit der Rezipient/innen auf den Rasurstrich lenken, der unmittelbar auf der Bilddiagonale liegt, an deren Ende sich das beworbene Duschgel findet, trägt auch die Anordnung der Bildelemente und das Layout dazu bei, dass die Anzeige die Funktion erfüllt, die sie (potenziell) erfüllen soll: das beworbene Duschgel durch die Erzeugung positiver Gefühle erstrebenswert zu machen. Dies wird auch dadurch unterstützt, dass die unrealistischen Größenrelationen zwischen den abgebildeten Protagonist/innen und dem Duschgel diesem im Anschluss an Kress und van Leeuwen eine besondere *salience* ( = Hervorhebung; s. Kap. 4.2.2) zusprechen.

Damit soll im Anschluss an die Darstellung unterschiedlicher Analysezugänge zu Sehflächen aus dem Bereich der Printwerbung nun der Begriff der **(Multi-)Modalität** im nächsten Teilkapitel ein weiteres Mal genauer betrachtet werden.

## 4.3 | Semiotische (Multi-)Modalität

**Unterschiedliche Modalitätsbegriffe:** Wir haben den semiotischen Begriff der Modalität zu Beginn dieses Kapitels als (semiotische) Zeichenressource definiert und darauf hingewiesen, dass dieses Verständnis von Modalität nicht mit dem der Gesprächsforschung übereinstimmt.

Während wir aus der Perspektive der Gesprächsforschung in Kapitel 3.3 neben der Ausdrucksressource gesprochene Sprache weitere Modalitäten (= Ausdrucksressourcen) wie Stimme, Mimik, Gestik oder Blickverhalten exemplarisch unterschieden haben, haben wir uns im Zusammenhang mit Sehflächen in diesem Kapitel vor allem auf die semiotische Modalitäten (= Zeichenressourcen) geschriebene Sprache und statisches Bild bezogen. Ohne dass damit bereits geklärt wäre, worin genau die Unterschiede zwischen diesen beiden Modalitätsbegriffen bestehen, ist doch offensichtlich, dass sie nicht deckungsgleich verwendet werden.

**Unterschiedliche Gegenstände:** Dies hat seinen Grund darin, dass die beiden Ansätze traditionell unterschiedliche Gegenstände hatten: Gespräche im Gegensatz zu schriftlichen Kommunikaten bzw. Sehflächen.

- **Modalitätsbegriff der Gesprächsforschung**: Dies führte dazu, dass der Modalitätsbegriff der Gesprächsforschung vor dem Hintergrund der gleichzeitigen Anwesenheit der Gesprächsbeteiligten im gleichen Raum und den damit verbundenen Gegebenheiten der Sichtbarkeit und Hörbarkeit unter Bezug auf Kategorien des auditiven und visuellen Sinneskanal ausdifferenziert wurde. In der Folge unterscheidet die Gesprächsforschung zwischen auditiven Modalitäten (= Ausdrucksressourcen) wie Stimme, Intonation, Akzentuierung, Lautstärke oder Rhythmus und visuellen Modalitäten wie Blickverhalten, Mimik, Gestik oder Positur.
- **Semiotischer Modalitätsbegriff:** Im Gegensatz dazu bot sich für die Gegenstände der Semiotik eher die Kategorie des Kodes (= Zeichensystem) an, was zu der Differenzierung zwischen den Kodes Sprache und Bild führte. Diese wurden im Rahmen der semiotischen Multimodalitätsforschung dann weiter ausdifferenziert in die Kategorien gesprochene vs. geschriebene Sprache und statische vs. bewegte Bilder. Darüber hinaus werden im nächsten Kapitel zusätzlich die Kodes Musik und Geräusch thematisiert.

Unterschiedliche Modalitätsbegriffe

Insoweit schlagen wir bereits an dieser Stelle vor, terminologisch zwischen den Begriffen der **Ausdrucksressource** und der semiotischen **Zeichenressource** zu unterscheiden.

**Periphere Modalitäten:** Allerdings sind über die genannten Zeichenressourcen hinaus bereits weitere Teilaspekte des sprachlichen und bildlichen Kodes in den Blick gekommen. Dies war immer dann der Fall, wenn wir entweder auf Fragen der Typografie, der Schriftgröße, der Schriftfarbe oder auch der Position eines sprachlichen Elements eingegangen sind. Solche auch aus semiotischer Perspektive modalitätsrelevanten Kategorien, die jedoch nur in Verbindung mit einer der Hauptmodalitäten (Sprache oder Bild) Bedeutung gewinnen können, werden in der semiotischen Multimodalitätsforschung als periphere Modalitäten bezeichnet. Dabei darf der Begriff der peripheren Modalität nicht als fehlende oder geringe Relevanz interpretiert werden, sondern er weist nur darauf hin, dass Kategorien wie Farbe oder Größe nur gekoppelt an die Modalitäten Sprache und Bild Bedeutung gewinnen können.

# 4 Sprachliche und bildliche Zeichen

**Definition**

> Unter dem Begriff Modalität verstehen wir im Hinblick auf Sehflächen die semiotischen Zeichenressourcen der geschriebenen (im Gegensatz zur gesprochenen) Sprache und des statischen (im Gegensatz zum bewegten) Bild. Der Begriff der Modalität bezieht sich dabei auf die Art der Präsentation von Kommunikaten, wohingegen der Begriff des **Kodes** die jeweiligen semiotischen Bezugssysteme beschreibt, auf die sich einzelne Modalitäten beziehen: (gesprochene vs. geschriebene) Sprache und (statisches vs. bewegtes) Bild.
>
> Als periphere Modalitäten werden Zeichenressourcen begriffen, die nicht selbständig Bedeutung erzielen können, sondern nur als Teil der erwähnten Hauptmodalitäten in Sehflächen relevant werden. Exemplarisch zu nennen sind hier im Hinblick auf Sehflächen die Typografie als Teil der geschriebenen Sprache oder die Farbe als Teil des Bildes.
>
> Als multimodal bezeichnen wir Sehflächen, die neben sprachlichen Elementen weitere Kodes (Bild und Ton) nutzen.

Auf die sich hieraus ergebenden Überschneidungen und Differenzen zwischen dem Multimodalitätsbegriff der Gesprächsforschung (= Ausdrucksressource) und dem semiotischen Multimodalitätasbegriff (= Zeichenressourcen) kommen wir in Kapitel 5 zurück.

## 4.4 | Anwendungsperspektiven der semiotischen Multimodalitätsforschung

**Weiter Anwendungsbegriff:** Auch wenn sich erste vorsichtige Ansatzpunkte für die praktische Nutzung vorliegender wissenschaftlicher Erkenntnisse der semiotischen Multimodalitätsforschung abzeichnen (vgl. Janich 2012; Stöckl 2011a), so gibt es bisher weder konkrete Erfahrungen mit gelungenen Kooperationsprojekten, noch eine etablierte wissenschaftliche Reflektion darüber in der Angewandten Linguistik. Insoweit können wir am Ende anders als in der Angewandten Gesprächsforschung (s. Kap. 3.4) nur einige Ansatzpunkte aufzeigen für den Bereich eines weiten Anwendungsverständnisses aufzeigen, die sich aus den Befunden dieses Kapitels ergeben.

**Lebensweltliche Relevanz:** Die Suche nach Ansatzpunkten für eine konkrete Zusammenarbeit zwischen Linguist/innen und Praktiker/innen ist gerade in der semiotischen Multimodalitätsforschung deshalb so relevant, weil unsere aktuelle Lebenswelt entscheidend durch Sehflächen geprägt ist. Insoweit werden Kenntnisse hinsichtlich der Rezeption, aber auch der Produktion von Sehflächen gegenwärtig und zukünftig benötigt. Dies gilt gleichermaßen für den Print- wie für den Webbereich, für die Darstellung von Erkenntnissen in der Öffentlichkeitsarbeit und für die Vermarktung von Dienstleistungen und Produkten. Dass der Verweis auf die Zuständigkeit anderer wissenschaftlicher Disziplinen wie die Psychologie oder das betriebswissenschaftliche Marketing keineswegs alle Fragen und Probleme löst, die sich Praktiker/innen bezogen auf den Einsatz von sprachlichen und bildlichen Elemente in Sehflächen stellen, unterstreichen Kegel und von Vieregge (2012: 470 f.), wenn sie darauf verweisen, dass die Ausbildung linguistisch geschulter Texter/innen (mit multimodalen Kompetenzen) in der Werbebranche ein unbedingtes Desiderat darstellt.

Doch obgleich der Sinn einer solchen Kooperation unmittelbar evident zu sein scheint, gibt es eine Vielzahl von strukturellen Problemen, die für den Fall einer Kooperation überwunden werden müssen und von denen einige im Weiteren aufgegriffen werden sollen.

Reflexion der Komplexität: Der erste Ansatzpunkt für eine Kooperation zwischen Praktiker/innen und Linguist/innen besteht darin, sich mit der Komplexität und Widersprüchlichkeit dieser Beziehung auseinanderzusetzen. In diesem Zusammenhang verweist Stöckl (2011a: 6) auf das Problem, dass die Arbeit von Praktiker/innen vielfach durch die ad-hoc-Regeln des aktuellen Tagesgeschäfts geprägt wird, während wissenschaftliches Arbeiten sich an Formen der nachträglichen Beschreibung empirischer Gegenstände (post-hoc-Analysen) orientiert, ein Gegensatz, der auf den ersten Blick schwer überwindbar scheint.

Kegel und von Vieregge (2012: 468 f.) unterstreichen diese Problematik, indem sie vor dem Hintergrund der strukturellen Krise der Werbewirtschaft (vor allem auch durch die medialen Veränderungen hin zur Dominanz hypermedialer Formate (s. Kap. 6)) herausstellen, dass der wirtschaftliche und damit verbundene zeitlichen Druck auf Agenturen und professionelle Werbefachleute deutlich angestiegen ist. Eine Folge davon ist die Tatsache, dass Werbeagent/innen noch stärker auf schnelle Wirkungshypothesen angewiesen zu sein scheinen, ein Potenzial, dass sicher nicht im Kern linguistischen Arbeitens liegt. So muss auch die Angewandte Linguistik bisher als Beobachtungstheorie denn als Prognosetheorie begriffen werden.

Ein dritter struktureller Gegensatz, der sich ebenfalls besonders deutlich für die Werbewirtschaft aufzeigen lässt, besteht in ethischen Differenzen. Hier treffen das häufig unausgesprochene Forschungsethos der Linguistik, das es als anrüchig erscheinen lässt, wenn wissenschaftliche Erkenntnisse ökonomischen bzw. finanziellen Interessen untergeordnet werden (müssen), auf Perspektiven von Praktiker/innen, die in vielen Fällen den Anforderungen des Marktes unterworfen sind, da dieser die Grundlage und die Voraussetzung ihrer Existenz darstellt.

Denkbare Optionen: Für den Umgang mit den angedeuteten Widersprüchen gibt es aus linguistischer Sicht Handlungsoptionen auf unterschiedlichem Niveau:

- Zunächst einmal würde es der semiotischen Multimodalitätsforschung vermutlich gut tun, sich nicht nur auf die Wirtschaftswerbung zu konzentrieren, sondern die **Vielzahl multimodaler Gegenstände** im Bereich von (Non-profit-)Dienstleistungen und Public Relation zu berücksichtigen, die ebenfalls substanziell auf die Nutzung von Sehflächen im Print- und Online-Sektor angewiesen sind, und ebenfalls eine erhebliche Reichweite und Relevanz haben (Behörden, Verbände, Krankenkassen) und in Teilen weniger hektischen und marktorientierten Bedingungen unterliegen.

*Handlungsoptionen*

- Da es in der Forschungsförderung kaum relevante Unterstützungen für praktisch orientierte Projekte gibt und sich bisher kaum etablierte Strukturen eines freien Sponsoring größerer Kooperationsprojekte aus dem Bereich der Wirtschaft finden, scheint der direkteste Weg für die Etablierung von Kontakten zwischen multimodal arbeitenden Linguist/innen und Praktiker/innen über **Praktikant/innen und Alumni** (ehemalige Studierende einer Hochschule bzw. eines konkreten Fachbereichs) zu gehen. In diesem Zusammenhang wäre es hilfreich und für alle Betroffenen nützlich, wenn verpflichtende studienbegleitende Praktika in der Linguistik ebenso zunehmen würden, wie das in der Lehramtsausbildung in vielen Bundesländern (»Praxissemester«) schon geschehen ist. Die Studierenden würden nicht erst nach dem Studium damit beginnen, über ihre beruflichen Perspektiven nachzudenken und Kontakte zu etablieren, die forschenden Lehrenden bekämen einen deutlicheren Einblick in den konkreten (multimodalen) Arbeitsalltag und die Arbeitgeber/innen, würden nicht nur konkrete Erfahrungen mit Linguist/innen machen, sondern gleichzeitig das Potenzial von deren multimodalen Kompetenzen erkennen.
- Zu diesen Potenzialen würde bei einer sorgfältigen Ausbildung der sprachlichen und bildlichen Kompetenzen von Studierenden sicherlich die Fähigkeit gehören, zu beobachten und auszuwerten, eine Fähigkeit, die als Problemlösungskompetenz gerade in Zeiten von Krisen von existenzieller Bedeutung ist. Gleichzeitig könnten solche Erfahrungen die irrige Annahme widerlegen, dass Linguist/innen aufgrund ihrer fehlenden Wirtschaftskenntnisse für praktische Aufgaben nicht qualifiziert wären, während gleichzeitig Psychologie- und BWL-Studierende massenhaft sprachliche und multimodle Probleme lösen, für die sie keinerlei Ausbildung erhalten haben.

**Orientierung an realen Aktant/innen:** Ein zweiter Ansatzpunkt ergibt sich aus den Möglichkeiten der Arbeit mit Praktikant/innen und Alumni:

*Berufsfeldorientierung*
- Sind die angesprochenen praktischen Komponenten im Studium etabliert, so wären Fragen der Multimodalität vor allem für noch berufsoffene Studierende in jedem Fall interessant, da die Multimodalitätsforschung aufgrund ihres Lebensweltbezugs, permanente Ansatzpunkte für die Beobachtung semiotischer Strukturen eröffnet, die noch dazu mit ästhetischen Überlegungen in Verbindung gebracht werden können.
- Mit dem gleichen Argument können multimodale Interessen jedoch auch für **Lehramtskandidat/innen** relevant gemacht werden. So wird es eine langfristig kaum zu ignorierende Aufgabe des schulischen Deutschunterrichts sein, die lebensweltlichen Kompetenzen und Interessen von Schüler/innen (z. B. aus dem Bereich der Hypermedien) in den Deutschunterricht zu integrieren. Dies hätte gerade vor dem Hintergrund des Erziehungsauftrags von Schule den Vorteil, dass eine Reflexion der Möglichkeiten und Grenzen konkreter Sehflächen gleichzeitig auch Perspektiven für die Reflexion des eigenen Umgangs mit diesen Sehflächen eröffnet. Hierbei ist im Unterschied zum Gegenstand der Gesprächsforschung anzumerken, dass es die semiotische

Multimodalitätsforschung im schulischen Deutschunterricht insoweit leichter hat, weil multimodale Gegenstände überall vorzufinden sind und nicht – wie im Fall von authentischen, mühselig erhoben und transkribiert (s. Kap. 3) Daten erst erstellt werden müssen.

**Nutzung von Kontakt:** Hierauf aufbauend würde es im Sinne eines dritten Ansatzpunktes für Angewandte Linguist/innen darum gehen, die Kontakte von Studierenden und Alumni zu nutzen, um beständige Beziehungen zu Praktiker/innen zu etablieren. Hierbei könnte es in einem ersten Schritt sowohl um einen Austausch im Gespräch gehen, als um Formen der teilnehmenden Beobachtung durch Studierende bzw. Alumni, die die Frage fokussieren, wo trotz der beschriebenen strukturellen Probleme Ansatzpunkte für eine für beide Seiten nützlichen Kooperation bestehen.

**Literatur**
Birk, Elisabeth/Halawa, Mark/Mosbach, Doris (2014): Semiotik. In: Netzwerk Bildphilosophie (Hg.): *Bild und Methode. Theoretische Hintergründe und methodische Verfahren der Bildwissenschaft*. Köln: Herbert von Halem Verlag, 127–153.
Hoffmann, Michael H. G. (2001): *Peirces Zeichenbegriff: seine Funktionen, seine phänomenologische Grundlegung und seine Differenzierung*, http://www.uni-bielefeld.de/idm/semiotik/Peirce_Zeichen.html.
Janich, Nina (Hg.) (2012): *Handbuch Werbekommunikation. Sprachwissenschaftliche und interdisziplinäre Zugänge*. München: UTB.
Kegel, Jens/von Vieregger, Henning (2012): Fragen der Praxis an die Wissenschaft. In: Janich, Nina (Hg.): *Handbuch Werbekommunikation. Sprachwissenschaftliche und interdisziplinäre Zugänge*. München: UTB, 467–482.
Kress, Gunther/van Leeuwen, Theo (2006): *Reading Images. The Grammar of Visual Design*. Second Edition. London/New York: Routledge.
Linke, Angelika/Nussbaumer, Markus/Portmann, Paul (2004): *Studienbuch Linguistik*. 5. Aufl. Tübingen: Niemeyer.
Meer, Dorothee/Staubach, Katharina/Uridat, Kim (2018): »SELFIQUEEN« – Sprache-Bild-Texte auf jugendlicher Bekleidung: Multimodalität und Identitätsbildung von Jugendlichen. In: Ziegler, Arne (Hg.): *Jugendsprachen. Aktuelle Perspektiven internationaler Forschung*. Berlin: De Gruyter.
Peirce, Charles Sanders: *Collected Papers of Charles Sanders Peirce* (Bd. 1–6, hg. von Charles Hartshorne and Paul Weiss, 1931–1935, Bd. 7–8, hg. von Arthur W. Burks, 1958). Cambridge: Harvard University Press. (Elektronische Version: InteLex Corporation, 1994).
Saussure, Ferdinand de (1916): *Grundfragen der allgemeinen Sprachwissenschaft*. Berlin: De Gruyter.
Schmitz, Ulrich (2005): Blind für Bilder. Warum sogar Sprachwissenschaftler auch Bilder betrachten müssen. In: *Osnabrücker Beiträge zur Sprachtheorie* 69, 187–227.
Schmitz, Ulrich (2011a): Sehflächenforschung. Eine Einführung. In: Diekmannshenke, Hajo/Klemm, Michael/Stöckl, Hartmut (Hg.): *Bildlinguistik. Theorien – Methoden – Fallbeispiele*. Berlin: Erich Schmidt, 23–42.
Schmitz, Ulrich (2011b): Blickfang und Mitteilung. Zur Arbeitsteilung von Design und Grammatik in der Werbekommunikation. In: *Zeitschrift für Angewandte Linguistik* 54, 70–109.
Schmitz, Ulrich (2016a): Sprachwandel im Augenblick – Kleinteilige Texte auf Sehflächen. In: Kwekkeboom, Sarah/Waldenberger, Sandra (Hg.): *PerspektivWechsel oder: Die Wiederentdeckung der Philologie*. Band 1: *Sprachdaten und Grundlagenforschung in der Historischen Linguistik*. Berlin: Erich Schmidt, 233–247.

Schmitz, Ulrich (2016b): Multimodale Texttypologie. In: Klug, Nina/Stöckl, Hartmut (Hg.): *Handbuch Sprache im multimodalen Kontext*. Berlin: De Gruyter, 327–347.

Spitzmüller, Jürgen (2013): *Graphische Variation als soziale Praxis. Eine soziolinguistische Theorie skripturaler Sichtbarkeit*. Berlin: De Gruyter.

Staubach, Katharina (2017): Multimodale Sehflächen lesen. Eine semiotische Analyse jugendlicher Bekleidung. In: *Zeitschrift für Angewandte Linguistik* 66, 31–58.

Staubach, Katharina (2018): Was verraten Jugendliche über ihre Kleidung? Ergebnisse einer Interview- und Gruppendiskussionsstudie zu Prozessen jugendlicher Selbstinszenierung. In: Neuland, Eva/Benjamin Könning/Elisa Wessels (Hg.): *Jugendliche im Gespräch: Forschungskonzepte, Methoden und Anwendungsfelder aus der Werkstatt der empirischen Sprachforschung*. Frankfurt a. M.: Peter Lang, 151–174.

Stöckl, Hartmut (1998): (Un-)Chaining the floating image. Methodologische Überlegungen zu einem Beschreibungs- und Analysemodell für die Bild/Textverknüpfung aus linguistischer und methodischer Perspektive. In: *Kodikas/Code. Ars Semiotica* 12, 75–98.

Stöckl, Hartmut (2004): *Die Sprache im Bild – Das Bild in der Sprache. zur Verknüpfung von Sprache und Bild im massenmedialen Text. Konzepte. Theorien. Analysemethoden*.Berlin: De Gruyter.

Stöckl, Hartmut (2011): Sprache-Bild-Texte lesen. Bausteine und Methodik zu einer Grundkompetenz. In: Diekmannshenke, Hajo/Klemm, Michael/Stöckl, Hartmut (Hg.): *Bildlinguistik. Theorien – Methoden – Fallbeispiele*. Berlin: Erich Schmidt, 45–71.

Stöckl, Hartmut (2011a): Multimodale Werbekommunikation – Theorie und Praxis. In: *Zeitschrift für Angewandte Linguistik* 54, 5–32.

# 5 Von der Sehfläche zum Text: Multimodale Texte – visuell und audiovisuell

5.1 Textlinguistik und multimodale Texte
5.2 Multimodale Texte und audiovisuelle Textsorten
5.3 Audiovisuelle Texte und ihre mediale Ausarbeitung
5.4 Perspektiven der Anwendung: Multimodalität und audiovisuelle Medien

So nützlich der Begriff der Sehfläche gerade aus angewandt-linguistischer Perspektive ist und so wichtig er für die Weiterentwicklung der multimodalen Analyse von Gebrauchsgegenständen und Medienformaten ist, so sind seine Grenzen jedoch erreicht, wenn die semiotischen (Teil-)Modalitäten **gesprochene Sprache, bewegtes Bild, Musik und Geräusch** mitberücksichtigt werden sollen. So ermöglicht der Begriff der Sehflächen die Beschreibung von statischen Einheiten aus sprachlichen und bildlichen Teilelementen, ist dabei aber entscheidend darauf angewiesen, dass diese mit einem ersten Blick holistisch erfasst werden können (s. Kap. 4.). Zwar ist es – wie wir im Weiteren zeigen werden – auch bei der Analyse bewegter Bilder und gesprochener Sprache notwendig, das Geschehen anhand einzelner Standbilder (*stills*) bzw. eines linearen Transkripts auditiver Daten zu analysieren, aber dabei ist es schon aufgrund der Geschwindigkeit der einzelnen *stills* (durchschnittlich 25 Einstellungen pro Sekunde) wenig sinnvoll, jedes einzelne Standbild in einer detaillierten top-down-Analyse als Sehfläche zu betrachten. Vielmehr besteht der Nutzen des Sehflächenbegriffs gerade darin, die funktionalen Möglichkeiten einer unterschiedlich differenzierten und intensiven Lektüre sprach-bildlicher Einheiten zu erklären. Diese Überlegungen auf bewegte Bilder und die ihnen eigene hohe Geschwindigkeit zu übertragen, wäre nicht sinnvoll. Darüber hinaus bleibt unklar, ob und wie die Kodes von Musik und Geräusch mit dem Konzept der Sehfläche verknüpft werden können.

Aus diesem Grund soll in diesem Kapitel der Begriff des **multimodalen Textes** eingeführt werden, der es in den letzten Jahren ermöglicht hat, semiotisch-linguistische und film- und medienwissenschaftliche Überlegungen zu verknüpfen (vgl. Schneider/Stöckl 2011). Zwar ist die Diskussion darüber, ob eine solche Ausweitung des Textbegriffs auf traditionell medienwissenschaftliche Gegenstände sinnvoll sei, innerhalb der Linguistik keineswegs abgeschlossen, dennoch soll der Versuch unternommen werden aufzuzeigen, wie eine Verknüpfung aus linguistischer Sicht begründbar ist.

Entsprechend wird es uns unter Bezug auf unsere Ausgangsdefinition zur »Angewandten Linguistik« im vorliegenden Kapitel darum gehen, anhand konkreter (authentischer) Daten in Form einer Printanzeige und eines Werbespots die Qualität multimodaler Texte zu erfassen und dabei ausgehend von den Formen und Funktionen dieser Textsorten Rückschlüsse auf ihre spezifische gesellschaftliche Relevanz zu eröffnen. Zu berücksichtigen ist hierbei wie bereits im letzten Kapitel, dass die gewählten Daten rein qualitativer und exploratorischer Art sind und die hieran verdeutlichten Überlegungen anhand von größeren Korpora überprüft werden müssen.

Definition

> In diesem Sinne soll der Begriff des Textes im Rahmen einer *vorläufigen* Definition als eine (potenziell) **multimodale Größe** begriffen werden, die sowohl Sprache-Bild-Texte als auch Filmtexte umfasst. Dabei wird davon ausgegangen, dass multimodale Texte über textuelle Grenzen verfügen (Kriterium der Abgeschlossenheit) und in ihrer Gesamtheit eine oder (in der Regel) mehrere spezifische Funktionen erfüllen.

Vorgehen: Ausgehend von dieser einleitenden Definition wird im ersten Teil des Kapitels die Kategorie des Textes vorgestellt, so wie sie seit den frühen 1980er Jahren in der linguistischen Teildisziplin der Textlinguistik entwickelt worden ist (Kap. 5.1). In diesem Zusammenhang soll einer im letzten Kapitel eingeführten Printanzeige herausgearbeitet werden, dass es aus textlinguistischer Sicht gute Gründe gibt, mit einem weiten Textbegriff zu arbeiten, der nicht nur auf der Grundlage der Modalität der geschriebenen Sprache operiert, sondern es darüber hinaus erlaubt, zusätzlich die Teilmodalitäten ›gesprochene Sprache‹ und ›statisches Bild‹ zu berücksichtigen. Diese textlinguistischen Überlegungen sollen im zweiten Teil des Kapitels anhand der Analyse eines Werbespots dann auch auf die übrigen Modalitäten ›bewegtes Bild‹, ›Musik‹ und ›Geräusch‹ ausgeweitet werden (Kap. 5.2). Diese Ausweitung ergibt sich aus dem modalitätsspezifischen Zusammenspiel unterschiedlicher Kodes im Rahmen von multimodalen Texten wie Werbespots. Hieran anschließend soll die narrative Dynamik der multimodalen Textsorte ›Werbespot‹ unter Berücksichtigung einiger filmwissenschaftlicher Kategorien erweitert werden (Kap. 5.3), bevor abschließend einige Anwendungsperspektiven zum Zusammenhang zwischen Multimodalität und audiovisuellen Medien aufgezeigt werden sollen (Kap. 5.4).

## 5.1 | Textlinguistik und multimodale Texte

Multimodaler Textbegriff: Die **Kategorie des Textes** hat wie die **Kategorie des Gesprächs** (s. Kap. 3) im Rahmen der pragmatischen Wende in den frühen 70er Jahren aufgrund eines generellen wissenschaftlichen Paradigmenwechsels von einer »systemorientierten zu einer kommunikations- und funktionsbezogenen Sprachbetrachtung« (Fix 2008a: 15) an Relevanz gewonnen und die Entstehung der Textlinguistik nach sich gezogen. Doch obgleich textlinguistischen Diskussionen um die Bedeutung des Textbegriffs von Beginn an die gesamte Forschungsrichtung begleitet haben, hat sich bis heute keine einheitliche Definition durchgesetzt (vgl.

Adamzik 2016: 97; Fix u. a. 2002). Allerdings bringt dieser Befund aus analysepraktischer Perspektive durchaus einige Vorteile mit sich, die im Weiteren dargestellt werden sollen. So werden wir im Lauf dieses Kapitels von einem prototypischen Verständnis von Text ausgehen und diesen Ansatz nutzen, um den traditionellen Textbegriff multimodal zu erweitern, so dass er auch für audio-visuelle Medien nutzbar wird (vgl. Fix 2008a: 31 ff.).

**Problematik des Textbegriffs:** Bei der Diskussion um den Kern des Textbegriffs weist Fix darauf hin, dass eine der Schwierigkeiten hinsichtlich der Definition von ›Text‹ in seiner Abgrenzung zu alltagsweltlichen Vorstellungen besteht (Fix 2008a: 17). So würden unbefangene Sprachteilnehmer/innen unter ›Text‹ in der Regel »eine über den Satz hinausgehende, abgeschlossene, thematisch gebundene, sinnvolle sprachliche Einheit« verstehen, wobei in diesem Zusammenhang vorrangig schriftliche Ausführungen im Blick seien (ebd.).

Doch auch jenseits solcher Abgrenzungsprobleme alltagssprachlicher und wissenschaftlicher Gebrauchsweisen des Textbegriffs haben Textlinguist/innen immer wieder die »Unmöglichkeit« der Definition von Text herausgestellt (vgl. Sandig 2000: 93; Adamzik 2004: 47). Von spezifischer Relevanz ist dabei die Frage, ob der Textbegriff ausschließlich auf **schriftliche** oder auch auf **mündliche Aspekte** bezogen wird, sowie die Frage, ob nur **sprachliche** oder auch **andere multimodale Aspekte** im Begriff des Texts miterfasst werden (vgl. Adamzik 2008: 153). Insgesamt lässt sich jedenfalls festhalten, dass eine Entscheidung hinsichtlich der Definition von Text nur im Hinblick auf konkrete Gegenstände und Fragestellungen sinnvoll getroffen werden kann.

Vor diesem Hintergrund soll die Begründung der hier eingeführten Definition von Text im Folgenden schrittweise theoretisch und am Beispiel der in Kapitel 4 genutzten englischen Nivea-Anzeige (s. Abb. 4.10) erläutert werden.

## 5.1.1 | Textualitätskriterien

Wenn es um erste Entscheidungen hinsichtlich der Definition von ›Text‹ geht, bezieht sich die Mehrheit der Textlinguist/innen auf Robert Alain de Beaugrande und Wolfgang Ulrich Dressler, die 1981 sieben Kriterien zur Definition der Kategorie ›Text‹ vorgeschlagen haben. Diese sind **Kohäsion, Kohärenz, Intentionalität, Akzeptabilität, Informativität, Situationalität** und **Intertextualität**. Unter Bezug auf diese Textualitätskriterien haben die Autoren die These aufgestellt, dass alle sieben Kriterien erfüllt seien müssen, damit ein ›Text‹ als kommunikativ angesehen werden kann (ebd.: 3). Die These ist in der Folgezeit immer wieder kontrovers diskutiert worden. Doch während die Annahme der Vollständigkeit der Kriterien seit dem Hinweis von Vater (2001), dass Textualitätskriterien nur textsortenspezifisch bestimmt werden können, kaum noch vertreten wird, wird die Frage, anhand welcher Textualitätskriterien die spezifische Qualität von Texten bestimmt werden kann, bis heute immer wieder gestellt. Insoweit sollen die von de Beaugrande und Dressler ge-

# 5 Von der Sehfläche zum Text: Multimodale Texte – visuell und audiovisuell

Abb. 5.1: Englische Printanzeige von Nivea (https://sites.psu.edu/yuhsuan/2016/02/10/advertising-between-men-and-women/; gesehen am 16.07.2018)

nannten Textualitätskriterien nun zunächst im Detail anhand der bereits im letzten Kapitel eingeführten Printanzeige der Marke ›Nivea‹ (»AKTIVE3«) exemplarisch erläutert werden.

**Kohäsion:** Als erstes und aus ihrer Sicht wichtigstes Kriterium nennen de Beaugrande und Dressler das Kriterium der Kohäsion (vgl. ebd.: 3 ff.). Hierunter fassen die Autoren grammatische Abhängigkeiten, die als Oberflächenphänomene von Texten erkennbar sind. Hierbei haben sie vor allem sprachlich-grammatische Aspekte (wie Flexionsendungen oder pronominale Verweise) im Blick. Bezogen auf die hier analysierte Anzeige von Nivea AKTIVE3 kommen als Form sprachlicher Kohäsion die anaphorische (nach oben verweisende) Wiederaufnahme eines Teils der der Subheadline »3 IN 1« im Produktnamen als »AKTIVE3« in den Blick. Bezogen auf multimodale Gegenstände wird es jedoch im Weiteren notwendig sein, nicht nur sprachliche Kohäsionsmerkmale zu berücksichtigen, sondern auch bildliche und tonale Rekurrenzen an der textuellen Oberfläche.

Konkret zu nennen ist hier z. B. die ikonische Realisierung der Headline »SHOWER, SHAMPOO & SHAVE«, die Wiederaufnahme der (den Mann rasierenden) Frau im Zusatz der Headline »GIRL (NOT INCLUDED)«, aber auch die rekurrente farbliche Gestaltung der Anzeige über die Farben ›blau‹ und ›weiß‹. Alle drei Formen der Wiederaufnahme stellen ein Mittel der (bildlichen) Kohäsion dar. Im Anschluss an Kress und van Leeuwen (s. Kap. 4.2.2) wären aber auch als Vektoren genutzte Gesten und Blicke als Form der Kohäsion zu werten. Dies zeigt sich in der Anzeige im gemeinsamen Blick der beiden Protagonist/innen auf die Rasurhandlung der Frau.

**Kohärenz:** Unter dem Kriterium der Kohärenz verstehen die Autoren die semantisch-inhaltlichen Zusammenhänge zwischen unterschiedlichen Textteilen, die keineswegs immer explizit an der Textoberfläche erkennbar sein müssen. Häufig können sie nur als interpretative Leistung der Rezipient/innen erkannt werden. Diese Zusammenhänge können kausale, thematisch-referenzielle und zeitliche Aspekte darstellen (vgl. de Beaugrande/Dressler 1981: 5 ff.).

Ein solcher Zusammenhang auf der Ebene der Kohärenz ließe sich in der Printanzeige beispielsweise anhand des (semantischen) Merkmals der ›männlichen Rasur‹ nachweisen, das sowohl im *Catch Visual* der Anzeige (dem zentralen Bildelement), als aber auch in der sprachlichen Erwähnung der Rasur (»SHAVE«) realisiert wird. Zusätzlich ließe sich das Merkmal der ›Zufriedenheit‹ nachweisen, das sich sowohl im Blick des Mannes als auch dem der Frau ausdrückt und sich zusätzlich sprachlich realisiert im Slogan der Anzeige »WHAT MEN WANT« wiederfindet. Auch auf der Ebene der Kohärenz können Vektoren wie Blicke als kausal motivierte Zusammenhänge genannt werden: So ist der Blick der beiden Protagonist/innen in der Printanzeige nicht nur aus der Perspektive der Kohäsion relevant, sondern es stellt auch einen kohärenten Zusammenhang zwischen dem Ausdruck der Zufriedenheit im Gesicht des Paares und der Rasurhandlung her. An dieser Stelle ist somit gut erkennbar, dass Kohäsion und Kohärenz häufig Hand in Hand gehen.

Im Rahmen der Rezeption der Überlegungen von de Beaugrande und Dressler waren vor allem die beiden Kriterien der Kohäsion und der Kohärenz Ansatzpunkt für Kritik an der These der Autoren, dass alle Textualitätsmerkmale erfüllt sein müssten, damit ein Text als Text bestimmt werden kann. So lassen sich schnell Gegenbeispiele finden, in denen das eine oder das andere Kriterium nicht erfüllt ist: Zu nennen wäre hier der Werbeslogan von Saturn »Wir lieben Technik. Wir hassen teuer«, der das Kriterium der Kohäsion im zweiten Teil des Parallelismus gezielt verletzt.

Fix weist unter Bezug auf de Beaugrande und Dressler darauf hin, dass die Autoren selbst bereits die Möglichkeit von »Ersatzfunktionen« im Blick hatten, mit denen das Fehlen einzelner Merkmale durch andere Aspekte kompensiert werden kann (Fix 2008a: 20). So ist das Schild »Prüfung« an der Tür eines Hochschullehrenden durch die spezifische Situation auch dann kommunikativ und damit verständlich, wenn das Merkmal der Kohäsion nicht sprachlich erfüllt wird (in Form des Satzes: »Weil in diesem Raum eine Prüfung stattfindet, sollten Sie nicht klopfen oder eintreten!«). Ähnliches gilt für die Headline der Nivea-Werbung »SHOWER, SHAMPOO & SHAVE«, die trotz ihres unflektierten Zustands und fehlender prädikativer Zuordnungen (fehlende Kohärenz) aufgrund der Situation und des Bedürfnisses von Rezipient/innen, Texte im Hinblick auf ihre Funktion »lesen« zu können und damit akzeptabel zu machen, problemlos mit dem abgebildeten Shower-Gel und dessen Beschreibung als »3 IN 1« kohärent zusammengedacht werden kann. Insoweit lässt sich bereits hier festhalten, dass nicht alle von de Beaugrande und Dressler genannten Textualitätsmerkmale zwingend erfüllt sein müssen, damit ein Text kommunikativ erfolgreich ist. Vielmehr lässt sich vermuten, dass das Fehlen konkreter Textualitätskriterien geradezu spezifischer Teil konkreter Textsortenmuster sein kann.

Beide Merkmale, Kohäsion und Kohärenz, können als textinterne Merkmale charakterisiert werden, während sich die beiden folgenden Merkmale, die **Intentionalität** und **Akzeptabilität** auf die Einstellung der Produzent/innen und der Rezipient/innen von Texten bezieht. Während das Kriterium der Intentionalität nach de Beaugrande und Dressler die Bereitschaft von Textproduzent/innen betrifft, mit ihrem Text ein bestimmtes Ziel zu erreichen, bezieht sich das Kriterium der Akzeptabilität auf die Erwartung von Rezipient/innen, dass ein Text einen bestimmten Nutzen für sie erfüllt (vgl. ebd.: 9).

Textfunktion: Nun ist an unterschiedlichen Stellen zu Recht darauf hingewiesen worden, dass Intentionalität und Akzeptabilität weniger Kriterien für die Definition der Kategorie Text darstellen, als vielmehr Voraussetzung für jegliche Art der Kommunikation sind. Insoweit hat sich an dieser Stelle die Vorstellung durchgesetzt, dass die Kriterien der Intentionalität und der Akzeptabilität durch das Kriterium der Textfunktion zusammengefasst werden können. Eine solche Interpretation ist auch durch die Überlegungen von de Beaugrande und Dressler gedeckt, die darauf hingewiesen haben, dass ›Intentionalität‹ die Absicht von Textproduzent/innen zu verstehen ist, einen kohärenten und kohäsiven Text mit einer Funktion und einem Ziel herzustellen, das von Rezipient/innen auch erkannt wird (vgl. de Beaugrande/Dressler 1981: 8 f.).

Bezieht man diese Annahme nun auf die hier analysierte Anzeige, so lässt sich sowohl in seiner Gesamtheit als auch im Detail nachweisen, dass es in der Printwerbung darum geht, das beworbene »3 IN 1 SHOWER GEL« als besonders attraktive Form der Körperhygiene erscheinen zu lassen (Intentionalität und Akzeptabilität). Diese Funktion wird im Detail u. a. dadurch erfüllt, dass beide abgebildeten Protagonist/innen einen deutlich zufriedenen Gesichtsausdruck haben und die abgebildete Frau insgesamt als Zugabe verstanden werden kann, auch wenn die Headline explizit das Gegenteil behauptet, was die Wirkung der Zugabe verstärkt.

Insgesamt lässt sich bezogen auf die vier genannten Kriterien die Relevanz der Kohäsion und Kohärenz eines Textes für die Aspekte der Intentionalität und Akzeptabilität herausstellen. Alle vier Kategorien gemeinsam ermöglichen es, die Funktion eines Textes zu erkennen. Insoweit folgen wir der verbreiteten Annahme, dass die Kategorie der Funktion zentral für die Definition von Text ist.

**Informativität:** Als fünftes Kriterium nennen de Beaugrande und Dressler das Kriterium der Informativität und meinen damit das Ausmaß der »Erwartbarkeit bzw. Unerwartetheit, Bekanntheit und Unbekanntheit/Ungewissheit der dargebotenen Textelemente« (vgl. ebd.: 10 f.). Dieses Kriterium, das je nach spezifischer Textsorte sicherlich unterschiedlich relevant ist, ist für Werbetexte wie den hier analysierten sicherlich von erheblicher Bedeutung, wenn man berücksichtigt, dass die Chancen für eine Printanzeige, aufgrund der Flüchtigkeit der Rezeptionssituation überhaupt wahrgenommen zu werden, eher gering ist. Bereits aus einer solchen Perspektive ist erwartbar, dass Printanzeigen auf »Überraschungen«, auf Unerwartetes zurückgreifen müssen, um sich die Aufmerksamkeit von Rezipient/innen sichern zu können. In diesem Zusammen ist auch die Annahme von de Beaugrande und Dressler relevant, dass »sich Textrezipienten durch Inhalt, den sie selbst beisteuern, leichter überzeugen« lassen, »fast als ob sie die Behauptung selbst aufstellen würden« (ebd.: 10).

Aus einer solchen Perspektive kommt in der Nivea-Werbung zunächst einmal vor allem die weibliche Dienstleistung des Rasierens in den Blick, die einerseits keine Selbstverständlichkeit ist, also unverhofft kommt, andererseits aber aus genderspezifischer Sicht darauf setzt, dass für Rezipienten der Anzeige damit gleichzeitig (vermeintlich typisch) weibliche Attribute wie ›Zärtlichkeit‹, ›Sorgfalt‹ ›Fürsorge‹ und vor allem ›Erotik‹ bei der Nutzung von ACTIVE3 erwartbar werden.

**Situationalität:** Das sechste Textualitätskriterium von de Beaugrande und Dressler ist das der Situationalität. Mit diesem Kriterium nehmen die Autoren sowohl die spezifischen Gebrauchsbedingungen eines Textes in den Blick, als auch die textimmanenten Elemente, die diese spezifische Situation reflektieren (vgl. ebd.: 12). Hierauf aufbauend lässt sich die Relevanz dieses Kriteriums nicht nur textimmanent anhand der Anzeige verdeutlichen, sondern auch aus einer Metaperspektive: So unterscheidet sich die Funktion der Printanzeige von Nivea deutlich, je nachdem ob Rezipient/innen sie in einer TV-Zeitschrift finden (Funktion: Bewerbung des Duschgels), auf der Website einer Werbeagentur als Best Practice-Beispiel für gegenderte Werbung (Funktion: Bewerbung der Werbeagentur, die die Werbung erstellt hat) oder in einem Schulbuch (Funktion: Analysebeispiel für sprachreflexiven Deutschunterricht). Damit wird einerseits deutlich, dass es einen engen Zusammenhang zwischen der Textfunktion und dem Kriterium der Situationalität gibt, andererseits unterstreichen diese Erläuterungen die Tatsache, dass die Funktionalität eines Textes immer auch an außersprachliche Faktoren geknüpft ist.

Bezogen auf Printanzeigen kam das Kriterium der Situationalität bereits in den Blick, als wir auf die Flüchtigkeit der Rezeption von Printanzeigen hingewiesen haben. Dieser, für die Rezeption der Textsorte ›Printanzeige‹ typische Aspekt ist prägend für seine Situationalität. Dies schlägt sich nicht nur in der hohen Dichte von Unerwartetem in Printanzeigen nieder, sondern vor allem auch in der Relevanz von Bildelementen in Frontstellung, da diese – wie in Kapitel 4 bereits erwähnt – höhere Chancen haben, schnell wahrgenommen zu werden, länger behalten zu werden und Betrachter/innen in höherem Maße zu emotionalisieren.

Intertextualität: Als siebtes und letztes Kriterium gehen de Beaugrande und Dressler auf die Intertextualität und verstehen darunter die Abhängigkeit des Textverständnisses von vorhergehenden Texten und deren Kenntnis (vgl. ebd.: 12 f.). Die Autoren verweisen direkt darauf, dass das Kriterium der Intertextualität entscheidend für die Bestimmung konkreter Textsorten ist, da Rezipient/innen Textsorten anhand von rekurrenten Mustern erkennen (vgl. ebd.: 13). Damit referieren sie auf die Tatsache, dass wir eine Printanzeige wie die in Abbildung 5.1 nur dann als Printanzeige erkennen, wenn wir andere Printanzeigen aufgrund von wiederkehrenden Merkmalen und Mustern bereits als Textsorte zu identifizieren gelernt haben. Insoweit soll dieses Kriterium im Weiteren nicht nur als Textualitätsmerkmal behandelt werden, sondern gleichzeitig als Voraussetzung für die Bestimmung der Kategorie der Textsorte und des Textsortenmusters (s. dazu Kap. 5.1.2).

Schlussfolgerung: Bevor wir jedoch im Weiteren näher auf den Aspekt der Textsortenspezifik eingehen, soll diesen Abschnitt abschließend im Hinblick auf unser Analysebeispiel herausgestellt werden, dass wir im Lauf dieses Abschnitts parallel zur Erläuterung der Textualitätsmerkmale damit nachweisen konnten, dass es sich bei der Printanzeige, einer multimodalen Sehfläche bestehend aus sprachlichen und bildlichen Elementen, im Sinne von de Beaugrande und Dressler um einen Text handelt, da alle Textualitätskriterien erfüllt sind.

Nicht hinreichend geklärt ist damit jedoch die Frage, was eine Textsorte wie die bisher analysierte Printanzeige von anderen Textsorten unterscheidet.

## 5.1.2 | Textsortenspezifik und textsortenspezifische Muster

Ausgehend von der Frage, wie Textsorten (z. B. Printanzeigen) in ihrer Spezifik und in Abgrenzung zu anderen Textsorten erfasst werden können, soll in diesem Kapitel die Idee aufgegriffen werden, Textualitätsmerkmale für die Bestimmung konkreter Textsorten anhand von textsortenspezifischen Mustern zu nutzen. Dabei muss allerdings erneut darauf hingewiesen werden, dass die bisher diskutierten Textualitätsmerkmale hierfür weder alle zwingend noch zwangsläufig ausreichend sind. Dies wird schnell offensichtlich, wenn man sich klar macht, dass ein entscheidendes Merkmal der Textsorte ›Printanzeige‹ die Relation zwischen sprachlichen und bildlichen Elementen bildet, wohingegen das für einen Roman beispielsweise nicht gilt.

**Prototypische Textdefinition:** Sandig macht den Vorschlag, die Kategorie ›Text‹ unter Nutzung der Textualitätsmerkmale anhand der Prototypentheorie zu bestimmen. Sie geht davon aus, dass die Kategorie ›Text‹ zwar prototypisch anhand eines Sets unterschiedlich gewichteter Merkmale im Sinne de Beaugrandes und Dresslers beschrieben werden kann, die jeweiligen Kategorien jedoch in Abhängigkeit von der Textsorte mal mehr, mal weniger zutreffen (vgl. Sandig 2000: 97). Im Rahmen eines solchen prototypischen Verständnisses von Text findet sich ein Kern zentraler Merkmale, um den herum optionale weitere, nur partiell wichtige Merkmale angesiedelt sind.

Ohne an dieser Stelle auf alle von Sandig angeführten Merkmale (vor allem des äußeren Kreises) eingehen zu können, lassen sich an der Abbildung 5.2 zwei Dinge verdeutlichen:

*Zentrale Schlussfolgerungen*

- Sandig unterstreicht die Relevanz der **Funktion** eines Textes, die wir in unserer oben gegebenen Definition von Text aus diesem Grund auch zum Kern der Bestimmung von ›Text‹ gemacht haben. Denn aus ange-

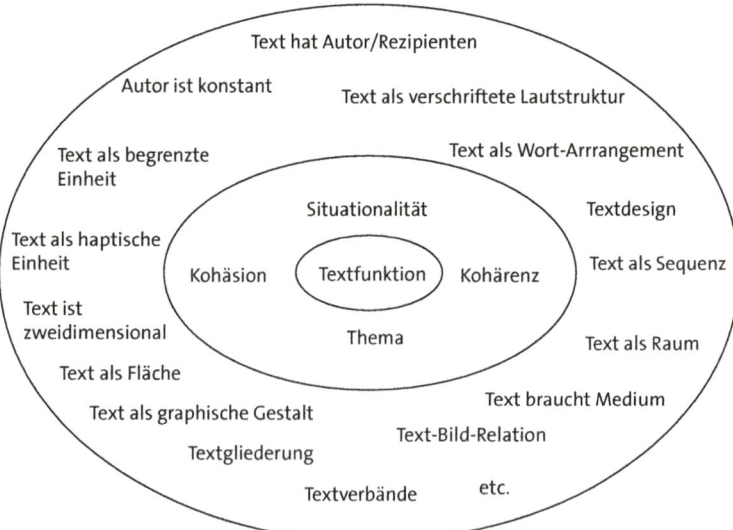

Abb. 5.2:
Prototypische
Textdefinition
(nach Sandig 2000: 108)

wandt linguistischer Sicht ist die Funktion eines Textes aufgrund ihres gesellschaftlichen Bezugs von ausschlaggebender Bedeutung (s. auch Kap. 2). Nur wer weiß bzw. erkennt, welche Funktion ein Text erfüllt bzw. erfüllen soll, versteht, worum es geht und warum der Text bedeutsam ist. Allerdings ist zu beachten, dass Texte häufig nicht auf eine Funktion festgelegt werden können, sondern je nach Fokussierung unterschiedliche Funktionen erfüllen können.
- Darüber hinaus betont die Skizze aber auch die Notwendigkeit, konkrete Texte flexibel als **Exemplare einer Textsorte** anhand spezifischer Kategorien zu erfassen. In diesem Sinne wurde bereits exemplarisch darauf hingewiesen, dass Printanzeigen (aus dem Bereich der Wirtschaftswerbung) neben dem Merkmal der werbenden Funktion den Aspekt der Sprache-Bild-Relation enthalten.

Eine detaillierte Bestimmung der prototypischen Merkmale der Textsorte ›Printanzeige‹ müsste anhand der Analyse eines Korpus unterschiedlicher Printanzeigen empirisch erfolgen. Das, was dabei deutlich würde, könnte als **textsortenspezifisches Muster** beschrieben werden. Die Kenntnis solcher textsortenspezifischen Muster ist sowohl für die Produktion wie die Rezeption von Textsorten entscheidend, da sie einen »ordnende[n] Zugriff auf die Welt« darstellen (Fix 2008b: 86).

Textsortenspezifische Muster: Zur Bestimmung von textsortenspezifischen Mustern können im Anschluss an Fix (2008b: 68) drei Ebenen unterschieden werden, die sich an den folgenden Fragen orientieren:
- Worum geht es thematisch in einer Textsorte?
- Welche Funktion erfüllt eine Textsorte?
- Welche stilistischen und formbezogenen Elemente nutzt eine Textsorte?

Ebenen zur Bestimmung textsortenspezifischer Muster

Nutzt man diese Fragen im Hinblick auf die Charakteristik der Textsorte ›Printanzeige‹, so ließe sich etwa Folgendes festhalten:
- Aus **thematischer Sicht** geht es in Printanzeigen (aus dem Bereich der Wirtschaftswerbung) darum, Verwendungsmöglichkeiten oder positive Effekte eines Produkts oder einer Dienstleistung (häufig in Form einer Geschichte) zu präsentieren.
- Aus **funktionaler Sicht** dienen positive Darstellungen in Printanzeigen dazu, die Attraktivität der gezeigten Produkte/Dienstleistungen hervorzuheben und die Rezipient/innen potenziell zum Kauf/zur Nutzung zu veranlassen.
- Bezogen auf **stilistische und formbezogene Aspekte** ließe sich zum einen festhalten, dass es sich bei Printanzeigen typischerweise um Sprache-Bild-Texte (und damit Sehflächen) handelt, die sowohl auf sprachlicher wie auch auf bildlicher Ebene bemüht sind, durch Auffälliges (häufig Regelabweichungen) die Aufmerksamkeit der Rezipient/innen auf das beworbene Produkt zu lenken.

Ebenen textsortenspezifischer Muster bezogen auf Printanzeigen

Textsortenspezifik von Printanzeigen: Nutzt man diese Differenzierung, so verdeutlicht die Analyse eines Korpus von Printanzeigen aus stilistischer Sicht vermutlich, dass Kohärenzbrüche typisch sind für Printanzeigen (vgl. Ziem 2012). Einen solchen **Kohärenzbruch** kann man z. B. darin erkennen, dass der abgebildete Mann (s. Abb. 5.1) genussvoll von einer Frau rasiert wird, obgleich die Headline herausstellt, dass dieser Service des rasierenden »GIRL« nicht im beworbenen Produkt enthalten ist. Diese Art des Kohärenzbruchs zielt in Printwerbungen darauf, die Aufmerksamkeit durch Formen der Verfremdung auf die beworbenen Produkte zu lenken und damit aus thematischer und funktionaler Perspektive zu verdeutlichen, worum es in diesem Exemplar einer Textsorte geht.

Diese Feststellung verweist auf eine weitere Spezifik von Printwerbung, die darin besteht, dass Printwerbung in einem hohen Ausmaß **gegendert** ist. Das bedeutet, dass sie sich in der Regel speziell an ein Geschlecht wendet oder zumindest die Bewerbung eines Geschlechts dominant setzt. In der vorliegenden Anzeige wird diese Annahme deutlich bestätigt, insoweit, als der in der Nivea-Anzeige abgebildete Mann in Frontstellung zu sehen ist, während die abgebildete Frau auf ihn und seine Rasur fokussiert ist und hierbei eine dominant dienende Position einnimmt. Diese Form der Unterordnung wird sprachlich auch dadurch unterstrichen, dass die Frau als »GIRL« bezeichnet wird.

Dass es bei all dem um die Bewerbung des Duschgels von Nivea geht (und nicht etwa darum, eine Liebesgeschichte zu erzählen), erkennt man nicht nur am sprachlichen Kommentar, dass die Dienstleistungen der Frau nicht im Shampoo enthalten sind, sondern auch daran, dass die Bilddiagonale unseren Blick abschließend (unten rechts in der Anzeige) auf das Shampoo lenkt. Dabei wird die **Fokussierung auf das Produkt** nicht nur durch die Bilddiagonale verstärkt, sondern auch durch den Vektor des rasierten Streifens auf der Brust des Mannes, der ebenfalls auf das Shampoo verweist.

Zusammenfassend lässt sich festhalten, dass es uns im bisherigen Kapitel darum gegangen ist, die Kategorie des Textes aus theoretischer und exemplarischer Perspektive multimodal zu erweitern und unter Nutzung eines Teils der traditionellen Textualitätsmerkmale die Kategorie des Textes als prototypisch strukturiertes Möglichkeitsfeld zu begreifen, in dessen Rahmen sich unterschiedliche **Textsorten** anhand von unterschiedlichen **Textmustern** bestimmen und voneinander unterscheiden lassen. Was wir unter Bezug auf unsere Eingangsdefinition bisher jedoch noch nicht genauer betrachtet haben, ist das Merkmal der Abgeschlossenheit bzw. der Begrenztheit von Texten.

### 5.1.3 | Textuelle Grenzen/Abgeschlossenheit von Texten

Das **Kriterium der Abgeschlossenheit** wurde in der Definition zu Beginn dieses Kapitels zwar aufgenommen, jedoch zunächst nicht weiter begründet. Dies scheint auf den ersten Blick auch unproblematisch zu sein: Wir erkennen schon anhand des Buchdeckels eines Romans, den Flächen einer Milchverpackung und den Seitenbegrenzungen einer Printanzeige aufgrund externer Kriterien, dass Texte – auch im hier definierten weiten Sinne – begrenzt sind. Dennoch soll an dieser Stelle hervorgehoben werden, dass dieses Kriterium in der Kriterienliste von de Beaugrande und

Dressler nicht vorkommt. Insoweit kann man festhalten, dass das Kriterium der Abgeschlossenheit des Textes in der Diskussion um die Definition der Kategorie ›Text‹ zwar häufig vorausgesetzt, selten jedoch empirisch rekonstruiert worden ist (Hausendorf u. a. 2017: 137–139).

Für unseren Zusammenhang ist entscheidend, dass die Annahme der Abgeschlossenheit von Texten zum einen bezogen auf das Kriterium der Intertextualität nicht ganz einleuchtet, zum anderen hinsichtlich der im nächsten Kapitel behandelten Hypertexte empirisch nicht haltbar ist:

- **Intertextualität:** So könnte man zum einen unter Verweis auf die intertextuellen Beziehungen eines jeden Textes Zweifel an der Abgeschlossenheit von Texten anmelden. Auch wenn dieses Argument durchaus seine Berechtigung hat, da Texte sowohl auf inhaltlicher als auch auf textsortenspezifischer Ebene ihre Bedeutung nur vor dem Hintergrund bereits bestehender anderer Texte und Textsorten gewinnen, so gibt es dennoch auch Gründe, zwischen diesen intertextuellen Beziehungen kein Gegenargument zur Annahme der Begrenztheit zu sehen: Man könnte hier argumentieren, dass es gerade die Begrenztheit des Einzeltextes ist, die die Beziehung zu anderen, ebenfalls in sich selbst abgeschlossenen Einzeltexten auf der Form- wie auf der Inhaltsebene erkennbar macht.

- **Hypertextualität:** Entscheidender scheint ein zweiter Einwand zu sein, der vor allem im Hinblick auf neuere hypertextuelle Textsorten relevant ist. So finden sich hier zum einen Textsorten wie Kommentarlisten, Mailinglisten, Blogs o. Ä., die in gewissem Sinne **unabgeschlossene Endlostexte** bilden, da sie ohne definierte Grenzen potenziell unendlich verlinkt sind bzw. verlinkt werden können. Dieses keineswegs banale Gegenargument wird zusätzlich dadurch unterstrichen, dass die Formen der **textimmanenten Verlinkung** innerhalb einer Vielzahl hypertextueller Formate ebenfalls häufig die Relevanz abgeschlossener Texteinheiten auflöst, indem wir uns in der Rezeption von Link zu Link klicken, ohne »ganze Texte« von Anfang bis Ende zu rezipieren.

*Gründe gegen die Annahme der Abgeschlossenheit*

Ohne die Relevanz dieser hypertextuellen Veränderungen bestreiten zu wollen, möchten wir darauf im nächsten 6. Kapitel zur Hypertextlinguistik zurückkommen, an dieser Stelle jedoch erst einmal das Kriterium der Abgeschlossenheit für eine Vielzahl von Texten annehmen.

**Interne und externe Abgrenzungshinweise:** Damit wäre aber zu klären, woran wir die Abgeschlossenheit eines Textes erkennen. Hier ist es sinnvoll, zwischen internen und externen Abgrenzungshinweisen zu unterscheiden. Unter externen Abgrenzungshinweisen sollen auf den ersten Blick erkennbare materielle Grenzen wie Buchdeckel, Plakatränder oder Briefumschläge verstanden werden, während die Kategorie der internen Hinweise auf Textanfangs- oder Textendelemente verweist, ebenso wie auf Merkmale der Typografie und des Layouts oder auch auf die Anordnung von Bildelementen.

**Beispielanalyse:** Beziehen wir diese Überlegungen auf die in diesem Kapitel analysierte Printanzeige, so ließe sich aus materiell externer Sicht beim Durchblättern einer Illustrierten bereits an den Seitenbegrenzungen der Zeitschrift erkennen, dass die Anzeige einen abgeschlossenen Text darstellt. Darüber hinaus deutet auch die Rahmung des *catch-visuals* durch die weißen Linien und die Positionierung des beworbenen Produkts (*key-visual*) am Ende der Anzeige auf Text-, und damit auf Wahrnehmungsgrenzen hin.

Schaut man sich diese Anzeige im Hinblick auf interne Abgrenzungshinweise an, so unterstreicht die Tatsache, dass alle bildlichen und sprachlichen Informationen innerhalb der weißen Linien zu finden sind und nur der Firmen- und der Produktname außerhalb der Linien angesiedelt sind, dass der Text seine Funktion mit der Zurkenntnisnahme des Produktes mit seinen Eigenschaften erfüllt hat. Und auch die Fokussierung des Blicks der beiden Protagonist/innen auf die Produktanwendung unterstreicht textintern die Relevanz und damit die thematische Abgeschlossenheit dieses Motivs.

**Zwischenfazit:** Insoweit lässt sich im Hinblick auf die eingeführte Definition von Text festhalten, dass multimodale Phänomene wie Printanzeigen, aber auch in diesem Kapitel nicht speziell analysierte Sehflächen wie Produktverpackungen, T-Shirt-Aufdrucke oder Plakate etc. (s. dazu Kap. 4) ebenfalls als Text bestimmt werden können, da sie innerhalb erkennbarer Grenzen alle relevanten Textualitätskriterien erfüllen und konkreten Textsorten zugeordnet werden können.

Unter Bezug auf diese Erkenntnisse soll die einleitende Definition von Text hier um einige Aspekte erweitert werden:

**Eine erweiterte Definition**

Der Begriff des Textes wird als eine (potenziell) **multimodale Größe** begriffen. Dabei soll im Anschluss an de Beaugrande und Dressler davon ausgegangen werden, dass der Nachweis hinsichtlich der Richtigkeit dieser Annahme anhand von Textualitätskriterien geführt werden kann. In diesem Sinne handelt es sich bei einem multimodalen Text um eine abgeschlossene Einheit, die in ihrer Gesamtheit eine oder mehrere spezifische **Funktionen** erfüllt. Unter Bezug auf Sandigs prototypischen Textbegriff soll weiter davon ausgegangen werden, dass unterschiedliche **Textsorten** über verschiedene Textmuster verfügen, die sich auf spezifische Textualitätskriterien beziehen. Diese können nur empirisch anhand konkreter Korpora bestimmt werden.

Damit soll im nächsten Schritt ausgehend von dieser Definition am Beispiel eines Werbespots der Frage nachgegangen werden, inwieweit auch audio-visuelle Phänomen als multimodale Texte gefasst werden können.

## 5.2 | Multimodale Texte und audiovisuelle Textsorten

In diesem Teilkapitel soll exemplarisch anhand eines konkreten Werbespots ein erster Blick auf die Analyse von Texten mit bewegten Bildern, gesprochener Sprache, Musik und Geräuschen geworfen und damit die

Relevanz **audiovisueller Textsorten** für die mediale Gegenwart unterstrichen werden. Als Beispiel dient ein 2014 auf YouTube hochgeladener Werbespot der Firma »Coca-Cola« (https://www.youtube.com/watch?v=ZONZsklgOjw), anhand dessen die Gemeinsamkeiten und Unterschiede zu den bisher behandelten Sprache-Bild-Texten herausgestellt werden sollen. Gleichzeitig wird es darum gehen, erste Einblicke in die Komplexität multimodaler Beziehungen im Rahmen einer filmischen Textsorte zu ermöglichen. Auch dabei wird es aus **empirischer Perspektive** nur um die explorative Analyse eines spezifischen audiovisuellen Textes gehen und nicht um die Analyse eines größeren Korpus.

Transkription: Zu beachten ist jedoch sowohl für das einzelne Beispiel wie aber natürlich auch für die Erstellung eines größeren Korpus bspw. von Werbespots, dass die multimodale Analyse dieser Textsorte aus linguistischer Perspektive nur möglich ist, wenn die Spots in einem ersten Schritt transkribiert und damit der langsamen und wiederholten Detailanalyse zugänglich gemacht werden. Auch wenn ein solches Transkript natürlich immer an interpretatorische Vorentscheidungen geknüpft ist (s. Kap. 3.1), bildet eine Transkription eine unumgängliche Voraussetzung für eine Analyse, die das Zusammenspiel der einzelnen Modalitäten im Prozess der Bedeutungskonstitution des Gesamttextes verdeutlichen will.

## 5.2.1 | Transkription eines Werbespots

Transkriptionskonventionen: Bei der Analyse des angeführten Spots bedienen wir uns des in Kapitel 3.3 eingeführten Transkriptionsverfahrens aus dem Bereich der Gesprächsforschung (das gesamte Transkript findet sich im Anhang dieses Bandes sowie unter https://www.springer.com/de/book/9783476048554). Hierbei werden auf der Grundlage des Transkriptionssystems GAT 2 multimodale Informationen zum einen durch Standbilder oberhalb der gesprochen-sprachlichen Transkriptionszeile ergänzt, zum anderen weitere Informationen unterhalb der gesprochen-sprachlichen Transkriptionszeile hinzugefügt (vgl. Stukenbrock 2009; Weidner 2017). Bezogen auf den hier zu analysierenden YouTube-Werbespot bietet es sich an, je nach Bedarf folgende drei Zeilen unterhalb des verbalen Transkripts zu ergänzen:
- Eine Zeile für allgemeine Kommentare, die gegebenenfalls auch für Hinweise auf die Nutzung der Kamera vorgesehen ist (Sigle: Ko),
- eine Zeile, die Kommentare zur Musik enthalten kann (Sigle: Mu) und
- eine Zeile, die Kommentare zu genutzten Geräuschen (Sigle: Ge) enthalten kann.

Sollten die ergänzenden Zeilen nicht benötigt werden, da beispielsweise keine Musik oder keine Geräusche zu hören sind, bzw. Kommentare zur Kameraeinstellung oder -perspektive nicht über das ausgewählte Standbild hinaus benötigt werden, können diese Zeilen auch wegfallen (bis zu dem Punkt, an dem sie benötigt werden).

Damit bleibt somit die »Anker-Modalität«, wie in der Gesprächsforschung weitgehend üblich, die gesprochene Sprache, die jedoch je nach Gegenstand und Fragestellung durch andere modale Aspekte ergänzt werden kann. Entscheidend bezogen auf die gesprochene Sprache ist die durch GAT festgelegte Konvention, dass die verbale Transkriptzeile jeweils genau eine Intonationsphrase (s. Kap. 3.1) enthält. Geschieht verbal zu einem gegebenen Zeitpunkt nichts, so muss wie bei gesprochensprachlichen GAT-Transkripten eine Pause in der verbalen Zeile notiert werden, während der jedoch möglicherweise Musik zu hören ist, die dann in der entsprechenden Zeile notiert wird.

**Erläuterung des multimodalen Transkriptionsverfahrens (Standbildverfahrens)**

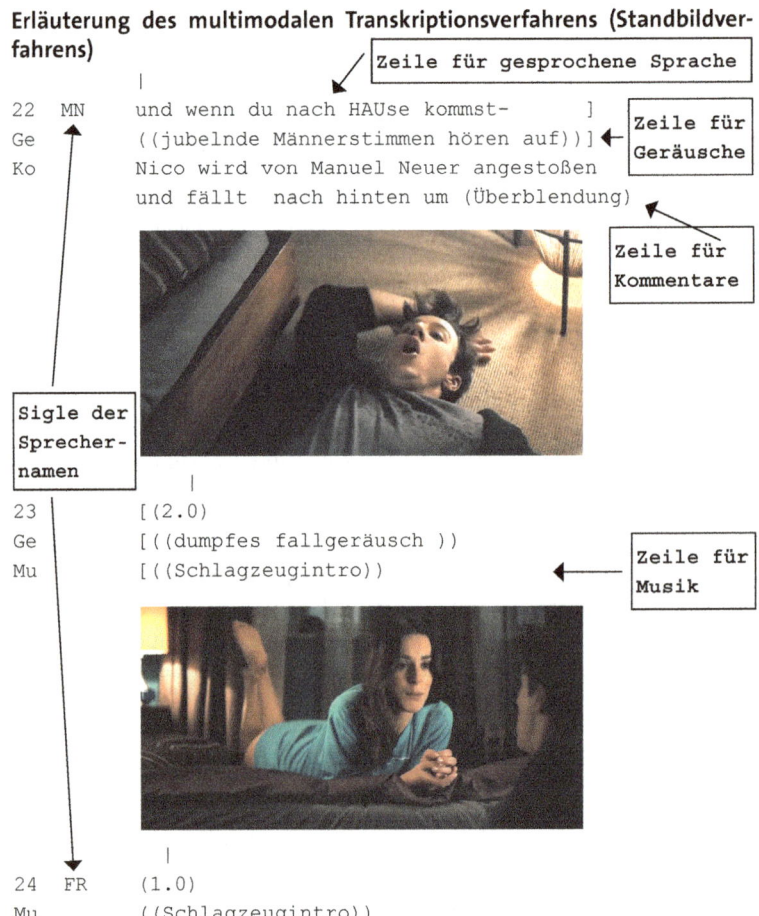

```
                           Zeile für gesprochene Sprache
            |
22    MN    und wenn du nach HAUse kommst-      ]
      Ge    ((jubelnde Männerstimmen hören auf))]   Zeile für
      Ko    Nico wird von Manuel Neuer angestoßen    Geräusche
            und fällt   nach hinten um (Überblendung)
                                                    Zeile für
                                                    Kommentare
Sigle der
Sprecher-
namen
            |
23          [(2.0)
      Ge    [((dumpfes fallgeräusch ))
      Mu    [((Schlagzeugintro))              Zeile für
                                              Musik

            |
24    FR    (1.0)
      Mu    ((Schlagzeugintro))
```

**Begründung des Transkriptionsverfahrens:** Die Entscheidung, die gesprochene Sprache als Anker-Modalität beizubehalten, ist nicht alternativlos. So entscheiden sich medienwissenschaftlich orientierte Ansätze häufig dafür, den Bildern bzw. *stills* (= Standbildern) den Status der Anker-Modalität einzuräumen, eine Entscheidung, die je nach Fragestellung durchaus sinnvoll sein kann (vgl. Schneider/Stöckl 2011: 30). Dass wir uns im Rahmen dieser Einführung jedoch für das in der Gesprächsforschung entwickelte Verfahren nach GAT 2 entschieden haben und dieses bezogen auf unseren Gegenstand erweitern, hat seinen Grund vor allem darin, dass die Genauigkeit der sprachlichen Transkriptionskonventionen unter GAT 2 die Relevanz sprachlicher Detailanalysen auch für multimodale Texte unterstreichen soll.

**Methodische Reflexion:** Aus methodischer Sicht reflektieren multimodale Transkripte in der hier eingeführten Form damit die Tatsache, dass filmische Texte sich aus sprachlicher und bildlicher Perspektive sowohl linear in der Zeit entwickeln als auch räumlich in der Komplexität ihrer Multimodalität erfasst werden müssen. In Kapitel 4 wurde im Zusammenhang mit der Kontrastierung der Potenziale von Sprache und Bild bereits darauf hingewiesen, dass sprachliche Texte zwangsläufig auf den Aspekt der Linearität angewiesen sind, während bildliche Textelemente zunächst holistisch als Ganzes wirken. Diese Feststellungen komplizieren sich jedoch in dem Moment, in dem wir es in filmischen Texten zusätzlich mit bewegten Bildern zu tun haben, die neben ihrer holistischen Wahrnehmung ebenso wie der sprachliche Kode eine zeitlich-lineare Entwicklung aufweisen.

**Ressourcen und multimodale Transkription:** Multimodale Transkripte müssen somit die doppelte Struktur der filmischen Handlung abbilden, indem sie einerseits fortschreitend linear von links nach rechts und von oben nach unten angeordnet sind, andererseits innerhalb der einzelnen Intonationsphrasen die multimodale Komplexität im simultanen Schnitt repräsentieren. Diese wird dadurch erfassbar, dass über der verbalen Zeile visuelle Informationen als *still* oder Standbild in Form eines oder mehrerer ›angehaltener Bilder‹ gegeben werden, die (wie in Kap. 3.3 erläutert) potenziell auch hinsichtlich der Ausdrucksressourcen **Blick**, **Mimik**, **Gestik**, **Körperpositur** und **Position im Raum** interpretiert werden können. Darüber hinaus werden wir im Verlauf dieses Kapitels sehen, dass die Berücksichtigung von **Kamera** und **Schnitt** als Ausdrucksressource ebenfalls notwendig ist.

Ausgehend von diesen Begründungen ergibt sich die für diese Einführung folgende Definition eines multimodalen Transkripts:

---

Unter einem **multimodalen Transkript** verstehen wir eine multimodal ergänzte Version von (GAT 2-)Transkripten. Hierbei wird zum einen eine Standbild-Zeile oberhalb der gesprochen-sprachlichen Zeile ergänzt, in die für die Analyse relevante Standbilder eingefügt werden können, zum anderen können weitere Zeilen unterhalb der gesprochen-sprachlichen Zeile ergänzt werden, die für **Kommentare** (auch zur Kameranutzung), für **Musik** oder **Geräusche** vorgesehen sind. Der Sinn multimodaler Transkripte besteht darin, audio-visuelle Texte sowohl in ihrer zeitlichen Abfolge als auch in ihrer räumlichen und körperorientierten Anordnung für eine Detailanalyse zugänglich zu machen.

*Definition*

Bei der Anfertigung von Transkripten ist zu beachten, dass sowohl die Nachvollziehbarkeit des Verständnisses der medial realisierten kommunikativen Aktivitäten als auch die jeweilige Fragestellung entscheidende Faktoren für die Selektion und Anzahl der ausgewählten Standbilder darstellen (Stukenbrock 2009). Wie bei verbalen Transkripten ist zu beachten, dass die Anfertigung eines multimodalen Transkripts selber bereits einen interpretativen Eingriff in das (authentische) Material darstellt, da die Transkribent/innen darüber entscheiden, welche Aktivitäten und Faktoren in die Transkription eingehen. Insoweit werden multimodale Transkripte im Idealfall in Kombination mit dem jeweiligen Originaltext (z. B. dem konkret transkribierten Werbespot) benutzt.

## 5.2.2 | Werbespot als Text

Im nächsten Schritt soll unter Nutzung der eingeführten **Textualitätskriterien** am Beispiel des hier analysierten YouTube-Werbespots des Produkts »Coca-Cola Zero« exemplarisch gezeigt werden, dass ein solcher Spot als multimodaler Text analysiert werden kann.

Textualität und Binnengliederung des Filmtextes: Zunächst einmal ist aufgrund der medialen Rahmung des Spots für Rezipient/innen erkennbar, dass der Spot über klare Grenzen verfügt. Diese werden zum einen durch das Aufblenden der ersten Einstellung von vier Flaschen Coca-Cola Zero in einem Kühlschrank im Rahmen der ursprünglichen Umgebung des Videos auf YouTube sichtbar, zum andern durch einen harten Schnitt (einen sogenannten *Jump Cut*; s. Kap. 5.3.1) am Ende der letzten Einstellung, in der das Produkt noch einmal präsentiert wird, relevant gesetzt.

**Erstes Standbild zu Beginn des Spots:**

```
             |
01      [(2.0)
Ge      [((glasklimpergeräusche))
        [((fußball-tv-geräusche))
```

**Letztes Standbild am Ende des Spots:**

```
28        ECHTer geschmack null zucker;]
Mu        ((rocksong, endet abrupt))    ]
Ge        ((geräusch, endet abrupt))    ]
```

Dabei erschließt sich die Begrenztheit des Spots den User/innen nicht durch die Standbilder alleine, sondern auch deshalb, weil sie den Spot im Gebrauch aktiv auf YouTube aufrufen und seinen Abschluss am Ende des Spots durch den Übergang des letzten Standbilds in eine schwarze Fläche als Abschluss erkennen.

**Gliederungsstruktur:** Zwischen dieser multimodal konstituierten Startphase, in der die Modalitäten ›bewegtes Bild‹ und ›Geräusch‹ genutzt werden, und der multimodal konstituierten Schlussphase mit der Nutzung der Modalitäten ›bewegtes Bild‹, ›Musik‹, ›gesprochene und geschriebene Sprache‹ findet sich ein in Sequenzen unterteilter Spot, der eine thematische, räumliche und multimodal konstituierte Gliederungsstruktur aufweist. Um diese Gliederungsstruktur genauer erfassen zu können, sollen zunächst die Begriffe ›Einstellung‹, ›Szene‹ und ›Sequenz‹ eingeführt werden, die in der Filmwissenschaft genutzt werden, um die Gliederungsstruktur audiovisueller Texte zu beschreiben (vgl. Hickethier 2012: 37; Staiger 2008: 14):

- **Einstellung:** Hierunter wird der Abschnitt zwischen zwei Schnitten verstanden.
- **Szene:** Als Szene fasst man eine sich aus mehreren Einstellungen zusammensetzende Handlungseinheit.
- **Sequenzen:** Eine Sequenz stellt einen Handlungsabschnitt dar, der aus mehreren Szenen besteht. Die Grenzen von Sequenzen werden häufig durch Ortswechsel oder Zeitsprünge markiert.

*Gliederungsstruktur audiovisueller Texte*

Will man diese Begrifflichkeiten nun auf den Werbespot anwenden, so wird schnell deutlich, dass eine Binnendifferenzierung der Sequenzen in einzelne Szenen aufgrund der Kürze des Spots und der einzelnen Sequenzen (mit Ausnahme der 4. Sequenz) nicht möglich ist. Organisiert ist der Spot über sechs Sequenzen, die jeweils mit einem Raumwechsel verbunden sind und die, die multimodal organisierte thematische Gliederungsstruktur bilden:

**1. Sequenz (in der Küche):** Nachdem der Gegenstand des Spots (Coca-Cola Zero) mit der ersten Einstellung thematisch eingeführt und damit ein Erzählraum eröffnet ist, der in der Medienwissenschaft als **diegetischer Raum** ( = Raum der filmischen Handlung auf der Ebene von Sprache, Bild und Ton) bezeichnet wird, überklebt im Weiteren eine junge Frau, die im Rahmen des Spots namenlos bleibt, eine Cola Zero-Flasche mit einer herkömmlichen Banderole von Coca-Cola. Die Einheit des diegetischen Raums wird durch den Raum der Küche hergestellt, ein Raum der auditiv gefüllt wird mit dem Klirren der Flaschen und einigen Hintergrundgeräuschen eines Fußballspiels im Fernsehen, das aus einem unbekannten zweiten Raum die Küche erreicht.

**2. Sequenz (im Wohnzimmer):** Der Übergang zur zweiten Sequenz wird markiert durch einen harten Schnitt, ein plötzliches Ansteigen der Lautstärke der TV-Geräusche des Fußballspiels und den Wechsel in einen zweiten Raum, in dem man sieht, wie die Frau sich auf einen Mann zubewegt, und ihm eine der zwei Cola-Flaschen in ihrer Hand mit den Worten HIER NIco- reicht. Nachdem Nico, vollständig auf den Fernseher konzentriert, einen kräftigen Zug aus der Flasche getrunken hat, teilt seine Freundin ihm mit, dass die Coca-Cola eine Cola Zero ist. An dieser Stelle hätte die Handlung des Spots mit Nicos verdutzten Gesicht in Zeile 10/11 und dem Kommentar seiner Freundin in Zeile 12 (wenn du willst kannst du ALLes haben;) enden können, bzw. hätte nur noch durch eine Schlussphase (s. unten) ergänzt werden müssen. Tatsächlich geschieht dies aber nicht, sondern es kommt in Zeile 13 zu einer neuen Sequenz, die in Form einer überraschenden Wendung eine zweite narrative Episode einleitet.

**3. Sequenz (mit Neuer in Wohnzimmer):** Eingeleitet wird diese narrative Episode mit der Feststellung der Freundin, wenn du willst BIN=- ich gar nicht deine freundin- sondern manuel NEUer in Zeile 13/14. Mit dieser Behauptung moderiert sie einen Rollentausch an, der auf der Ebene der Handlung zum eigentlichen (zweiten) Höhepunkt des Spots überleitet, da in der nächsten Einstellung nicht mehr die namenlose Freundin auf dem Sofa im Wohnzimmer sitzt, sondern Manuel Neuer. Dieser vollzieht zunächst mit der Stimme der Freundin, anschließend mit seiner eigenen Stimme den Rollentausch, indem er zusammen mit Nico aufsteht. Aus multimodaler Sicht wird die Relevanz dieser Aktivität durch eine deutliche Dynamisierung der Musik in Zeile 13 und 14 angekündigt und in Zeile 15 durch Stadiongeräusche überblendet, womit der Ortswechsel ins Stadion ankündigt wird.

**4. Sequenz (mit Neuer in Stadion und Kabine):** Diese Sequenz besteht aus zwei Szenen: In der ersten sind Neuer und Nico, von hinten im Publikum stehend zu sehen. Die damit realisierte phantastische Wendung in der Handlungsstruktur wird dadurch unterstrichen, dass sich Neuers Torwarttrikot (›türkis‹) deutlich von der sonstigen farblichen Gestaltung des Spots in braun, schwarz, weiß und rot (Farben von Coca-Cola) abhebt. In der zweiten Szene wechseln Neuer und Nico durch einen einfachen Schnitt von der Stadiontribüne in die Kabine der Nationalmannschaft. Beide Szenen werden durch die moderierende Stimme Neuers bildlich begleitet und durch die Nutzung der jeweils passenden Geräusche multimodal inszeniert.

**5. Sequenz (im Schlafzimmer):** Zu einer erneuten Wendung und einer durch einen Jump Cut (s. Kap. 5.3.1) realisierten Überleitung in die letzte Sequenz des erzählten Rollentauschs, kommt es, als Nico durch einen Schubser von Manuel Neuer ins Schlafzimmer seiner Freundin gestoßen wird, in dem er sich auf dem Rücken liegend vor ihrem Bett wiederfindet. Auf ihn hinunterblickend streckt seine Freundin sich ihm im Trikot von Neuer auf dem Bett liegend erotisch entgegen, während sie ihm in Zeile 25 mitteilt, dass sie jetzt nicht mehr Manuel Neuer sei. Damit stellt sie ihm bildlich realisiert in Aussicht, dass nun andere, aber ebenfalls attraktive Erlebnisse auf ihn warten (»wenn er will«). Multimodal ist diese Sequenz erneut durch die Stimme der Freundin, die Musik und die bildlich realisierte Schlafzimmersituation konstruiert.

**6. Sequenz (nicht diegetischer Raum der Produktpräsentation):** Beendet wird die Rahmenhandlung des Spots durch einen erneuten Jump Cut (s. Kap. 5.3.1) und damit der Überleitung in einen **nicht-diegetischen Raum** (= filmischer Raum außerhalb der filmischen Handlung). Hier wird eine Cola Zero-Flasche vor schwarzem Hintergrund und begleitet von einem zischenden, durch ein Schlagzeug dynamisch organisierten musikalischen Hintergrund unter Nutzung der Modalität der gesprochenen Sprache (ECHTer geschmack null zucker;) und geschriebenen Sprache (»ECHTER GESCHMACK ...«) in einem nicht auf die Filmhandlung bezogenen abstrakten Raum präsentiert.

Somit sind die einzelnen Sequenzen durchgängig multimodal inszeniert: Alle Wechsel sind auf der Ebene des Bildes mit einem Raumwechsel verbunden, während die Binnengliederung durch situationsspezifische Nutzung unterschiedlicher Teilmodalitäten strukturiert wird.

Narrativität und Werbung: Über die beschriebene thematische und multimodale Strukturierung hinaus präsentiert sich die Spothandlung als Narration, die aus der Perspektive der Erzählung über einen Anfang und ein Ende verfügt, wobei die erzählte Geschichte als Einheit der **Story** (also dem, was erzählt wird) und dem **Plot** (der Art und Weise, wie es erzählt wird) den eigentlichen Erlebniswert des Spots darstellt. Diese Annahmen stimmen mit Hickethiers Definition von »medialen Narrationen« überein (2012: 107 f.), die er durch den Akt des Erzählens und der damit verbundenen »Schaffung einer in sich geschlossenen Welt« realisiert sieht: »Erzählen bedeutet, einen eigenen, gestalteten (d. h. ästhetisch strukturierten) Kosmos zu schaffen, ein Geschehen durch Anfang und Ende als in sich Geschlossenes zu begrenzen und zu strukturieren.«

In diesem Sinne verfügt der analysierte Spot über einen Anfang und Ende, da der im ersten Teil des Spots durch den Betrug der Frau geschaffene Kosmos der Narration am Ende mit einer versöhnenden Geste gerahmt und damit das dargestellte »echte« Leben des Paares zu einem ›Happy End‹ versöhnt wird. Währenddessen werden unter Nutzung der phantastischen Wendung eines Rollentauschs die bereits mehrfach angesprochenen werbetypischen ›Überraschungseffekte‹ narrativ inszeniert.

Allerdings ist die Nutzung narrativer Elemente keineswegs nur typisch für Werbespots, sondern stellt ein generelles Merkmal filmischer Texte dar, die in der Kombination aus zeigender Darstellung und erzählender Elemente einen spezifischen Ausschnitt von »Welt« entstehen lassen. Hickethier macht deutlich, dass audiovisuelle Medien generell erzählende

Medien sind und erfasst die Analyse filmischer Texte in der Folge anhand von Kategorien des **Auditiven**, des **Visuellen** und des **Narrativen** (2012: 108).

Diese Annahmen passen zu dem in dieser Einführung entwickelten text-semiotischen Ansatz, da sie es erlauben, mit den Kategorien des Auditiven und des Visuellen alle angesprochenen (Teil-)Modalitäten zu erfassen, wohingegen die Kategorie der Narration die Relevanz der spezifischen Kombination von visuell und auditiv dargebotenen Elementen auf der Ebene der Filmhandlung in den Vordergrund rückt.

Definition

> Insoweit stellen audiovisuelle Texte einen komplexen Fall von Sprache-Bild-Texten dar, in denen die visuellen und die auditiven Elemente gemeinsam durch die Mittel der Narration ein sinnhaftes Gesamtkonzept eingehen. Alle drei Aspekte konstituieren Bedeutung unter Nutzung von medialen Ressourcen wie Kameraeinstellung und -perspektive, Schnitt oder Montage (s. Kap. 5.3).

Bevor im Weiteren die spezifischen Eigenschaften der Textsorte ›Werbespot‹ betrachtet werden, soll dieses Teilkapitel abschließend am Beispiel des Werbespots gezeigt werden, dass auch multimodale Texte anhand der eingeführten Textualitätskriterien analysiert werden können.

**Funktion:** Ausgehend von der multimodalen Realisierung einer narrativen Struktur lässt sich im Hinblick auf die Funktion des Spots festhalten, dass die Bedeutung des Unvorhersehbaren und Phantastischen (ausgelöst durch den Genuss des Getränks) darauf zielt, die Rezipient/innen durch eine überraschende und amüsante Erzählung sowohl zu unterhalten als auch von den (phantastischen) Qualitäten des Produkts zu überzeugen. Die Tatsache, dass Manuel Neuer als Testimonial ein entscheidender Handlungsträger der Geschichte ist, ist dazu geeignet, beide Aspekte zu verstärken. Insoweit erfüllt der Spot seine Funktion sowohl auf der Ebene der **Intentionalität**, indem er das beworbene Produkt an positive Erlebniswerte geknüpft präsentiert, als auch auf der Ebene der **Akzeptabilität**, indem er die Erwartungen der Rezipient/innen an einen Werbespot erfüllt.

Situationalität: Die genannten Aspekte werden zusätzlich durch die Platzierung des Werbespots auf YouTube verstärkt, da die Plattform ›YouTube‹ v. a. von jungen Leuten genutzt wird. Diese Tatsache reflektiert der Spot durch die Auswahl eines jungen Paares als Hauptprotagonist/innen. Aber auch die narrative Struktur des Spots verweist auf die Rezeptionssituation von YouTube-Videos: Indem diese anders als beispielsweise TV-Werbung aktiv von User/innen angewählt werden müssen, muss der Spot den Rezipient/innen auf für Werbung typische Weise einen Mehrwert anbieten, der deutlich über die reine Produktinformation hinausgeht. Dieser Mehrwert wird im vorliegenden Spot vor allem durch die unterhaltenden Effekte der Narration erreicht.

Voraussetzung dafür, dass der Spot als unterhaltsam wahrgenommen werden kann, ist jedoch, dass die Geschichte trotz der überraschenden

Wendungen des Rollentauschs nachvollziehbar entwickelt wird, was zu den Merkmalen der Kohärenz und Kohäsion überleitet.

**Kohärenz:** Auf der Ebene der Kohärenz wird der Zusammenhalt der Geschichte u. a. durch eine Vielzahl konstanter Bedeutungsaspekte abgesichert: So wird die thematische Kohärenz u. a. durch alltägliche Verhaltensweisen junger Paare unterstützt, die darin bestehen, dass man gemeinsam fernsieht, gemeinsam trinkt und gemeinsam die Nacht verbringt. Unterhalb dieser Bedeutungsebene finden sich zusätzliche kohärenzstiftende Motive, die beispielsweise auf Genderstereotype referieren: Die namenlose Frau holt die Getränke, während ihr Freund namens Nico während des ganzen Spots stumm ist, Fußball guckt und davon träumt, ein Star zu sein. Dennoch lässt er sich von seiner Freundin überlisten und durch erotische Angebote von seinen Hauptinteressen ablenken. Man kann sicherlich darüber streiten, ob der hier verkürzt geschilderte Einsatz von Geschlechterstereotypen ironisch gemeint ist oder nicht, kohärenzstiftend ist er neben vielem anderen in jedem Fall.

**Kohäsion:** Darüber hinaus wird die Geschichte auf der Ebene der Kohäsion durch die Konstanz der Bezugnahmen auf das beworbene Produkt und konstanten Nutzung der typischen Coca-Cola-Farben: rot, schwarzbraun und weiß farblich unterstützt. Ebenfalls farblich unterstützt das grüne Torwarttrikot von Manuel Neuer die Kohäsion des Gesamttextes, da die Freundin in der vorletzten Szene auf dem Bett des Paares das grüne Trikot des Torwarts trägt und damit gleichermaßen einen zweiten Rollentausch vollzieht, ohne den ersten vollständig rückgängig zu machen.

Eine ähnlich kohäsive Funktion kommt dem Spiel mit den wechselnden Stimmen der Freundin und Manuel Neuer zu, die in Kombination mit der bildlichen Ebene teils kontrafaktisch die Übergänge von der Freundin zu Neuer und zurück moderieren. Auch hier machen die stimmlichen Elemente kohäsiv Beziehungen zwischen einzelnen Personen an der Oberfläche des Textes deutlich. Ebenfalls kohäsive Funktionen erfüllt die Musik, die die einzelnen Sequenzen und Teilereignisse sowohl verknüpft als auch ankündigt, aber auch der Produktname von Coca-Cola, der konstant unten rechts eingeblendet ist.

**Informativität:** Auch wenn bisher eher der Unterhaltungswert des Werbespots herausgestellt wurde, so soll der Spot darüber hinaus natürlich auch über die Existenz und die spezifische Qualität von Coca-Cola Zero informieren und damit zum Kauf anregen. Hierbei ist es entscheidend, dass die Fußballnationalmannschaft und vor allem Manuel Neuer als Markenbotschafter für den Konzern tätig sind. Der zum Zeitpunkt der ursprünglichen Verbreitung des Spots vergleichsweise neue Informationswert galt darüber hinaus der Existenz eines zuckerfreien Produkts der Marke Coca-Cola, das sich auch an Männer richtet (parallel zu ›Coca-Cola light‹, die vor allem für Frauen beworben wurde). Diese Maximen, die auch als konstante semantische Ebene der Firma Coca-Cola gefasst werden können, formuliert die (junge) Frau im hier analysierten Spot explizit, wenn sie darauf hinweist, dass ihr (ebenfalls noch junger) Freund alles haben könne, wenn er nur will.

**Intertextualität:** Insoweit verweist die Erwähnung der firmenspezifischen Maximen von Coca-Cola gleichzeitig auch auf die intertextuelle

Einbindung des Spots: Zum einen referiert der Spot **synchron** auf die Menge aller Werbeaktivitäten im Rahmen der konkreten Marketingkampagne zu Coca-Cola Zero und anderen zeitgleichen Kampagnen der gleichen Marke, zum anderen kommt **diachron** in den Blick, dass Coca-Cola das Motiv »alles geht, wenn man will« und »Coca-Cola hält jung« über viele Jahrzehnte verbreitet und im öffentlichen Bewusstsein abgesichert hat.

Werbespot als multimodaler Text: Damit haben wir am Beispiel eines Werbespots nachgezeichnet, wie man audiovisuelle Formate mit Zugängen der Textlinguistik beschreiben kann. Als prototypische Merkmale der Textsorte ›Werbespot‹ sind hierbei seine Multimodalität, die Relevanz von narrativen Elementen, die Bedeutung von Überraschendem und die mehr oder weniger starke Ausrichtung auf das zu bewerbende Produkt deutlich geworden. Auch die hohe Dichte genderspezifischer Elemente kann mit zu den prototypischen Merkmalen von Werbespots gezählt werden.

Die Unterschiede zu den im letzten Kapitel untersuchten Printanzeigen liegen vor allem auf der Ebene der narrativen Elemente. Während narrative Aspekte in Printanzeigen vorrangig durch die Nutzung von **Vektoren** innerhalb eines statischen Bildraums erzeugt werden, ermöglichen die bewegten Bilder des Spots sowohl Bewegung in Raum und Zeit als auch Raum- bzw. Zeitwechsel, die im Hinblick auf die Prozessierung einer Narration eine deutlich gesteigerte Dynamik ermöglichen. Diese Dynamik entsteht darüber hinaus zusätzlich durch die Nutzung der gesprochenen Sprache und der darin liegenden Möglichkeiten, eine Narration auch verbal weiterzuentwickeln. Um diese Dynamik genauer beschreiben zu können, werden im nächsten Teilkapitel grundlegende Kategorien aus dem Bereich der Filmanalyse herangezogen.

Während bisher aus textlinguistischer Perspektive vorrangig die sprachlichen und die bildlichen Elemente als Teil eines narrativ konzipierten Sprache-Bild-Textes im Vordergrund standen, wird es nun darum gehen, ausgehend vom Begriff der Montage die spezifische Nutzung der unterschiedlichen Modalitäten zu betrachten.

## 5.3 | Audiovisuelle Texte und ihre mediale Ausarbeitung

Ausgangspunkt der folgenden Ausführungen ist das Prinzips der Montage, das in seiner Bedeutung für die Konstitution des filmischen Raums genauer betrachtet werden soll.

Montage: Schaut man sich einen audiovisuellen Text wie den hier analysierten Werbespot in seiner Gesamtheit an, so ist er zusammengesetzt aus einer Vielzahl kleiner Teile bzw. Bausteine, sowohl auf der **Ebene des Bildes**, aber auch auf der **Ebene des Tons**. Das Ergebnis des technisch unterstützten Zusammenfügens einzelner Teile zu einem Werbespot oder einem anderen audiovisuellen Text und die damit verbundene Nutzung unterschiedlicher Modalitäten nennt man Montage. Da in der Montage unterschiedlichen Textsegmente miteinander kombiniert werden, entsteht auf Seiten der Zuschauer/innen der Eindruck eines kontinuierlichen Handlungsflusses. Tatsächlich handelt es sich jedoch um die Kombination einzelner Bausteine zu einem zusammenhängenden Ganzen.

Von besonderer Bedeutung sind hier die Übergänge zwischen zwei Einstellungen auf der Ebene des Bildes, denen die anderen Modalitäten vielfach untergeordnet werden bzw. im Rahmen der Handlungslogik folgen. Insoweit werden wir uns im Hinblick auf die Montage von Bildern nun zunächst mit dem Zusammenhang zwischen dem Einsatz der Kamera und den Mitteln des Schnitts befassen.

## 5.3.1 | Kamera, Schnitt und die Montage von Bildern

Aus linguistischer Sicht geht es bei der Modalität des bewegten Bildes darum zu zeigen, wie die Möglichkeiten des **Kameraeinsatzes** und des **Schnitts** im Rahmen audiovisueller Texte genutzt werden, um die Handlung zu entwickeln.

**Relevanz der Kamera:** Bei der Analyse bewegter Bilder ist zu berücksichtigen, dass die Bilder das Ergebnis der Kameranutzung sind, ohne dass die Kameraführung selbst erkennbar wäre. Sie ersetzt vielmehr den Blick der Rezipient/innen, mit der Folge, dass diese den Eindruck haben, sie schauen selbständig auf das Geschehen (vgl. Hickethier 2012: 57). Der Kamera kommt somit eine zentrale Bedeutung für die Beschreibung audiovisueller Texte zu. So hat die Kameraeinstellung in der

Abb. 5.3: Erstes Standbild des YouTube-Videos von Coca-Cola Zero (Quelle: https://www.youtube.com/watch?v=ZONZsklg0jw; gesehen am 01.08.2019)

ersten Einstellung des hier analysierten Cola Zero-Spots beispielsweise zur Folge, dass unsere Aufmerksamkeit (ohne jede Vorinformation) unmittelbar auf die Flaschen gelenkt wird und wir uns – wie selbstverständlich – fragen, wer die Person ist, deren Arm in einen Kühlschrank fasst, um zwei Cola Zero-Flaschen herauszunehmen. Insoweit kann man sagen, dass die Kamera (nicht nur in dieser Einstellung) festlegt, was gesehen wird und wie es gesehen wird.

**Kameraeinstellung:** Die Kamera strukturiert beispielsweise über die Größe der abgebildeten Einstellungen, ob Rezipient/innen den Eindruck haben, sich in der Nähe oder weiter entfernt von einem abgebildeten Ereignis, einem Gegenstand oder einer Figur zu befinden. Hier kann man verschiedene Einstellungen entsprechend der Größe der erfassten Bildausschnitte unterscheiden. Üblicherweise werden acht Einstellungsgrößen genannt, wir werden uns hier jedoch auf diejenigen beschränken, die im analysierten Spot genutzt werden, und diese in Tab. 5.1 kurz charakterisieren.

**Beispielanalyse:** Unterschiedliche **Wirkungsweisen konkreter Kameraeinstellungen** lassen sich exemplarisch an den ersten sechs Sekunden des Spots verdeutlichen: Während das erste Standbild durch die **Großeinstellung** die Coke Zero-Flaschen als relevanten Gegenstand einführt und fokussiert, stellt sich potenziellen Rezipient/innen – wie bereits

# 5 Von der Sehfläche zum Text: Multimodale Texte – visuell und audiovisuell

| | |
|---|---|
|  | **Weit und Amerikanisch:** Mischperspektive, in der die Oberkörper der Protagonisten bis zur Hüfte, einschließlich ihrer Hände, aus der Nähe zu sehen sind (**amerikanische Einstellung**), wohingegen das Geschehen auf dem Fußballfeld als **weite Einstellung** in den Blick kommt. |
|  | **Halbtotale:** Die menschlichen Figuren sind von Kopf bis Fuß zu sehen. Der Raum, in dem sie sich befinden, ist sichtbar, aber die Protagonist/innen stehen im Mittelpunkt der Aufmerksamkeit. |
|  | **Nah (oder medium close up):** In dieser Einstellung werden einzelne Personen bis zur Mitte ihres Oberkörpers gezeigt. Im Mittelpunkt steht hierbei das Gesicht der Person, so dass die Mimik gut zu erkennen ist. |
| 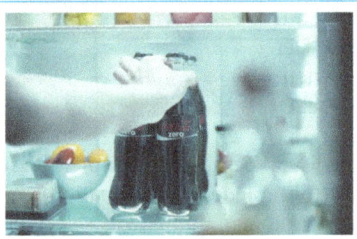 | **Groß (oder close up):** Großeinstellungen konzentrieren sich auf Gesichter oder Gegenstände im Detail, wobei der fokussierte Ausschnitt vollständig zu sehen ist. |
|  | **Detail:** Detaileinstellungen fokussieren nur noch Ausschnitte eines Gesichts oder im vorliegenden Fall eines Gegenstands und messen diesen Details damit eine besondere Bedeutung zu. |

Tab. 5.1:
Varianten von Kameraeinstellungen
(vgl. Hickethier 2012: 57 f.; Staiger 2008: 9 f.)

erwähnt – aufgrund des Blicks auf einen Arm, der erkennbar nicht der eigene ist, die Frage, wer zu diesem Arm gehört. Wäre hier eine Einstellung gewählt worden, die weiter entfernt ist, wäre dieses Detail kaum als relevant erkannt worden.

## 5.3 Audiovisuelle Texte und ihre mediale Ausarbeitung

```
            |
01      [(2.0)
Ge      [((glasklimpergeräusche))
        [((fußball-tv-geräusche))
```

Das somit (potenziell) geweckte Interesse von Rezipient/innen, wird in den nächsten Einstellungen teils schrittweise aufgelöst, indem der Kontext der Eingangssituation durch wechselnde Einstellungsgrößen und eine sich verschiebende Fokussierung relevanter Aspekte kontinuierlich im Sinne einer Handlungsentwicklung weiterverschoben wird.

```
02      [(1.0)
Ge      [((tür des Kühlschranks wird geschlossen))
        ((fussball-tv-geräusche weiter im hintergrund))
```

```
            |
03      (2.0)
Ge      ((fussball-tv-geräusche weiter im hintergrund))
Ko      Die Hände (der Frau) kleben ein Originaletikett
        über das Coca-Cola Zero-Etikett.
```

Obwohl z. B. die **halbnahe Kameraeinstellung** des zweiten Standbilds im Gegensatz zur ersten Einstellung deutlich erkennbar macht, dass der vorher nicht zuzuordnende Arm zu einer jungen Frau gehört, bleibt dennoch unklar, wer diese Frau ist. Diese erneute Leerstelle wird zunächst nicht besetzt, sondern potenzielle Rezipient/innen werden durch die **Detail-Ansicht** des nächsten Standbildes damit konfrontiert, dass die Finger (vermutlich) der unbekannten Frau ein traditionelles Coca-Cola-Etikett über ein Zero-Etikett kleben. Dabei ist es entscheidend, dass die Kamera nur den Akt des Überklebens fokussiert und dadurch die Relevanz dieser Handlung hervorhebt. Die Auflösung der Frage, wer die Frau ist und was sie mit den Flaschen zu tun beabsichtigt, wird somit durch eine weitere Leerstelle erweitert, die darin besteht, dass sich Rezipient/innen nun zusätzlich fragen, welche Relevanz dem ungewöhnlichen Überkleben des Etiketts zukommt.

Dieses Spiel des Verschiebens von Antworten unter Nutzung unterschiedlicher Kameraeinstellungen wird auch in der nächsten Einstellung fortgesetzt, in der durch die Wahl einer **halbtotalen Einstellung** zumindest der räumliche und personelle Kontext der Gesamtsituation in Teilen aufgelöst wird:

```
04   FR     HIER nico-
Ge          ((fussball-tv-geräusche werden lauter))
```

Hier macht die erneut veränderte Kameraeinstellung sichtbar, dass es sich um ein junges Paar in einer (möglicherweise) nicht untypischen Abendsituation handelt: Er, Nico, sitzt im Wohnzimmer, und die junge Frau, vermutlich seine Freundin, bringt ihm ein Getränk. Es handelt sich somit um eine insgesamt unauffällige Alltagssituation. Durch den **halbtotalen Kamerablick** auf das Wohnzimmersetting erhalten Rezipient/innen eben genug Informationen, um sich im Weiteren ausschließlich darauf konzentrieren zu können, was es mit dem Überkleben des Etiketts auf sich hat.

**Kohärenz** ziehen die betrachteten Sequenzen aus den durch die Kamera fokussierten Handlungen der Frau, die im Rahmen der Montage der einzelnen Einstellungen so kombiniert werden, dass das Interesse der Zuschauer/innen durch den selektiven Blick der Kamera konstant gehalten wird. Gleichzeitig wird damit eine **Situation** realisiert, in der Zuschauer/innen in einer Mischung aus Vertrautem und Unklarem auf den Spot fokussiert bleiben. Im Hinblick auf die **Funktion** des Spots ist von entscheidender Bedeutung, dass das zu bewerbende Produkt zwar konstant handlungsrelevant ist, das Interesse der Rezipient/innen jedoch auf die narrative Umgebung gelenkt wird. Dies hat seinen Grund auch darin, dass die Firma »Coca-Cola« nicht erst vorgestellt werden muss, sondern es eher darum geht, ein (vergleichsweise) neues Produkt dieser Firma in neuer Umgebung als interessant zu präsentieren.

**Kameraperspektive:** Für die Wahrnehmung dieser ersten Einstellungen ist jedoch nicht nur die Größe der Einstellung relevant, sondern auch die Perspektive der Kamera, d. h. der Winkel zwischen der Kamera und dem Gezeigten. Hier lassen sich drei Kameraperspektiven unterscheiden (vgl. Hickethier 2012: 61):

- **Normalansicht:** Bei der Normalansicht, die unserer natürlichen Wahrnehmung am ehesten entspricht, befindet sich die Kamera mit den abgebildeten Personen auf ›Augenhöhe‹ bzw. nimmt präsentierte Gegenstände auf gleicher Höhe mit diesen wahr. So sind die Szenen des Spots in Normalansicht aufgenommen, was bei Rezipient/innen den Eindruck verstärkt, im gleichen Raum zu sein, wie die im Spot Handelnden.
- **Aufsicht:** Bei der Aufsicht befindet sich die Kamera in einer erhöhten Position gegenüber der abgebildeten Person oder den gezeigten Gegenständen. Das Mittel der Aufsicht kann u. a. dazu genutzt werden, die so präsentierten Personen oder Gegenstände zu bewerten, z. B. als unterlegen. So wird der Mann in der letzten Sequenz des Spots aus der Perspektive der Aufsicht gezeigt, was seinen Status als Opfer seiner Freundin deutlich unterstreicht. Die Interpretation dieser Kameraperspektive kann immer nur kontextabhängig erfolgen. Darüber hinaus ist zu beachten, dass das gesamte Kontinuum zwischen Normalansicht und Aufsicht genutzt werden kann.
- **Untersicht:** Ähnliches lässt sich auch für die Untersicht festhalten, die das Gezeigte von unten aufnimmt und es damit potenziell als größer oder bedeutsamer erscheinen lässt. Auch hier kann die gesamte Breite der Differenzierungen zwischen Untersicht und Normalsicht genutzt werden. So ist im Spot beispielsweise die gesamte Sequenz mit Manuel Neuer aus der Perspektive der Untersicht aufgenommen, was zum einen die Relevanz der Phantasie hervorhebt, darüber hinaus aber Neuer auch aufgrund seiner natürlichen Körpergröße im Vergleich mit dem deutlich kleineren Mann neben ihm als noch Bedeutsamer erscheinen lässt.

*Kameraperspektiven*

**Schnitttechniken:** Während die Kameraeinstellung und die Kameraperspektive durch die Aufnahme der Montage einzelner Einstellungen vorausgehen, ist der Schnitt ein technisches Instrument, das bereits vorliegende Einstellungen auf spezifische Weise bearbeitet und kombiniert. Bei der Montage von Einstellungen können unterschiedliche Schnitttechniken verwendet werden (vgl. Staiger 2008: 14; Hickethier 2012: 141–155; Mikos 2015: 208 ff.):

- **Harter Schnitt:** Der harte Schnitt, der übergangslose Wechsel zwischen zwei Einstellungen, ist der Normalfall des Schnitts. Dieser wird von Zuschauer/innen trotz seiner prinzipiellen Erkennbarkeit nicht wahrgenommen, wenn die Regeln der Handlungslogik und der Bildlogik nicht verletzt werden. Ein solcher Schnitt liegt beispielsweise zwischen den Einstellungen in den Zeilen 3 und 4 des Transkripts vor, in denen die präsentierte Handlung trotz des Raumwechsels der Frau von der Küche ins Wohnzimmer für Rezipient/innen kohärent ist. Diese Kohärenz hat ihre Ursache zum einen darin, dass die Rezipient/innen sich von dem Raumwechsel durch die Frau eine Erklärung für das Überkleben des Etiketts erhoffen. Zum andern wird die Kohärenz zwischen den beiden Einstellungen aber auch dadurch verstärkt, dass Küche und Wohnzimmer Teile von Wohnungen sind (Raumwissen unserer Alltagslogik) und die Fußballgeräusche, die nun im Wohnzimmer lauter werden, schon vorher zu hören waren. Auch dass im Wohnzimmer ein einzelner Mann auf einem Sofa sitzt, ruft vertraute Normalvorstellungen westlicher Lebensformen junger Paare auf.

- **Jump-Cut:** Eine spezifische Form des harten Schnitts stellt der Jump Cut dar, der sich technisch gesehen nicht von einem gewöhnlichen harten Schnitt unterscheidet, durch den jedoch die Handlungslogik von einer Einstellung zur nächsten unterbrochen wird. Ein solcher Jump Cut findet sich im Spot beispielsweise beim Übergang zwischen der Umkleidekabine der Nationalmannschaft ins Schlafzimmer seiner Freundin in den Zeilen 22 und 23. Solche Schnitte werden von Zuschauer/innen bewusst als Bruch in der Handlungslogik wahrgenommen.

- **Überblenden:** Der typische Fall einer Überblendung findet sich beim Übergang von der Sequenz im Wohnzimmer zur 3. Sequenz im Stadion, in der Manuel Neuer und Nico simultan zu den Worten von Neuer und wir SIND gar nich im wohnzimmer- aufstehen, und in der nächsten Einstellung, parallel zu den Worten sondern im STAdion;, in exakt der gleichen Position auf der Zuschauertribüne eines großen Fußballstadions zu sehen sind. Technisch betrachtet, wird die Selbstverständlichkeit dieses phantastischen Übergangs durch das gleichzeitige Abblenden des einen Bildes bei gleichzeitigem Aufblenden des nächsten erzeugt.

- **Auf- und Abblenden:** Einen langsamen Übergang zwischen zwei Einstellung kann man technisch dadurch erzeugen, dass der Wechsel zwischen zwei Einstellungen durch ein langsames Dunkler- oder Heller-Werden des Bildes gezielt in die Aufmerksamkeit der Rezipient/innen gelenkt wird, z. B. um zu verdeutlichen, dass lange zeitliche und/oder räumliche Entfernungen zurückgelegt werden. Dieses Verfahren kann jedoch im Spot schon aus Gründen seiner Kürze und der beabsichtigten Geschwindigkeit der Wechsel nicht sinnvoll eingesetzt werden.

Insgesamt geht es bei der Nutzung unterschiedlicher Montage- und Schnitttechniken darum, entweder den Eindruck eines kohärent zusammenhängenden Ereignisflusses entstehen zu lassen oder, genau entgegengesetzt, Brüche und Differenzen zwischen zwei Einstellungen erkennbar zu machen.

## 5.3.2 | Montage und Ton

Natürlich werden nicht nur bildliche Elemente im Rahmen audiovisueller Texte bearbeitet, sondern auch die Modalitäten des Tons.

On- und Off-Ton: Im Bereich des Tons wird bei audiovisuellen Texten zwischen dem On-Ton, der sich aus der Handlung selber entwickelt und dem Off-Ton, der ohne sichtbare Quelle innerhalb der Handlung zu hören ist, unterschieden (Staiger 2008: 11).

- Als On-Ton können beispielsweise Elemente der gesprochenen Sprache verstanden werden, die einen Dialog zwischen zwei Akteur/innen bilden. Ebenfalls als On-Ton werden Geräusche bezeichnet, die sich aus der Spothandlung, z. B. das Klirren der Flaschen. In beiden Fällen handelt es sich um Formen des **diegetischen Tons**, der – wie in der ersten Einstellung des Spots zu sehen ist – im Rahmen eines visuell realisierten diegetischen Raums zu finden ist. Insoweit wäre die Musik, die in einem Film über eine Pianistin im Rahmen eines gezeigten Konzertes zu hören ist, ebenfalls Teil des diegetischen (Ton-)Raums
- Deutlich häufiger wird man Formen der Musik in audiovisuellen Texten als Form der montierten Einspielung der Musik aus dem Off finden. In diesem Fall ist die Musik als Form des **nicht-diegetischen Tons** zu begreifen, da sie nicht ein inhärentes Begleitphänomen der Handlung selber ist, sondern »eingespielt« wird, mit dem Ziel, eine bestimmte Stimmung zu unterstreichen oder konkrete Handlungsaspekte hervorzuheben. Gleiches gilt auch, wenn zur Emotionalisierung Geräusche aus dem Off eingespielt werden.

Vollständig im nicht-diegetischen Raum angesiedelt sind die letzten drei Standbilder des Spots, die alleine der Präsentation und dynamischen Inszenierung des Produkts gelten und als Musik, Geräusch oder gesprochene Sprache aus dem Off kommen. Bei dieser Nutzung eines nicht-diegetischen Raums handelt es sich um eine für Werbespots typische Form der abschließenden Produktpräsentation.

Geräusche können somit sowohl diegetisch wie nicht-diegetisch eingesetzt werden. Sie können im Spot als Einzelgeräusche oder in Kombination mit anderen Geräuschen oder auch Musik auftreten. Hierbei übernehmen sie – ähnlich wie die Musik – bestimmte Funktionen, da sie auf spezifische Aspekte des Orts der Handlung oder der Handlung selber verweisen (das Flaschenklirren in der Küche, die Fernsehgeräusche aus dem Wohnzimmer oder die Stadion- und Kabinengeräusche im mittleren Teil des Spots), oder zur **Illustration** oder auch zur **Dramatisierung** beitragen. Letzteres trifft z. B. für die lauten Kabinengeräusche zu, die auf den Höhepunkt des phantasierten Rollentauschs hinweisen, in dessen Rahmen der junge Mann »backstage« in der Kabine der Fußballnationalmannschaft ist. Gleichzeitig können Geräusche **textstrukturierend** eingesetzt werden, wenn sie unmittelbar mit Schnitten, Szenen- oder Sequenzwechseln zusammenfallen. Dies gilt z. B. für das dumpfe Fallgeräusch des Aufpralls des Manns im Schlafzimmer in Zeile 23.

Besonders interessant bezogen auf die **Montage** ist der Einsatz der Modalität des Geräuschs zum Mittel der Überblendung von einer Einstellung in die nächste. Im Spot ist dies beim Übergang von der Situation im Wohnzimmer hin zur Situation im Stadion zu beobachten. Hier liegt somit nicht nur aus bildlicher Perspektive eine **Überblendung** von einer Einstellung in die nächste vor, sondern auch auf der Ebene der Geräusche. Gleichzeitig wird das Stadiongeräusch im Wohnzimmer als Ton aus dem Off erkennbar. Für diese natürliche Rezeptionssituation entsteht hier gerade durch die genutzte Montagetechnik der Überblendung der Eindruck eines natürlichen Übergangs vom Wohnzimmer ins Stadion.

Musik als Phänomen aus dem Off wird oft genutzt, um Emotionen zu wecken, da sie durch das limbische System wahrgenommen wird (vgl. Stöckl 2007: 191). Eine solche musikalisch erzeugte Stimmung muss natürlich wie auch die Nutzung von Geräuschen multimodal integriert werden und somit in einer sinnvollen Relation zu den simultan genutzten anderen Modalitäten stehen.

So wird beispielsweise in Zeile 7/8 des Werbespots parallel zu der Äußerung das IS gar keine coca-cola; das=s coke-ZEro; durch den Einsatz der glockenähnlichen (geheimnisvollen) Musik als Mittel der Textstrukturierung (Start des Rollentauschs) und als Möglichkeit der Dramatisierung des Geschehens markiert, dass nun Neues und Wichtiges zu erwarten ist. Der Musik kommen in Werbespots damit wie den genutzten Geräuschen ebenfalls einige wichtige, in der Regel selektiv und gezielt eingesetzte Funktionen zu. Zu nennen sind hier die Strukturierung des Texts, die Vermittlung von Grundstimmung und das Erreichen von Aufmerksamkeit.

Bezogen auf den Zusammenhang zwischen Montage und Ton (Musik und Geräusch), muss somit unterschieden werden, ob es sich um Formen des Off- oder On-Tons handelt: Sind Musik oder Geräusch in den diegetischen Raum der Filmhandlung integriert, so werden Montageverfahren parallel zum Schnitt der jeweiligen Einstellung genutzt (s. Kap. 5.3.1: Montage und Bild). Werden Musik oder Geräusch jedoch als Off-Ton eingespielt, wie im Werbespot in der abschließenden Produktpräsentation, so findet die Montage je nach Code getrennt statt. Das ändert jedoch nichts daran, dass im Ergebnis eine multimodale Gesamtwahrnehmung entsteht.

### 5.3.3 | Montage und gesprochene Sprache

Gesprochene Sprache: Aus medienwissenschaftlicher Perspektive erscheint die gesprochene Sprache in ihrer spezifisch auditiven Qualität als Teil des Tons. In Anlehnung an unser in Kapitel 4 entwickeltes Modalitätenverständnis gehört sie jedoch zum sprachlichen Kode und verfügt darüber hinaus über spezifische Ausdrucksressourcen wie ›Stimme‹ oder ›Lautstärke‹. Wenn wir jetzt also abschließend auf die gesprochene Sprache als Teil des Tons eingehen, geht es nicht um die gesprochen-sprachlichen Inhalte eines audiovisuellen Textes (den wir weiter oben aus texttheoretischer Perspektive behandelt haben), sondern um die mit dem Gesagten verbundenen **stimmlichen Ausdrucksqualitäten**. Diese sollen am Beispiel des Spots sowohl am Beispiel des Off- wie des On-Tons exemplarisch verdeutlicht werden.

Schaut man sich etwa die stimmliche Gestaltung des Rollentauschs in den Zeilen 13–15 des Transkripts an, so fällt in Zeile 13 zunächst einmal auf, dass die Stimme der Freundin als Folge der maschinellen Bearbeitung ihrer Bassanteile deutlich tiefer wird und durch den unterlegten Hall eine ungewöhnliche Qualität bekommt. Dieser Höreindruck stellt somit die Folge einer nachträglichen technischen Bearbeitung dar. Dennoch bleibt die Stimme der Frau an den diegetischen Handlungsraum des Spots gebunden. Das Gleiche gilt für die folgende Einstellung in Zeile 14, in der Neuer mit der Stimme der Frau spricht. Auch hier handelt es sich jenseits der Verfahren der **technischen Bearbeitung** und **Montage von Ton und Bild** um einen diegetischen Ton, dessen Funktion es ja gerade ist, das Phantastische des Rollentauschs zu inszenieren.

Montagetechniken im Off-Bereich finden wir im vorliegenden Spot ausschließlich in der letzten im nicht-diegetischen Raum angesiedelten Szene des Spots, der Produktpräsentation. Hier wird die abschließende Bewertung des präsentierten Produkts im Sinne einer »unique selling-proposition« (USP = Alleinstellungsmerkmal eines Produkts; vgl. Janich 2005: 45) gesprochen-sprachlich aus dem Off mit den Worten zusammengefasst: du kannst ALLes haben; mit coke-ZEro; ECHTer geschmack null zucker;. Insgesamt erweist sich diese abschließende Produktpräsentation im nicht-diegetischen Raum als multimodale Kombination aus gesprochener Sprache, geschriebener Sprache, bewegtem Bild und Musik. Die Herstellung eines solchen Raums beruht somit in besonderem Maße auf der Nutzung der Montage unterschiedlicher Modalitäten.

## 5.4 | Anwendungsperspektiven: Multimodalität und audiovisuelle Medien

Im Mittelpunkt dieses Abschnitts steht die Frage, wie der erläuterte audio-visuelle Textbegriff für den schulischen (Deutsch-)Unterricht genutzt werden kann. Diese Fragestellung stellt ein weiteres Desiderat der anwendungsorientierten Linguistik dar.

**Medien und Deutschunterricht:** Im Zusammenhang mit der Frage nach der Rolle von Medien für die Schule weist Staiger (2011: 46 f.) auf ein Paradoxon hin: Zum einen sei die Relevanz der Beschäftigung mit Medien im Deutschunterricht von der Kultusministerkonferenz (KMK) über die mediale Öffentlichkeit bis zu Teilen der Deutschdidaktik unstrittig, zum anderen sei der Stellenwert in der schulischen Praxis jedoch »nach wie vor eher marginal« (ebd.: 46). Diese Feststellung trifft auch dann zu, wenn die prinzipiell doppelte Ausrichtung des Medienbegriffs, zum einen als Mittel des schulischen Unterrichts, zum anderen als Gegenstand des analytischen Zugriffs im Rahmen des Deutschunterrichts berücksichtigt wird. An dieser Stelle wäre es aus angewandt-linguistischer Perspektive durchaus denkbar, den konkreten Einsatz und die Nutzung unterschiedlicher Medien im Unterricht zum Gegenstand der Analyse zu machen und unter Bezug auf didaktische Schlussfolgerungen auszuwerten. Da wir uns bislang jedoch auf die Analyse medial vermittelter Sehflächen und multimodaler Texte beschränkt haben, wird dieser Fokus auch im Weiteren beibehalten.

**Potenziale für den Deutschunterricht:** Hieran anschließend soll die Frage gestellt werden, welchen Nutzen und welche Potenziale der entwickelte Textbegriff für den schulischen Deutschunterricht enthält.

*Nutzen des Textbegriffs für den Deutschunterricht*

1. **Lebensweltbezug:** Aus lebensweltlicher Perspektive scheint es fast banal zu sein, erneut auf die Relevanz eines ausgeweiteten Verständnisses von Text als multimodalem Text hinzuweisen und dabei auch die Analyse audio-visueller Textformate zu berücksichtigen. Hier weist jede JIM-Studie, in deren Rahmen seit 2011 jährlich 1200 Schüler/innen nach ihren Mediengebrauchsgewohnheiten gefragt werden, nicht nur auf die prinzipielle Bedeutung der Beschäftigung mit Medien hin, sondern unterstreicht zusätzlich die weiterhin ungebrochene Relevanz audiovisueller Textformate (exemplarisch: vgl. Mpfs 2011: 10; 2017: 39). Dies gilt sowohl für die sogenannten traditionellen Medien wie TV und Kino, als auch für audiovisuelle Formate auf YouTube oder im Rahmen anderer sozialer Netzwerke.

2. **Produktionsorientierter Deutschunterricht:** Ein zweiter Aspekt, der unmittelbar hieran anschließt, verweist auf die Tatsache, dass Schüler/innen in einer Vielzahl audiovisueller Textsorten über differenzierte Textsortenkenntnisse verfügen. Dies unterstreicht die Annahme, dass gerade audio-visuelle Formate besonders für einen produktionsorientierten Deutschunterricht geeignet sind, der es Schüler/innen erlaubt, eigene filmische Texte zu gestalten und sie auch aus der Perspektive der Produzent/innen über die Textmuster konkreter Formate nachdenken zu lassen.

3. **Integration unterschiedlicher Textsorten:** An diese Überlegung anschließend lässt sich weiter herausstellen, dass die Beschäftigung mit audio-visuellen Texten problemlos Zusammenhänge zu traditionelleren Formaten eröffnen. Konkret weist Rupp (2014: 614) auf die Parallelität der Kategorie der ›Erzählperspektive‹ und der ›Kameraperspektive‹ hin. Unter Berücksichtigung der Überlegungen dieses Kapitels könnten Printanzeigen und audio-visuelle Werbespots verglichen werden und diese wiederum mit Werbetextsorten wie Modestrecken (Printbereich) und Styling-Tutorials (Hypermedien) kontrastiert werden.

4. **Reflexion medialer Textsorten und ihr Gebrauch:** Gerade ein solcher empirisch ausgerichteter Zugang zu lebensweltlich relevanten medialen Gegenständen bildet eine ideale Basis, um bei Schüler/innen eine kompetente Reflexion der Funktionen der unterschiedlichen Textsorten anzuregen, sowie das Nachdenken über deren Potenziale und Gefahren im Gebrauch zu unterstützen.

Wenn wir nun im Anschluss an die angesprochenen Potenziale multimodaler Texte für den Deutschunterricht auf die anfängliche Feststellung zurückkommen, dass eine kompetente und kompetenzorientierte Auseinandersetzung mit Medien trotz deren Relevanz bisher kaum Eingang in den schulischen Deutschunterricht gefunden haben, so stellt sich die Frage, woran dies liegt. Die Antworten auf diese Frage sind sicherlich zu

## 5.4 Anwendungsperspektiven: Multimodalität und audiovisuelle Medien

komplex, um sie hier hinreichend zu behandeln. Dennoch soll ein Aspekt herausgestellt werden, der sich vor dem Hintergrund dieser Einführung aufdrängt und der im Bereich der **fehlenden Kompetenzen von Deutschlehrer/innen** im Umgang mit multimodalen und audio-visuellen Texten zu sehen ist. Da gerade eine Vielzahl angehender Deutschlehrer/innen noch immer davon ausgeht, dass der Hauptgegenstand des Deutschunterrichts in der Beschäftigung mit traditionell schriftsprachlichen Texten (bei besonderer Berücksichtigung literarischer Texte) liegt, werden semiotische Überlegungen, wie die hier präsentierten, bereits in der Ausbildung von Studierenden nur begrenzt als unterrichtsrelevant wahrgenommen.

**Lehrer/innenausbildung und Medienkompetenz:** Dass dies auch aus normativer Sicht den erklärten Zielen der Kultusministerkonferenz (KMK) widerspricht, verdeutlicht der Hinweis der KMK von 2016 auf die notwendigen Kompetenzen von Lehrer/innen in der »digitalen Welt« (ebd.: 24), in denen auf bereits 2012 (ebd.: 7) festgelegte Kompetenzanforderungen von Lehrer/innen verwiesen wird:

»[...] Lehrkräfte müssen mit den Medien und Medientechnologien kompetent und didaktisch reflektiert umgehen können, sie müssen gleichermaßen in der Lage sein, Medienerfahrungen von Kindern und Jugendlichen im Unterricht zum Thema zu machen, Medienangebote zu analysieren und umfassend darüber zu reflektieren, gestalterische und kreative Prozesse mit Medien zu unterstützen und mit Schülerinnen und Schülern über Medienwirkungen zu sprechen.« (Zit. nach Rupp 2014: 639)

**Ausblick:** Um diese Anforderungen erfüllen zu können, ist es ausgehend von den Überlegungen dieses Kapitels unabdingbar notwendig, fachlichen Überlegungen zu einem multimodalen Textbegriff zum Gegenstand der Ausbildung von Deutschlehrer/innen zu machen. Auf diesem Weg müssen die literaturdidaktischen Einsichten in das audio-visuelle Format ›Film‹ (vgl. Abraham 2018; Rupp 2011; Staiger 2011) durch linguistische Überlegungen ergänzt werden, die die Analyse von nicht-literarischen Textsorten aus der mediale Lebenswelt von Schüler/innen erlauben.

Dass diese Textsorten nicht auf die hier analysierten multimodalen Textsorten begrenzt bleiben können, sondern Anschlussüberlegungen aus dem Bereich hypermedialer Textsorten berücksichtigen müssen, wird im folgenden Kapitel ausgeführt.

**Literatur**
Abraham, Ulf (2018): *Filme im Deutschunterricht*. Velbert: Klett.
Adamzik, Kirsten (2004): *Textlinguistik. Eine einführende Darstellung*. Tübingen: Niemeyer, 31–48.
Adamzik, Kirsten (2008): Textsorten und ihre Beschreibung. In: Janich, Nina (Hg.): *Textlinguistik. 15 Einführungen*. Tübingen: Narr, 145–175.
Adamzik, Kirsten (2016): *Textlinguistik. Grundlagen, Kontroversen, Perspektiven*. Berlin: De Gruyter.
de Beaugrande, Robert-Alain/ Dressler, Wolfgang U. (1981): *Einführung in die Textlinguistik*. Tübingen: Niemeyer.
Fix, Ulla (2008a): Text und Textlingusitik. In: Janich, Nina (Hg.): *Textlinguistik. 15 Einführungen*. Tübingen: Narr, 15–34.
Fix, Ulla (2008b): *Texte und Textsorten – sprachliche, kommunikative und kulturelle Phänomene*. Berlin: Frank & Timme.

Fix, Ulla/Adamzik, Kirsten/Antos, Gerd/Klemm, Michael (2002) (Hg.): *Brauchen wir einen neuen Textbegriff?* Frankfurt a. M.: Peter Lang.

Hausendorf, Heiko/Kesselheim, Wolfgang/Kato, Hiloko/Breitholz, Martina (2017): Textkommunikation. *Ein textlinguistischer Neuansatz zur Theorie und Empirie der Kommunikation mit und durch Schrift.* Berlin: De Gruyter.

Hickethier, Knut (2012): Film- und Fernsehanalyse. 5. Aufl. Stuttgart: J. B. Metzler.

Janich, Nina (2004): *Werbesprache. Ein Arbeitsbuch.* Tübingen: Narr.

Janich, Nina (2012): Werbekommunikation pragmatisch. In: Dies (Hg.): *Handbuch Werbekommunikation. Sprachwissenschaftliche und interdisziplinäre Zugänge.* München: UTB, 213–228.

Kultusministerkonferenz (KMK) (2012): Medienbildung in der Schule, https://www.kmk.org/fileadmin/veroeffentlichungen_beschluesse/2012/2012_03_08_Medienbildung.pdf.

Kultusministerkonferenz (KMK) (2016): Bildung in der digitalen Welt. Strategie der Kultusministerkonferenz, https://www.kmk.org/fileadmin/Dateien/pdf/PresseUndAktuelles/2016/Bildung_digitale_Welt_Webversion.pdf.

Klemm, Michael (2002): Ausgangspunkte: Jedem sein Textbegriff? Textdifinitionen im Vergleich. In: Fix, Ulla u. a. (Hg.): *Brauchen wir einen neuen Textbegriff? Antworten auf eine Preisfrage.* Frankfurt a. M.: Peter Lang, 17–29.

Mikos, Lothar (2015): *Film- und Fernsehanalyse.* München: UVK.

Mpfs (2011): JIM. Jugend, Information, (Multi-)Media. Basisstudie zum Medienumgang 12-bis 19-Jähriger in Deutschland. Stuttgart, https://www.mpfs.de/fileadmin/files/Studien/JIM/2011/JIM_Studie_2011.pdf.

Mpfs (2017): JIM. Jugend, Information, (Multi-)Media (2017). Basisstudie zum Medienumgang 12- bis 19-Jähriger in Deutschland. Stuttgart, https://www.mpfs.de/studien/jim-studie/2017/.

Rupp, Gerhard (2011): Mediendidaktik. In: Köhnen, Ralph (Hg.): *Einführung in die Deutschdidaktik.* Stuttgart: J. B. Metzler, 205–252.

Rupp, Gerhard (2014): *Deutschunterricht lehren weltweit. Basiswissen für Master of Education-Studierende und Deutschlehrer/innen.* Baltmannsweiler: Schneider Verlag Hohengehren.

Sandig, Barbara (2000): Text als prototypisches Konzept. In: Mangasser-Wahl, Martina (Hg.): *Prototypentheorie in der Linguistik. Anwendungsbeispiele – Methodenreflexion – Perspektiven.* Tübingen: Stauffenburg Verlag, 93–112.

Schneider, Jan/Stöckl, Hartmut (Hg.) (2011): *Medientheorien und Multimodalität. Ein TV-Werbespot – Sieben methodische Beschreibungsansätze.* Köln: Herbert von Halem Verlag.

Staiger, Michael (2008): Filmanalyse – Ein Kompendium. In: *Der Deutschunterricht*, Heft 3, 8–18.

Staiger, Michael (2011): Filmanalyse und Medienkulturkompetenz. Zum sprach- und medienwissenschaftlichen Potenzial audiovisueller Texte. In: Schneider, Jan/Stöckl, Hartmut (Hg.): *Medientheorien und Multimodalität. Ein TV-Werbespot – Sieben methodische Beschreibungsansätze.* Köln: Herbert von Halem Verlag, 45–69.

Stöckl, Hartmut (2007): Hörfunkwerbung – »Kino für das Ohr«. Medienspezifika, Kodeverknüpfungen und Textmuster einer vernachlässigten Werbeform. In: Roth, Kersten Sven/Spitzmüller, Jürgen (Hg.): *Textdesign und Textwirkung in der massenmedialen Kommunikation.* Konstanz: UVK, 177–202.

Stukenbrock, Anja (2009): Herausforderungen der multimodalen Transkription. Methodische und theoretische Überlegungen aus der wissenschaftlichen Praxis. In: Birkner, Karin/Stukenbrock, Anja (Hg.): *Die Arbeit mit Transkripten in Fortbildung, Lehre und Forschung.* Mannheim: Verlag für Gesprächsforschung, 144–169.

Heinz Vater (2001): *Einführung in die Textlinguistik. Struktur und Verstehen von Texten.* 3., überarb. Aufl. München: Wilhelm Fink.

Weidner, Beate (2017): Zwischen Information und Unterhaltung: Multimodale

Verfahren des Bewertens im Koch-TV. In: *Gesprächsforschung – Online-Zeitschrift zur verbalen Interaktion Ausgabe* 18 (2017), 1–33, http://www.gespraechsforschung-ozs.de.

Ziem, Alexander (2012): Werbekommunikation semantisch. In: Janich, Nina (Hg.): *Handbuch Werbekommunikation. Sprachwissenschaftliche und interdisziplinäre Zugänge*. München: UTB, 65–88.

# 6 Hypermedien und die Ausdifferenzierung neuer Textsorten

6.1 Hypertextualität und das Internet
6.2 Formen hypertextueller Hybridität
6.3 Ausdifferenzierung neuer Textsorten: Individualisierung und Beteiligung
6.4 Anwendungsperspektiven der Hypertextualitätsforschung

Nachdem wir uns im letzten Kapitel mit visuellen und audiovisuellen Texten beschäftigt haben, soll es in diesem Kapitel um eine Ausweitung der Perspektive auf den Bereich des Internets gehen. Dabei werden **hypermediale Textsorten** anhand der Fragestellung betrachtet, inwieweit sich diese von traditionellen Textsorten unterscheiden und welche Folgen die in hypermedialen Texten beobachtbaren Veränderungen mit sich bringen.

Um einen Teilbereich der **Angewandten Linguistik** (im engen Sinne) handelt es sich bei der Beschäftigung mit hypermedialen Texten entsprechend der Eingangsdefinition deshalb, weil hypermediale Texte in hohem Maße multimodal sind, in Form von Korpora erhoben und im Hinblick auf spezifische wissenschaftliche Fragestellungen untersucht werden können (Georgakopoulou/Spilioti 2016; s. Kap. 2). Derartige Fragestellungen können sich sowohl auf die technischen Voraussetzungen von Hypertexten, auf ihre mediale Form, ihre kommunikative Funktion oder auf ihre Auswirkungen auf das Kommunikationsverhalten von Nutzer/innen beziehen. Über diesen **engen Anwendungsbegriff** hinaus stellt sich im Rahmen eines **weiten Anwendungsbegriffs** (s. Kap. 6.4) im Zusammenhang mit den Hypermedien zusätzlich die auch öffentlich diskutierte Frage, inwieweit sich das Kommunikationsverhalten von Individuen durch die verbreitete Nutzung von internetfähigen Endgeräten verändert hat und welche Perspektiven und Probleme das mit sich bringt.

**Vorgehen:** Vor diesem Hintergrund soll es im folgenden Kapitel zunächst darum gehen, Hypertexte von Texten in anderen medialen Zusammenhängen zu unterscheiden (6.1). Hieran anschließend werden die Veränderungen der Text(sorten)landschaft in den Hypermedien anhand der Begriffe ›Hybridisierung‹ und ›Ausdifferenzierung‹ diskutiert (6.2). Die dabei deutlich werdenden partizipatorischen Aspekte der Hypermedien werden in einem weiteren Schritt anhand einer kontrastiven Analyse der (Print-)Textsorte ›Modestrecke‹ und den (Hyper-)Textsorte ›Tutorial‹ exemplarisch verdeutlicht (6.3), bevor in einem letzten Schritt erneut konkrete Anwendungsperspektiven betrachtet werden (6.4).

## 6.1 | Hypertextualität und das Internet

**Eine erste Definition** des Begriffs ›Hypertext‹ von Angelika Storrer nennt die folgenden Merkmale von Hypertexten:

»Hypertexte sind nichtlinear organisiert; Hypertexte erlauben die Mehrfachkodierung von Daten in verschiedenen Symbolsystemen und deren Übermittlung auf mehreren Sinneskanälen; Hypertexte sind computerverwaltete Texte.« (Storrer 2000: 227)

Mit dem Verweis, dass Hypertexte **nichtlinear organisiert** sind, bezieht sich Storrer auf die Tatsache, dass es sich bei Hypertexten um Texte handelt, in denen Text(element)e mit anderen Text(element)en verknüpft bzw. verlinkt sind. Mit dieser Feststellung wird gleichzeitig deutlich, dass Hypertexte nicht als klar abgrenzbare Einheiten beschrieben werden können. Mit dem zweiten Kriterium der Nutzung verschiedener Symbolsysteme weist Storrer auf den **multimodalen Charakter** hypermedialer Texte hin, der diese jedoch nicht grundsätzlich von anderen Texten unterscheidet (s. Kap. 5). Das dritte Kriterium der **Computerverwaltung** macht deutlich, dass Hypertexte im Hinblick auf ihre technischen Voraussetzungen in entscheidender Weise auf der Basis internetfähiger Endgeräte operieren, was sie erneut von anderen (traditionelleren) Texten unterscheidet.

**Ein erstes Beispiel:** Als ein erstes Beispiel soll der Screenshot der folgenden Website »chefkoch.de« unter Bezug auf die erste Definition von ›Hypertext‹ betrachtet werden (s. Abb. 6.1):

**Beschreibung des Screenshots:** Obgleich es sich bei diesem Auszug nur um den oberen Teil einer Website handelt, der man im täglichen Gebrauch an einem internetfähigen Endgerät u. a. scrollend nach unten folgen könnte, ist erkennbar, dass es sich um einen Sprache-Bild-Text auf der Plattform »chefkoch.de« handelt und konkret um ein Rezept für »Mangold mit Schafskäse und Joghurt«. Sowohl unmittelbar unterhalb der Abbildung der fertigen Mahlzeit und der schriftlichen Realisierung des Themas des Rezepts (»Mangold mit Schafskäse und Joghurt«) als auch rechts daneben finden sich mehrere **verlinkte Textelemente**, die zu Anschlusshandlungen auffordern wie »Drucken«, »Rezept speichern«, »Kommentare« etc. Die für Rezepte typischen Mengenangaben finden sich im unteren linken Quadranten, unterhalb eines Werbelinks für ein Beruhigungsmittel. Bereits diese Hinweise machen deutlich, dass eine chronologisch-lineare Lektüre der Website von links nach rechts und von oben nach unten wenig Sinn machen würde.

Trotz dieser ersten Beobachtungen lässt sich festhallten, dass es sich bei dem Rezept unter Berücksichtigung der weiter oben eingeführten Textualitätskriterien um einen ›Text‹ handelt, allerdings um einen hypertextuell erweiterten Text im Sinne Storrers. Konkret handelt es sich um einen Sprache-Bild-Text, der im Originalzusammenhang elektronisch gespeichert und über internetfähige Endgeräte zugänglich ist. Anders als traditionelle Texte ist er darauf angelegt, nicht durchgängig linear gelesen zu werden, sondern er besteht aus einer Vielzahl miteinander elektronisch verknüpfter sprachlicher und bildlicher Textelemente, die keine klaren Textgrenzen mehr erkennen lassen.

# 6.1
## Hypertextualität und das Internet

Abb. 6.1: Screenshot eines Rezepts auf der Plattform »chefkoch.de« (https://www.chefkoch.de/rezepte/301011110019950/Mangold-mit-Schafskaese-und-Joghurt.html; gesehen am 12.11.2018)

**Verlinkung von Hypertexten:** Eindeutig hypertextuell im bisher definierten Sinn ist der vorliegende Text also deshalb, weil er eine Vielzahl von intern und extern verlinkten Verbindungen zu anderen Text(element)en aufweist: So finden sich im Screenshot aus Abbildung 6.1 über die bereits erwähnten Links hinaus oben in der Reiterleiste Verknüpfungen mit weiteren Inhalten und Nutzungsmöglichkeiten der Seite, die – würde man sie anklicken – ihrerseits weitere Links zu themenspezifisch relevanten Aspekten sichtbar machen würden. So würde ein Klick auf den Button »Community« u. a. neue Links zu unterschiedlichen Plattformen anbieten, auf denen man sich mit anderen interessierten User/innen über Themen wie ›Kochen‹, ›Backen‹ oder ›Lifestyle‹ austauschen könnte. Zusätzlich finden sich Verweise auf weitere Artikel im Umfeld des Themas oder die Möglichkeit, andere Videos zu Fragen des Kochens hochzuladen.

**Hypertext und Werbung:** Im vorliegenden Screenshot finden sich in die Website integrierte – wie bereits erwähnt – **Werbe-Sehflächen**, die ebenfalls verlinkt sind: Das animierte **Banner** direkt oben auf der Seite würde im Fall eines Klicks zur Deutschen Bundesbahn führen, das ebenfalls animierte Banner rechts zu »Check 24« und der scheinbar nur sachlich motivierte Link oberhalb der Mengenangaben für das Rezept, ist mit einer Werbung für ein Beruhigungsmittel verknüpft.

Würden wir auf dieser Seite in einer Gebrauchssituation weiter nach unten scrollen, so wären über die erwähnten Werbeelemente hinaus **Pop-ups** zu sehen, die ebenfalls mit animierten Werbespots verlinkt sind. Auch wenn sich diese Art der sich permanent verändernden werbenden Verlinkung als spezifische (also nicht zwingende) Form hypertextueller Verknüpfung beschreiben lässt, so könnte man sich aufgrund der hohen Frequenz und der flexiblen Variationsvielfalt der durch *Google Ads* ausgelösten Werbeelemente dennoch fragen, ob es sich bei dieser Art personalisierter Werbung nicht um ein genuines Element von Hypertexten handelt, das Teil einer Definition von ›Hypertext‹ sein müsste. Dagegen spricht allerdings die Tatsache, dass es werbeneutrale Hypertexte gibt (wenn auch immer seltener).

Doch betrachten wir diese ersten Überlegungen zu Hypertexten zunächst systematischer aus semiotischer Sicht.

**Multimodalität und Hypertextualität:** Aus semiotischer Perspektive unterstreicht die Analyse des Beispiels (in Abbildung 6.1) die Annahme Storrers, dass es sich bei Hypertexten – wie (potenziell) bei anderen Texten auch – um ein multimodales Phänomen handelt. Im Kontrast zu anderen Sprache-Bild-Texten ist hierbei jedoch herauszustellen, dass der Grad der Multimodalität in hypertextuellen Umgebungen deutlich über den anderer Textphänomene hinausgeht: So ist nicht nur der Anteil bildlicher Elemente in hypertextuellen Zusammenhängen wesentlich höher als in einer Vielzahl ›traditioneller‹ Texte, sondern die hypermediale Umgebung ermöglich zusätzlich die Verlinkung mit visuellen, auditiven und audiovisuelle Texten, wie dies nicht nur auf Websites wie »chefkoch.de«, sondern auch in vielen Blogs bzw. Vlogs zu beobachten ist. Insoweit spricht Weidacher (2007: 260) bezogen auf die Verbindung zwischen Hypertextualität und Multimodalität zu Recht von **Hypermodalität** und geht davon aus, dass die spezifische Qualität von Hypermedien gerade in der systematischen Nutzung multimodaler Elemente für die Verlinkung und Strukturierung von Hypertexten besteht.

**Ergodizität:** Wenn wir nun auf dem Weg zu einer weiter ausdifferenzierten Definition von Hypertexten der Frage nachgehen, was hypermediale Texte von anderen Texten unterscheidet, ist weiter oben bereits deutlich geworden, dass das Kriterium der Abgeschlossenheit in Hypertexten irrelevant ist, da die Verlinkung unterschiedlicher Textelemente zu offenen Textstrukturen führt, die als spezifische Form der technisch unterstützten Intertextualität begriffen werden können. Dies führt dazu, dass Hypertexte nicht mehr dominant linear organisiert sind und auf der Basis der technischen Möglichkeiten des Internets **intra- und intertextuell verknüpft** realisiert werden. Für Rezipient/innen bzw. User/innen ist diese Verknüpfung an die Möglichkeit geknüpft, sich bei jedem verlinkten Element zu entscheiden, ob sie dem jeweiligen Link folgen wollen oder nicht. Diese Möglichkeit für User/innen, ihren Lektüreweg mitzubestimmen, wird als **Ergodizität** bezeichnet (vgl. Marx/Weidacher 2014: 84 f. und 187).

**Un-/Beständigkeit:** Ein weiterer Unterschied zwischen Hypertexten und traditionellen Texten in anderen medialen Umgebungen besteht in ihrer fehlenden Beständigkeit. Während traditionelle (dominant schriftsprachliche) Texte die Funktion haben, Inhalte zu speichern und sie damit zu verstetigen bzw. überlieferbar zu machen (Ehlich 1984: 18 f.; 2005), gilt das Kriterium der Verstetigung für Hypertexte nicht auf die gleiche Weise: So können Hypertexte von ihren Urheber/innen wieder gelöscht bzw. verändert werden, eine Erfahrung, die die meisten Internetnutzer/innen schon einmal gemacht haben, wenn ein gespeicherter Link auf einmal nicht mehr zu dem erwarteten Text, sondern zum Kommentar »error« führt. Aber auch die permanenten Veränderungen im Bereich der Werbeelemente verweist auf diesen Aspekt der Unbeständigkeit, der die Angewandte Linguistik bei der Zusammenstellung ihrer Korpora vor erhebliche Probleme stellt.

**Fluidität:** Die genannten Aspekte der Unbeständigkeit beziehen sich bei Hypermedien jedoch nicht nur auf die grundsätzliche Existenz eines Textes, sondern auch auf die Tatsache, dass Hypertexte nicht zwangsläufig als textuelle Endprodukte begriffen werden können, sondern als ein aktueller Zwischenstand im Rahmen (kooperativer) Textproduktion. Prototypisch kann man diese potenzielle Eigenschaft von Hypertexten am Beispiel der Plattform ›Wikipedia‹ nachvollziehen (Gredel 2018: 40 ff.). So hat Wikipedia das Prinzip der Vorläufigkeit und textuellen Unbeständigkeit geradezu zum Ausgangspunkt ihres Konzepts gemacht, indem die Betreiber die mediale Voraussetzung für die kontinuierliche Veränderung und Überarbeitung ihrer Einträge (Wikis) für die kollaborative (Hyper-)Textproduktion nutzen. Diese tendenziell unabschließbare Veränderbarkeit von Hypertexten, die sich aus der Beteiligung unterschiedlicher Autor/innen ergibt, bezeichnen Marx und Weidacher als Fluidität (2014: 192 ff.).

Weitere Beispiele für das Phänomen der Fluidität sind z. B. Kommentarlisten auf YouTube, Instagram oder auf Bildplattformen wie Flickr. Hier resultiert die Fluidität ebenfalls aus nicht abgeschlossenen (und in der Regel auch nicht abschließbaren) Prozessen des sozialen Austauschs über Referenztexte oder Bilder. In der Folge verändern sich Kommentarlisten kontinuierlich, zumal hier zusätzlich die Möglichkeit der technischen Bearbeitung von Kommentarlisten zu beachten ist.

Nun ist das Phänomen der Hypertextualität allerdings älter als Plattformen wie YouTube, Flickr oder Facebook. Der für diesen Zusammenhang entscheidende Unterschied zwischen (älteren) hypermedialen Möglichkeiten im sogenannten Web 1.0 in den 1990er und frühen 2000er Jahren (persönliche Websites, Veröffentlichungen, Onlinewörterbücher u. Ä.) und denen im gegenwärtigen Webs 2.0 (V-/Blogs, Wikipedia, Soziale Netzwerke u. Ä.) liegt in den gesteigerten **Beteiligungsmöglichkeiten von Laien-User/innen:** Während im sogenannten Web 1.0 nur Spezialisten mit HTML-Kenntnissen die im Internet zugänglichen Inhalte programmieren bzw. verändern konnten, ist das Web 2.0 ab Mitte der 2000er Jahre als ›Mitmach-Netz‹ konzipiert, in dem jede/r ohne spezifische technische Kompetenzen Inhalte hochladen bzw. die interaktiven Angebote und Möglichkeiten von Plattformen nutzen kann (vgl. Runkehl 2010: 103). Das wird auch auf der Website »chefkoch.de« deutlich, auf der man beispielsweise unter dem Reiter »Community« eine Vielzahl von verlinkten Foren findet, in denen sich User/innen interaktiv mit Fragen des Kochens auseinandersetzen können.

Bezieht man diese Veränderungen auf die Unterschiede zwischen traditionellen Texten und Hypertexten, so wird deutlich, dass vor allem das gegenwärtige Web 2.0 durch erheblich gesteigerte Beteiligungsmöglichkeiten für User/innen gekennzeichnet ist, die zu einem Anwachsen unterschiedlicher **Formen hypermedialen Austauschs** geführt haben (Androutsopoulos/Tereick 2016: 355). Hierunter fallen Chats, wie sie in Blogs oder Microblogs zu beobachten sind, Formen des Kommentierens oder Likens, wie sie auf YouTube, Facebook, Twitter oder Instagram üblich sind, aber auch Formen der Interaktion über hochgeladene Bilder oder Videos, wie sie sich auf YouTube, Snapchat oder Flickr finden.

Eine zweites Beispiel: Diese Überlegungen sollen an einem zweiten Beispiel konkretisiert werden: Es geht um ein Rap-Video der YouTuberin Dagi Bee, das sie zusammen mit ihrem Kollegen Julian Bam im August 2018 auf YouTube hochgeladen hat und in dem sich die beiden Stars in Form eines Raps mit dem Thema »Haten« auseinandersetzen:

Abb. 6.2: Screenshot eines YouTube-Videos von Dagi Bee (www.youtube.com/watch?v=S1dZia539WI; gesehen am 12.08.2018)

# 6.1 Hypertextualität und das Internet

Jenseits des konkreten Inhalts des Videos verdeutlicht bereits der Screenshot in Abbildung 6.2 auf für YouTube typische Weise die Relevanz des Austauschs mit anderen User/innen im Anschluss an dieses Video. Sowohl die Links zum »Liken« und »Haten« als auch der Button zum Abonnieren des Kanals unterstreichen, dass Videos auf YouTube immer schon Teil einer öffentlichen Auseinandersetzung sind. Diese Annahme wird auch durch den Hinweis auf 3,9 Mio. Abonnent/innen von Dagi Bee und 8 Mio. Aufrufen des Videos belegt.

Austausch unter User/innen: Schaut man sich hypermediale Phänomene wie dieses an, so lässt sich weiter festhalten, dass Hypertexte sich nicht nur durch die Verlinkung einzelner Textelemente von herkömmlichen Texten unterscheiden, sondern auch durch hypermedial konstituierte Formen des Austauschs und den damit verbundenen Möglichkeiten der (medialen) Beteiligung. Eine für die Angewandte Linguistik entscheidende Frage, die sich an derartige Formen medienspezifischen Austauschs anschließt, ist die nach ihren Besonderheiten, Möglichkeiten und Grenzen im Unterschied zu anderen Formen der Interaktion, z. B. in Gesprächen *face-to-face* (s. Kap. 3).

Eine drittes Beispiel: Diese Frage soll anhand des folgenden Auszugs aus einer Kommentarliste auf Instagram betrachtet werden. So findet sich in Abbildung 6.3 ein Auszug aus einer am 25.08.2018 in Form eines Screenshots festgehaltenen Kommentarliste auf Instagram zu dem angesprochenen Rap von Dagi Bee. Konkret geht es um die Bewertung des Raps durch die User/innen.

Abb. 6.3: Auszug aus einer Kommentarliste auf Instagram zu dem Rap von Dagi Bee (privater Instagram-Account am 25.08.2018)

Den Einstiegskommentar im folgenden Screenshot von »lucy sl« bildet ein kritischer Kommentar zur Tonqualität des Raps (»Autotune hilft«) in Kombination mit einem Emoji, mit dem sich die Userin über den Rap der YouTuberin lustig macht. Hierauf gibt es zum genannten Datum insgesamt 9 Reaktionen, von denen bereits die ersten 4 (sichtbar im vorliegenden Screenshot) zeigen, dass sich die Ansichten zu dem Video deutlich unterscheiden:

Dieser Screenshot von einem privaten Instagram-Account hebt hervor, dass User/innen sich nicht nur zur Qualität des Videos unterschiedlich positionieren, sondern dass sie sich auch mit den Ausführungen der anderen User/innen auseinandersetzen. Dies zeigt sich beispielsweise in der Reaktion von »Rena.ctx« auf »Luci.sl«, die weniger auf das Video selber Bezug nimmt, als vielmehr auf die als unangemessen kritisch und missgünstig (»#missgunstmachthässlich«) wahrgenommene Reaktion von »Luci.sl«. Auch die anschließenden Kommentare von »anji.njk« und »dajotute« machen Formen der Bezugnahme auf die anderen Teilnehmerinnen deutlich.

**Interaktion und Hypermedien:** Zur genaueren Erfassung dieser Art der Kommunikation möchten wir nun auf den Begriff der Interaktion eingehen, unter den die soeben beobachteten Formen des Austauschs fallen. Hierbei soll ein u. a. in der Medienwissenschaft genutzter, in Teilen technisch orientierter Interaktionsbegriff, unter den auch die Interaktion einer Maschine mit einem Individuums fallen würde, von einem (sozialen, mehrheitlich linguistischen) Interaktionsbegriff unterschieden werden, zu dessen Voraussetzungen es gehört, dass menschliche Teilnehmer/innen miteinander kommunizieren und hierbei alle Beteiligten Zugriff auf die Äußerungen der Partner/innen haben.

**Interaktion vs. Dialog:** Aber auch unter Berücksichtigung dieser Differenzierung zwischen einem technischen und einem sozialen Interaktionsbegriff besteht in der Linguistik keine Einigkeit darüber, wann beim Austausch zwischen Kommunikationspartner/innen von Interaktivität und wann von Dialogizität gesprochen werden soll. Während Marx und Weidacher (2014: 193 ff.) Formen des kommunikativen Austauschs im Internet (in Abgrenzung zu monologischen Texten) als Dialogizität bezeichnen, spricht sich Imo (2013; 2016) im Zusammenhang mit medial fundierter Kommunikation für den Begriff der Interaktion aus, solange alle Beteiligten Zugriff auf die konkrete Kommunikationssituation haben.

Ohne die Diskussion um die Vor- und Nachteile der einen bzw. der anderen Entscheidung an dieser Stelle führen zu können, werden wir uns im Folgenden auf die Definition des Interaktionsbegriffs von Imo (2013: 46–58) beziehen, da es uns dieser erlaubt, an die konversationsanalytischen Überlegungen von Kapitel 3 anzuschließen. Wir möchten aber betonen, dass wir hypertextuellen Austausch damit nicht mit Gesprächen gleichsetzen, da Gespräche wie wir gezeigt haben, spezifischen und teilweise eigenen Realisierungsmechanismen folgen (vgl. Hausendorf 2015; Schneider 2017). Dennoch teilen sie bestimmte Beschreibungsdimensionen, weshalb vergleichende Zugänge sinnvoll sind. Im Hinblick auf die Gemeinsamkeiten und Unterschiede zwischen mündlichen Gesprächen *face-to-face* und Formen des ebenfalls auf Wechselseitigkeit beruhenden Austauschs in den Hypermedien schlägt Imo einen aus der Konversationsanalyse übernommenen Begriff von Interaktion vor, der mindestens zwei Kriterien erfüllen muss:

*Interaktion*

- **Situationsgebundenheit/Kontextgebundenheit:** Hierunter versteht er die Möglichkeit der an einer Interaktion Beteiligten, eine konkrete kommunikativ-sprachliche Situation herzustellen, zu verändern, zu diskutieren, in Frage zu stellen oder beenden zu können (vgl. ebd.: 55).
- **Sequenzialität:** Hierunter versteht er die Möglichkeiten aller Interaktionsbeteiligten, mit ihren Äußerungen auf Vorgängeräußerungen zu reagieren und Nachfolgeäußerungen erwartbar zu machen (vgl. ebd.: 57; s. Kap. 3.2).

Auf diese Annahmen aufbauend, ist für ihn im Weiteren nicht entscheidend, ob die beiden Kriterien in mündliche oder schriftsprachlich fundierte Situationen eingebunden sind bzw. ob sie *face-to-face* oder technisch vermittelt realisiert werden. Ebenfalls nur eine graduelle Rolle spielt die Unterscheidung, ob die Interaktion synchron, quasi-synchron oder zeitlich versetzt erfolgt: Entscheidend ist vorrangig, ob die beiden erwähnten Kriterien der Situationsgebundenheit und der Sequenzialität erfüllt sind.

Überträgt man diese Annahmen auf den oben betrachteten Auszug aus den Kommentarlisten auf Instagram, so lässt sich an allen Beiträgen zeigen, dass sie sich im Rahmen einer an dem Video und/oder den anderen Beiträgen orientierten Situationsdefinition auf einen gemeinsamen Gegenstand hin orientieren. Exemplarisch kann man darüber hinaus an der Reaktion von »dajotute« an »Rena.ctx« festhalten, dass »dajotute« sowohl durch die direkte Adressierung von »Rena.ctx« durch das @-Zeichen und durch die inhaltlich kohärente und kohäsive Reaktion deutlich macht, dass sie aus sequenzieller Sicht auf die Vorgängeräußerung reagiert. Insoweit kann man über den konkreten Kommentar hinaus davon ausgehen, dass die Situationsdefinition auf Kommentarlisten von User/innen gemeinsam interaktiv konzipiert wird, u. a. auch dadurch, dass jeder/m, der/die schreibt, klar ist, dass sie/er aus sequenzieller Sicht nicht nur auf einen vorhergehenden Kommentar reagiert, sondern auch Reaktionen bzw. weitere Kommentare erhalten kann.

**Hypermediale Interaktion:** Damit lässt sich unter Bezug auf die verdeutlichten Beteiligungsstrukturen in hypermedialer Umgebungen festhalten, dass Hypertextualität in vielerlei Hinsicht an Formen der medial konstituierten Interaktion gebunden sind. Allerdings sind nicht alle hypermedialen Beteiligungsstrukturen interaktional im definierten Sinne. Vielmehr finden sich auch Beiträge, die im traditionellen Sinn als monologisch zu bezeichnen sind. Dennoch ist die massiv angewachsene Nutzung hypermedialer Interaktion – neben anderen Aspekten, wie dem des leichten technischen Zugangs – einer der Gründe, warum Hypermedien häufig aus der Perspektive der Partizipationsmöglichkeiten von User/innen beschrieben worden sind (Schröder 2018: 20–25).

Eine texttheoretische Frage, die sich an die bisherigen Überlegungen anschließt, ist die, ob interaktive Sequenzen in Kommentarlisten oder längere interaktive Formen des Austauschs beispielsweise in einem Chat überhaupt Texte sind? Damit würde der Textbegriff (wie in Kap. 4 und 5 geschehen) nicht nur um eine multimodale Qualität erweitert, sondern zusätzlich die **Differenz** zwischen **monologischen und dialogischen** Kommunikationsformen aufgehoben. Diese keinesfalls erst im Zusammenhang mit Hypertexten relevante Frage ist schon häufig – und wie zu erwarten war – ohne abschließend klärendes Ergebnis diskutiert worden (Adamzik 2004: 41–43).

Allerdings scheint es uns an dieser Stelle sinnvoll zu sein, mit Marx und Weidacher (2014) davon auszugehen, dass Hypertexte aus textlinguistischer Sicht Texte sind, die über die traditionellen Textualitätskriterien hinaus (s. Kap. 4 und 5) zusätzlich jedoch spezifische Bedingungen erfüllen: sie sind hypertextuell verlinkt, sie sind multimodal, sie sind unbeständig und fluide und sie sind in der Regel auf Austausch angelegt.

Damit wollen wir dieses Teilkapitel abschließend den Begriff des Hypertexts auf Storrers Eingangsdefinition aufbauend wie folgt definieren:

**Definition**

> **Hypertexte** sind auf der Grundlage elektronischer Mittel mit anderen Texten und Textelementen verlinkte multimodale Texte, die das Kriterium der Abgeschlossenheit (in der Regel) aufgeben. Ebenfalls im Gegensatz zu herkömmlichen Texten sind Hypertexte nur partiell linear organisiert und überlassen ihren Nutzer/innen an durch Links definierten Stellen die Entscheidung hinsichtlich der Lektüreabfolge (Ergodizität). Darüber hinaus weisen Hypertexte die Merkmale der Unbeständigkeit und der Fluidität auf und können zusätzlich auf Formen des interaktiven Austauschs ausgerichtet sein.

Aufgrund der Beteiligungsmöglichkeiten bei der Erstellung von Hypertexten, z. B. in Kommentaren, Foren etc. weisen Hypertexte somit zunehmend interaktionale Elemente auf, was ihre Fluidität verstärkt. In der Folge muss bei Analysen von Hypertexten immer zunächst geklärt werden, was im Zentrum der analytischen Betrachtung stehen soll: Sollen es einzelne Textelemente sein, deren Bezug zu anderen untersucht wird, womit Analysen stärker das (hyper-)textuelle Netz fokussieren würden, oder sollen vorrangig interaktionale Bezugnahmen untersucht werden, die stärker auf den hypertextuellen Austausch ausgerichtet sind. Beide Zugänge haben in hypermedialen Zusammenhängen ihre Berechtigung.

## 6.2 | Formen hypertextueller Hybridität

**Mediale Hybridität:** Ein weiterer Begriff, der in den letzten Jahren immer wieder im Zusammenhang mit hypermedialen Texten im Web 2.0 Aufmerksamkeit erregt hat, ist der der Hybridität (Hauser/Luginbühl 2015; Marx/Weidacher 2014). Der Begriff stammt ursprünglich aus der Biologie und wird dort für die Kreuzung von zwei Spezies zu einer neuen Art benutzt. Da man Hybridisierung in seiner einfachsten Version mit ›Vermischung‹ übersetzen kann, besteht die Möglichkeit, jede Art der ›Vermischung‹ als Hybridisierung zu bezeichnen. Dies hat dazu geführt, dass das Internet als medialer Träger von Hypermedien insgesamt als **Hybridmedium** bezeichnet worden ist, da dort Formen der Vermischung auf unterschiedlichsten Ebenen zu beobachten sind:

*Internet als Hypermedium*
- Hypermediale Netzwerke können sowohl als Verbreitungs-, als auch als Kommunikations- und Speichermedium genutzt werden (vgl. Marx/Weidacher 2014: 72–81). In diesem Sinne ist das Internet auch als Multimedium bezeichnet worden (vgl. Schlobinski 2005: 9).
- In Hypermedien werden unterschiedliche semiotische Kodes und multimodale Ausdrucksressourcen hypertextuell vermischt genutzt.
- Gleichzeitig kommt es aufgrund der vielfältigen medialen Nutzungsmöglichkeiten des Internets zu einer Vermischung von Möglichkeiten sowohl individueller Kommunikation als auch der Massenkommunikation. Diese Art der ›Vermischung‹ überlagert sich mit der Ver-

mischung von privater im Gegensatz zu öffentlicher Kommunikation (Schmitz 2015: 118 f.).
- Die genannten Formen der Hybridisierung haben darüber hinaus zu einer Zunahme, Ausdifferenzierung und Vernetzung von Medieninstitutionen wie Facebook, Google, Twitter oder Youtube geführt (um nur die häufigsten zu nennen), die sich, jede für sich betrachtet, ebenfalls als hybride Mischung verschiedener Mechanismen erweisen und gleichzeitig miteinander vielfältig vernetzt ein hybrides Gesamtsystem/Netzwerk darstellen (vgl. Marx/Weidacher 2014: 82).

Alle angesprochenen Formen der Hybridisierung lassen sich exemplarisch an Styling-Tutorials der YouTuberin Dagi Bee verdeutlichen: Die Tutorials sind auf YouTube gespeichert, sie werden über YouTube an ein Millionen-Publikum verbreitet und im Anschluss an diese Videos finden sich vielfältige Formen der Anschlusskommunikation. Tutorials sind durchgängig multimodal organisiert, und auch der Umgang mit der Ambivalenz zwischen individueller und massenhafter Kommunikation lässt sich gut an ihnen verdeutlichen: Während Tutorials selbst an alle potenziellen Fans gerichtet sind, fordern bereits die Infoboxen zu den Videos zum individuellen Austausch über eigene Erfahrungen auf, was im Rahmen der Kommentarlisten dann zwar öffentlich, aber dennoch eben auch individuell geschieht. Eben diese Beteiligungsmöglichkeiten werden noch deutlicher, wenn man berücksichtigt, dass die Mehrzahl der YouTuber/innen (und ihre Fans) keineswegs nur auf YouTube verortet sind, sondern auch über weitere Medieninstitutionen wie Facebook, Twitter und Instagram vernetzt bleiben (können).

Obgleich es somit ganz offensichtlich ist, dass das Internet mit seiner Vielzahl hypertextueller Möglichkeiten ein Konglomerat hybrider Verbindungen ist, droht der Begriff der Hybridisierung in diesem sehr weiten Sinne seine Prägnanz und Aussagekraft zu verlieren, da zwangsläufig unklar bleibt, was aus der beschriebenen Hybridität folgt.

**Hybridisierung und Textsorten:** Insoweit möchten wir den Begriff der Hybridisierung über seine weite Bedeutung hinaus im Folgenden zusätzlich in einem **engeren Rahmen** nutzbar machen, der sich auf die textuelle und vor allem hypertextuelle Ausdifferenzierung neuer und unterschiedlicher (Hyper-)Textsorten bezieht. Hierbei stützen wir unsere Ausführungen auf die Überlegungen von Hauser und Luginbühl (2015), die den Begriff auf den Aspekt der empirisch beobachtbaren **Ausdifferenzierung neuer Textsorten** unter den Bedingungen der Hypermedien beziehen.

Ausgangspunkt ihrer Überlegungen ist die Erkenntnis, dass zu Zeiten global beobachtbarer Formen von Interdependenzen und Verflechtungen »Prozesse des Mischens und Kombinierens« unvermeidbar sind (ebd.: 11). Diese Annahme nutzen Hauser und Luginbühl für den Bereich der Text(sorten)linguistik und arbeiten heraus, dass Textsorten vor diesem Hintergrund nicht als ›reine‹ Kategorien begriffen werden können. Konkret heißt es bei ihnen:

»Hybridisierung und Ausdifferenzierung von Textsorten meint nun [...] nicht mehr zwingend, dass ›reine‹ oder homogene Textsorten vermischt oder ausdifferenziert werden. Vielmehr werden für eine Gruppe während einer längeren Zeit stabile Textsorten vermischt bzw. ausdifferenziert, wobei es [...] problemlos auch Hybride selbst sein können, die gemischt oder ausdifferenziert werden können. Es ist mit einem Blick in die Textsortengeschichte sogar davon auszugehen, dass Textsorten bei ihrer Genese auf bereits etablierte Muster aufbauen und somit Resultate linguistischer Hybridisierung bzw. Ausdifferenzierung darstellen [...].« (Ebd.: 16)

**Ausdifferenzierung von Werbetextsorten:** Den Motor für Prozesse der Hybridisierung und Ausdifferenzierung sehen die Autoren in den sich ändernden **kommunikativen Bedürfnissen** einer Gesellschaft (ebd.: 17). Ergänzt man diesen Aspekt durch die Berücksichtigung von sich verändernden **technischen Möglichkeiten**, so lässt sich exemplarisch am Aufkommen der Werbetextsorte des TV-Spots in den 1960er Jahren und von Banner- und Pop-Up-Werbung in den 2000er Jahren die enge Verknüpfung von technisch Möglichem und gesellschaftlich bzw. (in diesem Fall) ökonomisch Gewolltem verdeutlichen.

*Kommunikative Bedürfnisse und technische Veränderung am Beispiel Werbung*

- Während die deutsche Gesellschaft nach dem Zweiten Weltkrieg lange Zeit mit den Werbetextsorten der Printanzeige, des Werbeplakats und des Kinospots auskam, veränderte sich dies mit der gesellschaftlichen Verbreitung des Fernsehens in der zweiten Hälfte der 1950er Jahre schrittweise in der Form, dass das ZDF ab 1962 mit der regelmäßigen Sendung von Werbespots das vorhandene Textsorten-Ensemble ergänzte und damit ›ausdifferenzierte‹. Hierbei wurden Elemente aus den Bereichen der Kinowerbung und der Printwerbung genutzt und zu einer neuen Textsorte hybridisiert.
- Ähnliche, zunächst einmal technisch motivierte Formen der Ausdifferenzierung werbender Textsorten waren mit der Einführung des Internets verbunden, das Formate wie die im Zusammenhang mit der Website »chefkoch.de« bereits angesprochenen Banner-Werbungen ermöglichte (Runkehl 2010: 97 f.). Hierbei handelt es sich um eine Hybridbildung aus den Möglichkeiten von Printanzeigen, Plakaten bzw. Werbespots, mit Formen der Website, wobei die Dynamik, die Flexibilität und die geringe Größe der Banner sich als herausragendes Mittel erweisen, Rezipient/innen zielgenau und produktscharf während ihres Aufenthalts im Internet anzusprechen.

Beide Beispiele belegen, dass technische bzw. gesellschaftlich-ökonomische Veränderungen eine Ausdifferenzierung auf der Ebene der Textsorten nach sich gezogen haben: Sowohl die Kommerzialisierung des Fernsehens als auch die aktuelle Kommerzialisierung des Internets verschaffen wirtschaftlichen Einflüssen im individuellen Bereich immer mehr Geltung. Gleichzeitig werden die sich verändernden technischen Möglichkeiten von der Werbewirtschaft immer differenzierter genutzt, um sich im Privatbereich von User/innen Wahrnehmung zu sichern. Dies galt schon für die Fernsehwerbung der 1960er Jahre, durch die Werbebotschaften nicht nur alle Wohnzimmer erreichten, sondern auch didaktisiert über Formate wie die Mainzelmännchen Kinder biografisch früh ansprachen.

**Funktionale Ausdifferenzierung:** Diese Beispiele machen deutlich, dass Veränderungen – wie die beschriebenen – trotz der technischen Initialzündungen keineswegs nur **technischer und formaler Art** sind. Veränderte technische Möglichkeiten ziehen in der Regel auch auf **inhaltlicher Ebene** Veränderungen nach sich, die beispielsweise deutlich werden, wenn User/innen als Folge der Benutzung einer Suchmaschine für Flugreisen plötzlich wochenlang Banner mit Flugangeboten zu den zuvor erfragten Orten zugesendet werden. Hier greifen Mechanismen der maschinellen Lesbarkeit des User/innenverhaltens über Google Ads, die dazu führen, dass das Anklicken eines bestimmten Produkts im Internet unmittelbar Folgewerbung in Form von Bannern, Buttons und Pop-Ups nach sich zieht, Möglichkeiten mit denen es gelingt, spezialisierte Angebote personen- und situationsspezifisch zu adressieren. In der Folge erfüllen die neuen werbenden Textsorten neben bereits bekannten auch **neue Funktionen**, die man bezogen auf das vorliegende Beispiel unter dem Label der wachsenden und immer zielgenaueren Kommerzialisierung der Privatsphäre zusammenfassen kann.

Diese Überlegungen abschließend soll mit Hauser und Luginbühl herausgestellt werden, dass es sich bei **Hybridisierung und Ausdifferenzierung** um zwei zu unterscheidende, sich jedoch gegenseitig bedingende Prozesstypen handelt, »die für die Entwicklung massenmedialer Texte von grundlegender Bedeutung sind« (ebd.: 20). Konkret schreiben die Autoren:

»Durch Hybridisierung wie durch Ausdifferenzierung von Bestehendem können neue Textsorten entstehen, die entweder bestehende Textsorten ablösen und somit etablierte Kommunikationspraktiken ersetzen, oder es kann durch Ausdifferenzierung zu einer Erweiterung und/oder zu einer Binnengliederung des bisherigen Textsortenrepertoires kommen.« (Ebd.)

Um einen genaueren Eindruck von der Relevanz dieser Feststellungen zu bekommen, sei darauf hingewiesen, dass es eine kaum zu überblickende Anzahl von Textsorten gibt, anhand derer man die Ausdifferenzierung ›traditioneller‹ Textsorten unter den Bedingungen der Hypermedien genauer betrachten könnte. Ein gutes Beispiel wäre z. B. die Weiterentwicklung traditioneller Kochbücher. Hier ließe sich beispielsweise die Ausdifferenzierung der multimodalen Textsorte ›Rezept‹ hin zu Kochsendungen (als hybride Kombination aus Talkshow und Beratung) und/oder das Aufkommen von Websites wie »chefkoch.de« hin zu Formen des Food-Bloggings und den damit verbundenen Koch- bzw. Back-Tutorials untersuchen (s. exemplarisch: Sallys Welt: https://www.youtube.com/watch?v = skYoYNOfbrU; gesehen am 10.12.2018).

Im Rahmen solcher (weitgehend noch ausstehenden) Untersuchungen müsste man in jedem Fall zwei Aspekte der Ausdifferenzierung in den Blick nehmen: Zum einen sollte die zunehmende **Kommerzialisierung der Formate** berücksichtigt werden, zum anderen die immer stärkere Differenziertheit der **individuellen Ansprache von Rezipient/innen**, die in der linguistischen Fachliteratur häufig unter dem Begriff der Partizipation diskutiert wird (Kelly-Holmes 2016; Androutsopoulos/Tereick 2016).

Anhand dieser beiden Schwerpunkte werden wir uns im folgenden Teilkapitel auf den exemplarischen Vergleich von zwei weiteren Textsorten konzentrieren: der ›Modestrecke‹ aus dem Printbereich und dem hypermedialen ›Styling-Tutorial‹. Dabei geht es darum zu verdeutlichen, dass die Styling-Tutorials als hybride Weiterentwicklungen der Textsorte der Modestrecke betrachtet werden müssen.

## 6.3 | Ausdifferenzierung neuer Textsorten: Individualisierung und Beteiligung

Betrachtet man in einem ersten Schritt die Textsorte der Tutorials im Kontext anderer hypermedialer Textsorten, so fällt auf, dass es sich hierbei um den Spezialfall eines hypermedialen Beratungsformats handelt, der sich seit dem Start der Plattform YouTube 2005 stark ausgeweitet hat. Dies gilt nicht nur für den Styling-Bereich (Styling-Tutorials, Hauls, Tops&Flops), sondern ebenso für den Bereich der Spiele (Let's Plays), den Sport-Sektor (Fitness-Tutorials, Yoga-Tutorials, Fifa-Tutorials) oder den Auto-Bereich (Tuning-Tutorials), um nur einige zu nennen. Schaut man sich diese Formate genauer an, so wird deutlich, dass **beratende Aspekte** mit **informativen** und **werbenden Elementen** gemischt werden. Wir

Abb. 6.4: Schminkstrecke aus der *BAVO GiRL* (Nr. 2, 09.01.2008: 35)

## Ausdifferenzierung neuer Textsorten: Individualisierung und Beteiligung

haben es also ganz offensichtlich mit hybriden Testsorten zu tun, womit sich die Frage stellt, auf welche Vorgänger-Formate die einzelnen Textsorten zurückgreifen.

Styling-Tutorials: Zur Textsorte der Styling-Tutorials lässt sich aus thematischer Perspektive zunächst einmal festhalten, dass in diesen Videos Fragen von jugendlichen Mädchen zu ihrem Äußeren aufgegriffen und bearbeitet werden, indem sich (ebenfalls junge) YouTuberinnen vor laufender Kamera schminken, frisieren oder Outfits präsentieren und ihre Handlungen hierbei kontinuierlich kommentieren (Meer 2018). Im Rahmen dieser beratenden Anleitungen erhalten die jugendlichen Userinnen Informationen zu Styling-Techniken, aber auch zu Produkten und ihrer Anwendung, sowie Hinweise auf konkrete Produkte mit Markennamen, Preis und Verkaufsort. Die Tutorials haben somit zusätzlich zu ihren beratenden und informierenden Elementen eine werbende Funktion, die den beiden anderen Textfunktionen jedoch untergeordnet ist (Böckmann u. a. 2019; Meer/Staubach i. Ersch.; Tolson 2010).

Mode-/Schminkstrecken: Diese Feststellungen lenken den Blick auf die Print-Textsorte der Mode- bzw. Schminkstrecke, die deutlich älter ist: Auch hier finden sich beratende und informative Textelemente, die ergänzt werden durch Hinweise auf käuflich zu erwerbende Produkte, wie anhand der folgende Modestrecke »Kathas Beauty-Beratung« aus der *BRAVO GiRL* (Nr. 2, 2008: 35) deutlich wird.

Zunächst einmal ist offensichtlich, dass es sich bei dieser Schminkstrecke aus dem Jahr 2008, um eine Sehfläche handelt (s. Kap. 4), in der sich unterschiedliche sprachlich und bildlich realisierte **Cluster** finden, in denen Fragen jugendlicher Rezipient/innen (13–15 Jahre) von der *BRAVO GiRL*-Beauty-Chefin »Katha« beantwortet werden, wie der folgende Auszug aus der Modestrecke exemplarisch zeigt:

Abb. 6.5: Auszug eines Clusters aus der Schminkstrecke in Abb. 6.4

Während die Fragen der jungen Mädchen und die Antworten der Expertin durchgängig sprachlicher Natur sind, wird jedes Cluster ergänzt durch das Foto der fragenden Jugendlichen und ein von Katha empfohlenes Pflegeprodukt, das bildlich realisiert und durch den Produktnamen, den Preis und den Herstellernamen ergänzt wird. Es handelt sich also um eine beratungsorientierte Textsorte, in der Stylingfragen beantwortet und Informationen durch werbende Hinweise ergänzt weitergegeben werden. Auf den ersten Blick scheinen Modestrecken und Styling-Tutorials somit identische **Funktionen** zu erfüllen.

Dass es trotzdem um unterschiedliche Textsorten geht, wird bereits bei genauerer Betrachtung sowohl aus **medialer** als auch aus **formaler Perspektive** deutlich: Während es sich bei der Modestrecke um eine Sehfläche in einem Printmedium handelt, ist das Tutorial ein hypermediales Video. Semiotisch betrachtet (s. Kap. 4 und 5), haben wir es im ersten Fall mit einem Sprache-Bild-Text zu tun, der auf die Modalitäten der geschriebenen Sprache und des statischen Bilds zurückgreift, im zweiten Fall handelt es sich um einen Sprache-Bild-Text, der dominant die Modalitäten des bewegten Bilds und der gesprochenen Sprache nutzt, teils zusätzlich ergänzt durch Musik, Geräusch und geschriebene Elemente.

Aber auch **inhaltlich** werden deutliche Unterschiede sichtbar, die die Annahme der Hybridisierung und der Ausdifferenzierung einer neuen Textsorte unterstreichen:

**Alter und Position der Protagonistinnen:** Zunächst einmal handelt es sich bei der Ratgeberin in »Kathas Beauty-Beratung« um Katha, eine **erwachsene Frau**, der aufgrund ihres Alters und ihrer beruflichen Position (als leitende Ressort-Chefin des Beauty-Bereichs bei *BRAVO GiRL*) Beratungskompetenz zugesprochen wird. Dies unterscheidet die vorliegende Modestrecke deutlich von Styling-Tutorials (oder vergleichbaren hypermedialen Textsorten), in denen sich die YouTuberinnen als tendenziell **gleichaltrige Peers** präsentieren, wie das folgende Standbild (s. Abb. 6.6) aus einem Video der YouTuberin Dagi Bee verdeutlicht, in dem sie auf dem Bett in ihrem Zimmer sitzt und ihren Fans ihre Einkäufe präsentiert

Abb. 6.6: Standbild aus einem Tutorial von Dagi Bee (https://www.youtube.com/watch?v=1ONf1ET0xmU; gesehen am 11.12.2018)

(Meer/Staubach i. Ersch.). Die alters- und positionsspezifischen Unterschiede zwischen der YouTuberin und der erwachsenen Beraterin »Katha« reflektieren u. a. die Tatsache, dass sich der Bereich der Jugendkultur seit den 1990er Jahren immer stärker weg von an der Welt der Erwachsenen orientierten Kommunikationsangeboten in Richtung auf eine Peer-to-Peer-Kultur entwickelt haben. Auf dieser Grundlage werden auch die Produktempfehlungen der YouTuberin als freundschaftlicher Rat (und nicht etwa dominant als Werbung) wahrgenommen.

**Mediale Realisierung:** Ein zweiter Unterschied, der unmittelbar auf die gestiegene Relevanz hypermedialer Kontakte im Rahmen aktueller Peerbeziehungen unter Jugendlichen aufbaut, besteht in der medialen und semiotischen Realisierung der Beratungssituation: Während die Beraterin Katha in der *BRAVO GiRL* selektiv auf per Mail oder Brief eingegangene Fragen der Jugendlichen in einer an die **Textsorte des (Leser-)Briefs** angelehnten Form reagiert (»Liebe Maria« u. a. + Ratschlag + Produktempfehlung), präsentiert sich die YouTuberin Dagi Bee als jugendliche Gesprächspartnerin (Freundin, Schwester). Sie dreht ihre Videos in ihrem eigenen Zimmer, nicht selten auf ihrem Bett sitzend und schafft damit die

## 6.3 Ausdifferenzierung neuer Textsorten: Individualisierung und Beteiligung

Voraussetzungen für eine Rezeptionssituation, die den Eindruck erweckt, sie säße den Userinnen, die in Zeiten von internetfähigen Endgeräten ebenfalls häufig in ihren Zimmern auf ihren Betten sitzen, face-to-face gegenüber (Meer 2018a: 215 f.). Dies ermöglicht es ihr, eine natürliche **Gesprächssituation** mit den Userinnen zu simulieren, wie an dem folgenden Auszug aus einem anderen Video von Dagi Bee deutlich wird (Meer/Staubach i. Ersch.), in dem sie ihren Fans ein bei der Kette Bershka neu erworbenes Band-T-Shirt vorführt.

**Auszug aus dem Video XXL-Haul von Dagi Bee** (https://www.youtube.com/watch?reload=9&v=xsdP9JDW5ug; gesehen am 02.04.2019)

```
                                 |
01   ich zeig euch mal (.) wie lang dieses (.) OBERteil ist-
     Dagi Bee steht von unten in die Kamera blickend auf.
```

```
                          |
02   ich hab auch ne (.) HOSe an;
     Dagi Bee kniet sich auf ihr Bett.
03   und es würde mir theoretisch bi:s (--)
```

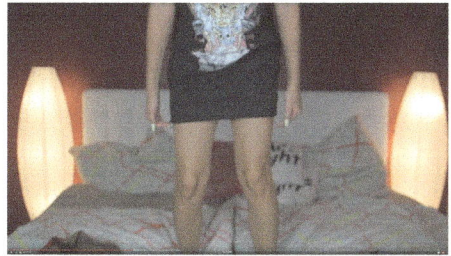

```
            |
03   HIERhin gehen;
```

# 6 Hypermedien und die Ausdifferenzierung neuer Textsorten

Hier inszeniert Dagi Bee vermittelt durch eine Kamera die für jugendliche Freundinnen typische Alltagssituation eines freundschaftlichen Gesprächs, in deren Rahmen sich junge Mädchen in ihren Zimmern gegenseitig ihre neuen Einkäufe präsentieren. Damit nutzt sie die **Dynamik** und die **Sichtbarkeit** des audiovisuellen Formats (im Gegensatz zu der visuell-statisch realisierten Sehflächen in Kathas Beauty-Beratung) und unterstützt auf Seiten der Userinnen den **Eindruck eines geteilten Raumes**. Die präsentierten Produkte erscheinen so nicht als beworbene Waren, sondern als selbstverständliche Gegenstände der jugendlichen Lebenswelt.

Mediale Vernetzung und individualisierter Zugang: Ein weiterer Unterschied bezieht sich auf die Art der medialen Kontaktaufnahme: Während die Beraterin Katha jugendliche Mädchen auffordert, sich **per Mail oder Brief** an BRAVO GiRL zu wenden und darauf zu hoffen, dass ihre Fragen selektiv ausgewählt und beantwortet werden, können die audiovisuellen Hypervideos von den Jugendlichen über die entsprechenden **Funktionen ihrer Smartphones oder Tablets** zu jeder Zeit und an jedem Ort selbständig angesteuert werden. Die YouTuberin ihrer Wahl tritt ihnen dann nicht nur in Form eines schriftlichen Ratschlags gegenüber, sondern medial realisiert über bewegte Bilder und gesprochene Sprache. Der sich hieraus ergebende, bereits angesprochene Eindruck einer direkten und individuell aktiv beeinflussbaren Interaktionssituation wird zusätzlich dadurch verstärkt, dass die Userinnen – wie in Kapitel 6.2 herausgestellt – über die Funktionen des Likens/Hatens, über die Kommentarfunktionen der Plattformen (s. Abb. 6.2) oder über die Möglichkeit, ein eigenes Video hochzuladen auf die präsentierten Tutorials reagieren können.

Aspekte der Unterhaltung und die Rolle von Stars: Ein weiterer Unterschied zwischen den beiden Textsorten deutet sich dadurch an, dass Kathas Beauty-Beratung ein Bild der altersnahen Schauspielerin Emma Watson nutzt (bzw. nutzen muss), um einen Zusammenhang zwischen Fragen des Stylings und dem Zugang zur für Jugendliche relevanten Welt von Stars zu ermöglichen. Dies ist auch deshalb nötig, weil die Beraterin »Katha« selbst zwar eine gewisse professionelle Autorität für sich in Anspruch nehmen kann, jedoch von Jugendlichen in keinem Fall als Star angesehen wird. Im Gegensatz hierzu fungieren viele YouTuberinnen als kleinere oder größere Stars, da sie zwar einerseits (noch) der Welt der jugendlichen Userinnen angehören, andererseits aufgrund ihrer medialen Präsenz selbst einen Star-Anspruch vermitteln (Meer 2018a: 207 f.). Dies zeigt sich auch in der folgenden Startphase eines Schmink-Tutorials von Dagi Bee, das sie im Anschluss an die Begrüßung wie folgt anmoderiert:

**Auszug aus einem Tutorial von Dagi Bee** (https://www.youtube.com/watch?v=UtOSdmGa4xo; gesehen am 25.02.2019)

```
09        ja (.) U:ND-
```

```
10        es kamen SEHR sehr viele anfragen,
```

```
11        zu::: (-) DIEsem bild hier,
12        und (.) VIEle haben mich gefragt wie ich dieses
          make-up gemacht hab,
```

```
13        u:nd (.) dann DACHT ich mir ma-
14        ich mach einfach ma n tuTOrial für euch-
```

Dagi Bee präsentiert sich hier anhand eines Fotos sowohl als Expertin im Kosmetikbereich (was sie im Weiteren durch handwerkliche Tipps und konkrete Produkthinweise unterstreicht) als auch als gefragte Beraterin, die den Wünschen ihrer Fans im vorliegenden Tutorial als ›Freundin‹ entgegenkommt.

**Auswertung:** Obwohl Modestrecken also bereits selbst hybride Textsorten mit beratenden, informierenden und werbenden Elementen sind, wird dieses Hybrid unter den Bedingungen der Hypermedien weiter ausdifferenziert, indem Formen des (vermeintlich) direkten Kontakts zu YouTube-Stars es erlauben, die mediale Form des Videos mit Aspekten des freundschaftlichen Gesprächs (unter Jugendlichen) zu verknüpfen. Die in den Tutorials kontinuierlich zu beobachtenden Produkthinweise stellen freundschaftliche Ratschläge dar und werden nicht (primär) als Werbung wahrgenommen. Die beschriebene Ausdifferenzierung einer neuen Textsorte ist somit nicht nur als erweitertes semiotisches Angebot zu interpretieren, sondern auch als das Ineinandergreifen von jugendlicher Lebenswelt, neuen medialen Kontaktformen und einem damit verbundenen individualisierten Zugang zu den Mediennutzerinnen. Im Gegenzug gelangen jedoch verstärkt wirtschaftliche Einflüsse in den Privatbereich von Jugendlichen.

**Aspekt der Glaubwürdigkeit:** In diesem Zusammenhang lässt sich festhalten, dass die **technischen Veränderungen** des Webs 2.0 vergleichsweise zufällig dazu beigetragen haben, dass vorrangig sehr junge Menschen erfolgreiche YouTube-Stars geworden sind. Gleichzeitig haben diese medial-technischen Veränderungen dazu geführt, die Glaubwürdigkeit der YouTuber/innen aufgrund ihres vergleichsweise ähnlichen Alters und ihres Auftretens in als privat eingeführten Räumen und Situationen erheblich zu steigern und damit **gesellschaftlich konstituierte Anschlussstellen** an die hoch relevante jugendliche Peer-Kultur zu nutzen. In der Folge konnte es gelingen, in der Rolle der ›privaten Freundin‹ oder der ›älteren Schwester‹ zum Star zu werden, ohne die Glaubwürdigkeit als ›private Ratgeberinnen‹ zu verlieren. Diese Annahme wird sowohl durch die Click- und Abonnent/innenzahlen im mehrstelligen Millionenbereich verdeutlicht wie aber auch durch die konstanten Diskussionen über die Glaubwürdigkeit der neuen Stars in den Kommentarlisten zu den Videos (Meer 2018b).

Dass die Attraktivität des YouTuberinnen-Seins offenbar gerade in der **gesteigerten Vermarktung** des gesamten Bereichs der neuen und textsortengebunden Jugendkultur liegt, bereitet einer Vielzahl von Jugendliche auch deshalb kein Problem, weil diese Praxis lediglich deutliche Tendenzen älterer medialer Textsorten (Werbeformate aller Art, inklusive Modestrecken) aufgreift und intensiviert. Allerdings unterscheidet sich diese Intensivierung in Videos wie den Styling-Tutorials von ihren Printvorgängern: Erstens durch die Menge von Produkthinweisen, zweitens dadurch, dass die YouTuberinnen selbst eine Marke sind, die über die YouTube-Klicks finanzielle Vorteile haben und drittens dadurch, dass sie in vielen Bereichen auf ihren Kanälen Produkte eines eigenen Labels vertreiben.

Eben diese Funktionalität von hypermedialen Textsorten der beschriebenen Art dürfte im Weiteren dann auch der Grund dafür sein, dass die Verbindung zwischen beratenden, informierenden, und werbenden Aspekten eine so hohe Produktivität besitzt, dass es nicht bei einer Art des Tutorials geblieben ist, sondern die Menge der hypermedialen Formate nicht nur im Beauty-Bereich deutlich zugenommen hat. Interessant im

Abb. 6.7: Artikel über die YouTuberinnen Dagi Bee und Mrs. Bella aus der BRAVO (Heft 4, 30.01.2019, 12 f.)

Anschluss an Hauser und Luginbühl ist dabei (vgl. 2015: 20), dass diese Entwicklung im hypermedialen Bereich gleichzeitig rückwirkend zu Veränderungen und zu Formen der Hybridisierung im Printbereich geführt hat: Ein Beleg ist nicht nur die Tatsache, dass es seit 2014 ein neues Heft von BRAVO gibt, die BRAVO TUBE, die nichts anderes tut als über YouTuber/innen zu berichten, sondern auch, dass die Beratungsformate in den aktuellen BRAVO und BRAVO GiRL deutlich ausgeweitet worden sind und sich in Textgestaltung und Design an hypermediale Plattformen angepasst haben.

So ist der abgebildete Beitrag über die Freundschaft der YouTuberinnen Dagi Bee und Mrs. Bella aus einer BRAVO (s. Abb. 6.7) auf eine inzwischen verbreitete Art als Bild-Cluster-Reportage konzipiert.

Die Regeln dieser Reportagen bestehen darin, eine Vielzahl von Clustern zu kombinieren, wobei jedes einzelne Cluster – wie in Abbildung 6.7 und 6.8 zu sehen – aus je einem Foto von der Plattform Instagram mit einem dazugehörigen sprachlichen Text besteht. Als semantisch verbindendes Element zwischen sprachlichem und bildlichem Text

Abb. 6.8: Auszug eines Clusters aus Abbildung 6.7

fungieren ›Überschriften‹ (wie »Friends forever«, »Double Trouble« oder »Geheimnisse teilen«), die ebenfalls als Bildunterschriften auf Instagram oder als Status auf WhatsApp gepostet werden könnten. Dabei deutet sich an, dass die einzelnen Cluster Funktionen übernehmen, die in traditionellen Presse-Texten ›Absätzen‹ oder ›Zwischenüberschriften‹ zukamen.

**Beteiligungsmöglichkeiten:** Doch trotz dieser rückwirkenden Formen der Hybridisierung lässt sich zusammenfassend festhalten, dass die hypertextuellen Formate auf der Ebene der Beteiligungsmöglichkeiten langfristig den hier betrachteten Printformaten vermutlich ›überlegen‹ sein werden: So haben sowohl die technischen Potenziale als auch die Menge der existierenden jungen (YouTube-)Stars die Möglichkeiten des Austauschs sowohl mit den Stars, vor allem aber mit gleichaltrigen Peers (ohne die Gefahr der Kontrolle durch Erwachsene) in einem solchen Maße vervielfältigt, dass schwer vorstellbar ist, dass traditionelle Printformat langfristig hiermit konkurrieren können. Diese Tendenz wird zusätzlich verstärkt durch die höhere Attraktivität bewegter Bilder, die den Eindruck eines unmittelbaren Kontakts unterstützen.

**Ambivalenz des Partizipationsbegriffs:** Dass diese Art der Beteiligung keineswegs ausschließlich positiv zu bewerten ist, verdeutlicht die immer wieder angesprochene Zunahme von Einflussmöglichkeiten der Wirtschaft durch die Nutzung von YouTuber/innen als sogenannte Influencer/innen. Zwar stehen die Hypermedien auch alternativen sozialen und politischen Bewegungen zur Verfügung, insgesamt deutet sich jedoch an, dass Influencer/innen oder Werbestrateg/innen die Produktivität der neuen Medien erfolgreicher zu nutzen verstehen. Dies verdeutlicht nicht nur die Ambivalenz technischer Veränderungen, sondern unterstreicht die Notwendigkeit, den Begriff der Partizipationsmöglichkeit in wissenschaftlichen Untersuchungen nicht ungeprüft zu übernehmen bzw. eindeutig positiv aufzuladen, wie dies teils geschieht.

Diese Überlegung soll nun auch im folgenden Abschnitt bezogen auf die Möglichkeit der Nutzung der vorliegenden Befunde betrachtet werden.

## 6.4 | Anwendungsperspektiven in der Hypertextualitätsforschung

Immer wieder werden in den Medien die Gefahren aktueller hypermedialer Entwicklungen vor allem für Kinder und Jugendliche diskutiert. Da eine metalinguistische empirische Analyse der Folgen jugendlicher Mediennutzung jedoch noch aussteht, möchten wir an dieser Stelle nicht so sehr auf Einzelaspekte der behaupteten Gefahren eingehen, als uns auf die anwendungsorientierte Frage beschränken, welche Konsequenzen die dargestellten Befunde für den **schulischen Deutschunterricht** nach sich ziehen sollten. Damit soll nicht behauptet werden, dass die Schulen der einzige gesellschaftliche Ort sind, an dem sich Fragen im Umgang mit Hypermedien stellen. Nichtsdestotrotz sind die Schulen die größte gesellschaftliche Institution, die sich mit den Folgen hypermedialer Kommunikationsformen für das Text- und Kommunikationsverhalten von Jugendlichen auseinandersetzen muss.

## 6.4 Anwendungsperspektiven in der Hypertextualitätsforschung

**Textuelle Anforderungen der jugendlichen Lebenswelt:** Insoweit geht es uns in diesem Kapitel weniger darum, auf medial vermittelte Krisenszenarien zu reagieren, als die beobachteten textuellen Anforderungen der jugendlichen Lebenswelt gezielt in den Blick zu nehmen und der Frage nachzugehen, welche Schlussfolgerungen sie für den schulischen Deutschunterricht nach sich ziehen. Damit soll wie bereits in Kapitel 5.4 Bezug auf die Forderungen der Kultusministerkonferenz von 2012 und 2016 genommen werden, nach der Lehrer/innen in der Lage sein müssen, »Medienerfahrungen von Kindern und Jugendlichen im Unterricht zum Thema zu machen, Medienangebote zu analysieren und umfassend darüber zu reflektieren, gestalterische und kreative Prozesse mit Medien zu unterstützen« (zit. nach Rupp 2014: 639).

**Schule und hypertextuelle Praktiken von Jugendlichen:** Die Forderung, Lehrer/innen müssten in der Lage sein, »Medienangebote zu analysieren und umfassend darüber zu reflektieren, gestalterische und kreative Prozesse mit Medien zu unterstützen« (ebd.), macht deutlich, dass die in deutschen Schulen verbreitete Fortbildungspraxis, Lehrer/innen technisch darin zu unterstützen, Hypermedien zu nutzen, zwar eine Grundvoraussetzung medienintegrativen Unterrichts ist, aber nicht das eigentliche Ziel. So haben die Analysen zu Medienpraktiken von Jugendlichen in diesem Kapitel weniger technische Fragen herausgestellt, als vielmehr die texttheoretische Notwendigkeit, den schulischen Kanon deutlich stärker als bisher geschehen an die aktuellen (Hyper-)Textpraktiken der jugendlichen Lebenswelt anzupassen. Das Ziel dieser Anpassung bestünde darin, den Jugendlichen eine analytisch reflektierte und empirisch informierte Medienrezeption und -nutzung zu ermöglichen.

**Qualifikationsanforderungen an Lehrende:** Es muss somit darum gehen, Schüler/innen einen »fremden Blick« (Ivo 2011: 23 ff.) auf die (hyper-)textuelle Praxis ihrer eigenen Lebenswelt zu ermöglichen. Dies wiederum setzt auf Seiten der Lehrkräfte unabdingbar die Notwendigkeit voraus, sich zumindest soweit in der hypertextuellen Welt von Schüler/innen orientieren zu können, dass sie – unterstützt durch Gespräche mit ihren Schüler/innen – auf aktuelle Tendenzen mit didaktischen Mitteln reagieren können. Dass dies angesichts der Geschwindigkeit hypermedialer Entwicklungen gestiegene fachliche Anforderungen an Lehrkräfte stellt, ist unstrittig. Diese Tatsache wird dadurch ungünstig verstärkt, dass das Medium des schulischen Sprachbuchs mit den üblichen langwierigen Genehmigungsverfahren in keiner Weise dafür geeignet ist, die anstehenden didaktischen Anforderungen zu erfüllen.

Auch wenn dieses Teilkapitel nicht der Ort sein kann, ein ausgearbeitetes Konzept zu skizzieren, das auf die geschilderten Anforderungen reagieren kann, so ergeben sich dennoch einige Ansatzpunkte, die abschließend skizziert werden sollen:

**Analyse der eigenen Medienpraktiken:** Zunächst einmal würde es darum gehen, die angesprochenen Formen hypermedialer Sprache-Bild-Texte mit ihren visuellen und auditiven Anforderungen in den Blick zu nehmen und mit Schüler/innen in diesem Zusammenhang über medial unterschiedliche Realisierungen von mündlicher und schriftlicher Interaktion ins Gespräch zu kommen. Hierbei wäre es entscheidend, sich **auf der Grundlage empirischer Daten** auf die Medienformate zu konzentrieren, die für Schüler/innen in ihrem Alltag tatsächlich relevant sind und die Schüler/innen nicht ausgehend von Karikaturen jugendlichen Kommunikationsverhaltens (die regelmäßig zu Beginn von Deutschstunden als sogenannter ›stummer‹ Impuls genutzt werden) zu Bewertungen anzuhalten, bevor der Gegenstand, der verhandelt werden soll, überhaupt untersucht worden ist. Die Orientierung an empirischen Daten, die einen echten Lebensweltbezug aufweisen (WhatsApp-Dialoge, hypermediale Videos oder Computerspiele), sind hervorragend dazu geeignet, Jugendliche auf empirische Pfade zu setzen, die es ihnen erlauben, die Regeln einer multimodalen Welt zu erkunden, die ihnen im Alltag bereits vertraut ist.

Sprachliche Varietäten und situationale Angemessenheit: Ein solcher Ansatz ist ausgezeichnet geeignet, mit Schüler/innen über varietätenlinguistische Erkenntnisse zu den Unterschieden zwischen Mündlichkeit und Schriftlichkeit, über mehr oder weniger stark normierte Gesprächs- oder Textsorten und über die Relevanz unterschiedlicher medialer Situationen ins Gespräch zu kommen. Hier ergeben sich zusätzlich, ohne dass das in diesem Kapitel angesprochen worden wäre, eine Vielzahl von Kopplungspunkten zu Fragen der Grammatik der gesprochenen Sprache, die sowohl in den angesprochenen Tutorials relevant sind wie auch unter Bezug auf die schriftlich realisierten Kommentarlisten.

Anknüpfungspunkte zu traditionellen Textsorten des Deutschunterrichts: Obgleich die Angst vieler Lehrer/innen und vieler Eltern nicht unbegründet ist, dass Schüler/innen durch den starken Bezug auf hypermediale Textsorten, den Bezug zu traditionellen Texten und Textsorten verlieren könnten, stellt sich die Frage, wie die Schule didaktisch mit diesem Problem umgehen will. Die Hoffnung, man könne Schüler/innen durch die schulische Vermittlung literarischen Wissens auf einfachem Weg den Zugang zum Kanon schulischer Texte ermöglichen, hat sich jenseits bildungsbürgerlicher Kreise in der Vergangenheit dabei kaum bestätigt. Insoweit stellt sich die Frage, ob es aus einer altersspezifischen Perspektive nicht viel sinnvoller ist, didaktisch von den Schüler/innen vertrauten (u. a. hypermedialen) Textsorten auszugehen und hierauf aufbauend nach Parallelen und Unterschieden zu traditionellen Textsorten des Deutschunterrichts zu fragen.

Denkbar wären Unterrichtsreihen wie die im Folgenden erwähnten, die mit etwas Phantasie beliebig erweitert werden könnten:

*Beispiele für Unterrichtsreihen*

- Vom Back-Tutorial zu beschreibenden Textsorten in traditionellen Kochbüchern.
- Vom traditionellen Kochbuch zur Kochshow zum Foodblogging.
- Interaktion in Kommentarlisten, auf WhatsApp oder in Dramen.
- Schönheitsideale in literarischen Textsorten der Vergangenheit und der Gegenwart.
- etc.

Das entscheidende Argument für eine empirische Beschäftigung mit den genannten und anderen Themen ist, dass das Ansetzen bei hypermedialen Gegenständen die Jugendlichen ernst nimmt und ihnen analytische Zugänge anbietet, die es ihnen erlauben, hierauf aufbauend Fragen nach den Regeln von ihnen fremden (beispielsweise historisch vergangenen) Lebenswelten zu stellen, und nicht umgekehrt.

**Didaktische Zurückhaltung und Kritikfähigkeit:** Während der schulische Deutschunterricht der Gegenwart Formate der hypermedialen Lebenswelt – wie oben bereits erwähnt – häufig bereits kritisch ansteuert, bevor sie empirisch untersucht worden sind (»Nimm kritisch dazu Stellung, ob WhatsApp (das Internet, Instagram etc.) einen Sprach- und Kommunikationsverfall der Kommunikation befördert« u. Ä.), würde es sich aus der Sicht der Angewandten Linguistik anbieten, mit Schüler/innen die Regeln hypermedialer Text- und Gesprächssorten empirisch fundiert zu ermitteln, um sie hierauf aufbauend die Möglichkeiten und Grenzen moderner Medien an konkreten Beispielen diskutieren zu lassen. Der große Vorteil wäre, dass der Fokus des Unterrichts stärker auf der selbständigen Erarbeitung von Besonderheiten und Wirkungsweisen unterschiedlicher Kommunikationsformen durch die Schüler/innen läge und ihnen die Beurteilung der erhobenen Befunde freigestellt werden könnte.

**Literatur**

Adamzik, Kirsten (2004): *Textlinguistik. Eine einführende Darstellung.* Tübingen: Niemeyer. 31–48.

Androutsopoulos, Janis/Tereick, Jana (2016): YouTube – Language and Discourse Strategies in Participatory Cultures. In: *The Routledge Handbook of Language and Digital Communication.* New York: Routledge, 354–368.

Blasch, Lisa/Pfurtscheller, Daniel/Schröder, Thomas (2018): Kommunikationsstile im medialen Wandel. Einführung und Aufbau des Sammelbandes. In: Dies. (Hg.): *Schneller, bunter, leichter? Kommunikationsstile im medialen Wandel.* Innsbruck: University Press, 7–12.

Böckmann, Barbara u. a. (2019): Multimodale Produktbewertungen in Videos von Influencerinnen auf YouTube: Zur parainteraktionalen Konstruktion von Warenwelten. In: *Zeitschrift für Angewandte Linguistik,* Heft 70/1, 139–172.

Ehlich, Konrad (1984): Zum Textbegriff. In: Rothkegel, Annely & Sandig, Barbara (Hgg.): *Text – Textsorten – Semantik.* Hamburg: Buske, 9–25.

Ehlich, Konrad (2005): Sind Bilder Texte? In: *Der Deutschunterricht,* Heft 4, 51–60.

Georgakopoulou, Alexandra/Spilioti, Tereza (2016): *The Routledge Handbook of Language and Digital Communication.* London/New York: Routledge.

Gredel, Eva (2018): Itis-Kombinatorik auf den Diskussionsseiten der Wikipedia: Ein Wortbildungsmuster zur diskursiven Normierung in der kollaborativen Wissenskonstruktion. In: *Zeitschrift für Angewandte Linguistik,* Heft 68, 35–69.

Hausendorf, Heiko (2015): Interaktionslinguistik. In: Eichinger, Ludwig (Hg.): *Sprachwissenschaft im Fokus. Positionsbestimmungen und Perspektiven.* Berlin: De Gruyter, 43–69.

Hauser, Stefan/Luginbühl, Martin (2015): *Hybridisierung und Ausdifferenzierung. Kontrastive Perspektiven linguistischer Medienanalyse.* Bern: Peter Lang.

Imo, Wolfgang (2013): *Sprache-in-Interaktion: Analysemethoden und Untersuchungsfelder.* Berlin: De Gruyter, 46–58.

Imo, Wolfgang (2016): Dialogizität – eine Einführung. In: *Zeitschrift für Germanistische Linguistik* 44 (3), 337–356.

Ivo, Hubert (2011): Wissenschaftliche Schulgrammatik des Deutschen. In: *Osnabrücker Beiträge zur Sprachtheorie* 79, 13–32.

Kelly-Holmes, Helen (2016): Digital advertising. In: Georgakopoulou, Alexandra/ Spilioti, Tereza (Hg.): *The Routledge Handbook of Language and Digital Communication*. London/New York: Routledge, 212–225.

Kultusministerkonferenz (KMK) (2012): *Medienbildung in der Schule*, https://www.kmk.org/fileadmin/veroeffentlichungen_beschluesse/2012/2012_03_08_Medienbildung.pdf.

Kultusministerkonferenz (KMK) (2016): *Bildung in der digitalen Welt. Strategie der Kultusministerkonferenz*, https://www.kmk.org/fileadmin/Dateien/pdf/PresseUndAktuelles/2016/Bildung_digitale_Welt_Webversion.pdf.

Marx, Konstanze/Weidacher, Georg (2014): *Einführung in die Internetlinguistik. Ein Lehr- und Arbeitsbuch*. Tübingen: Narr.

Meer, Dorothee (2018a): Dagi Bee und die Bewerbung von Jugendlichen: aktuelle Entwicklungen im Bereich der Hypermedien am Beispiel der Textsorte ›Tutorial‹. In: Michel, Sascha/Pappert, Steffen (Hg.): *Multimodale Kommunikation im öffentlichen Räumen. Kommunikationsformen und Textsorten zwischen Tradition und Innovation*. Stuttgart: ibidem, 201–230.

Meer, Dorothee (2018b): ›Liebe dagi bee du bist wunder wunder hübsch‹ – Identitätskonstruktionen in Kommentaren Jugendlicher zu Videos auf YouTube. In: Neuland, Eva/Könning, Benjamin/Wessels, Elisa (Hg.): *Jugendliche im Gespräch: Forschungskonzepte, Methoden und Anwendungsfelder aus der Werkstatt der empirischen Sprachforschung*. Frankfurt a. M.: Peter Lang, 299–328.

Meer, Dorothee/Staubach, Katharina (i. Ersch.): Osmotic Advertising for Teenagers: The Multimodal Constitution of Authenticity. In: Thurlow, Crispin/Dürscheid, Christa/Diémoz, Federica (Hg.): *Visualizing Digital Discourse: International, Institutional und Ideological Perspectives*.

Runkehl, Jens (2010): Mikrokosmos Internet-Formate. In: Janich, Nina (Hg.): *Werbesprache. Ein Arbeitsbuch*. Tübingen: Narr, 57–101.

Rupp, Gerhard (2014): *Deutschunterricht lehren weltweit. Basiswissen für Master of Education-Studierende und Deutschlehrer/innen*. Baltmannsweiler: Schneider Verlag Hohengehren.

Schlobinski, Peter (2005): Editorial. Sprache und internetbasierte Kommunikation – Voraussetzungen und Perspektiven. In: Siever, Torsten/Peter Schlobinski/ Jens Runkehl (Hg.): *Websprache.net. Sprache und Kommunikation im Internet*. Berlin: De Gruyter, 1–4.

Schmitz, Ulrich (2015): *Einführung in die Medienlinguistik*. Darmstadt: WBG.

Schneider, Jan Georg (2017): Medien als Verfahren der Zeichenprozessierung: Grundsätzliche Überlegungen zum Medienbegriff und die Relevanz für die Gesprächsforschung. *Gesprächsforschung Online* 18, 34–55.

Schröder, Thomas (2018): Medienkommunikation im Wandel. In: Blasch, Lisa/ Pfurtscheller, Daniel/Schröder, Thomas (Hg.): *Schneller, bunter, leichter? Kommunikationsstile im medialen Wandel*. Innsbruck: University Press, 13–34.

Storrer, Angelika (2000): Was ist »hyper« an Hypertext? In: Kallmeyer, Wolfgang (Hg.): *Sprache und neue Medien*. Berlin: De Gruyter, 222–249.

Tolson, Andrew (2010): A new authenticity? Communicative practices on YouTube. In: *Critical Discourse Studies* 7 (4), 277–289.

Weidacher, Georg (2007): Politik der Hypermodalität. In Roth, Kersten Sven/ Spitzmüller, Jürgen (Hg.): *Textdesign und Textwirkung in der Massenmedialen Kommunikation*. Konstanz: UVK, 247–266.

# 7 Linguistische Diskursanalyse und die Analyse politischer Kommunikation

7.1 Theoretische Vorüberlegungen zu Foucault
7.2 Zugänge zur linguistischen Diskursanalyse
7.3 Empirische Perspektiven
7.4 Anwendungsperspektiven der linguistischen Diskursanalyse

Wenn in diesem Kapitel von der linguistischen Diskursanalyse die Rede ist, so sind darunter die linguistischen Überlegungen im Anschluss an den französischen Philosophen und Diskurstheoretiker Michel Foucault (1926–1984) zu verstehen. In Kapitel 3 haben wir bereits einige Teilaspekte seiner Theorie eingeführt, indem wir die Relevanz der Aspekte **Macht** und **Wissen** bezogen auf ein Anwalt-Mandant/innnengespräch herausgestellt haben. Hierauf aufbauend, wird sich unser Blick auf Foucault in diesem Kapitel allerdings verändern: So wird es darum gehen, die Überlegungen Foucaults zum Begriff des **Diskurses** vorzustellen, die es ermöglichen, Gegenstände aus dem **Bereich der politischen Kommunikation** zu analysieren.

**Diskurs und Text:** Den Ausgangspunkt bildet hierbei die Annahme der linguistischen Diskursanalyse, dass singuläre Texte immer Teil eines größeren sprachlich-kommunikativen Kontextes sind und dass eine Möglichkeit, diesen **Kontext** zu erfassen, darin besteht, ihn als ›Diskurs‹ oder auch als ›diskursive Formation‹ (Foucault 1988: 67; 156) zu begreifen. Diese Annahme soll im Weiteren aufgegriffen und auf textuelle Phänomene aus dem Bereich der politischen Kommunikation bezogen werden. Da politische Kommunikation wegen ihrer gesellschaftlichen Reichweite grundsätzlich auch **massenmedial** organisiert ist, richten wir unsere Aufmerksamkeit auf medial verbreitete Diskurse des Politischen.

Aufbauend auf bereits vorliegende Einführungen (Bendel Larcher 2015; Niehr 2014; Spitzmüller/Warnke 2011) wird die linguistische Diskursanalyse als Teil der Angewandten Linguistik fokussiert und die bisher weniger beleuchtete Tatsache herausgestellt, dass Diskurse und diskursive Konstellationen nicht nur sprachlich konstituiert werden, sondern zusätzlich eine bildliche Seite haben. Diese Annahme gilt in besonderem Maße für den Bereich der Politik (Niehr 2014a: 53).

**Diskurs und Bild:** Diese Integration der bildlichen Seite des politischen Diskurses, auch wenn sie von Foucault nicht als semiotische Qualität thematisiert wird, scheint im Rückgriff auf unsere bisherigen Überlegungen zur Relevanz von Bildern zwingend. Darüber hinaus finden sich aber auch in den Texten Foucaults neben seinen Ausführungen zum Bereich des ›Sagbaren‹ (= Sprachlichen) immer wieder Hinweise auf visuelle Aspekte des Diskurses (vgl. dazu Deleuze 1987: 69–98). Da er den Bereich des ›Sichtbaren‹ also durchaus thematisiert, scheint es keinen Grund zu geben, diesen nicht auch aus semiotischer Perspektive diskursanalytisch zu fassen.

# 7 | Linguistische Diskursanalyse und die Analyse politischer Kommunikation

Vor diesem Hintergrund wird es uns im Weiteren darum gehen, in Analogie zu dem Versuch Foucaults, die Zugangsmöglichkeiten zu den sprachlichen Aspekten des Diskurses zu erfassen (1988: 75–82), exemplarisch anhand aktueller politischer Themen danach zu fragen, warum **bestimmte Bilder an konkreten Stellen** genutzt werden (und keine anderen). Eine solche Konzentration auf die zwingenden Aspekte des ›Bildlichen‹ ist auch deshalb notwendig, weil sich in den letzten Jahren die Stimmen mehren, die die Begrenzung auf den Aspekt der Sprache als ein diskurslinguistisches Desiderat betrachten (Jaki 2018: 224 f.; Niehr 2014a: 53).

Vorgehen: Bevor jedoch die Relevanz bildlicher Elemente in den Mittelpunkt unserer Aufmerksamkeit rücken kann, wird es in den ersten beiden Teilkapitel darum gehen, sich den Überlegungen Foucaults zur sprachlichen Seite des Diskurses aus theoretischer Sicht anzunähern. Hierfür fassen wir in Kapitel 7.1 grundlegende Aspekte seines Diskurs-Verständnisses zusammen, bevor wir in Kapitel 7.2 die linguistische Aufarbeitung dieser Überlegungen in den Mittelpunkt stellen. Diese tendenziell theoretischen Aspekte werden in Kapitel 7.3 anhand von drei Fallanalysen exemplarisch konkretisiert. Hierbei geht es um die mediale Verarbeitung des Brexit 2016 (Kap. 7.3.1), die sogenannten Flüchtlingskrisen 1990 und 2015 (Kap. 7.3.2) und den Schülerstreik um Greta Thunberg 2018/2019 (Kap. 7.3.3). Abschließend sollen erneut Fragen der Anwendung in den Blick genommen werden (Kap. 7.4).

## 7.1 | Theoretische Vorüberlegungen zu Foucault

Der Begriff des Diskurses wird in wissenschaftlichen Zusammenhängen keineswegs einheitlich genutzt (vgl. Spitzmüller/Warnke 2011: 5–10; Niehr 2014b: 16–29). Daher soll zu Beginn herausgestellt werden, dass der Begriff ›Diskurs‹ von uns weder normativ (im Sinne von Habermas 1981: 48) als Form eines gleichberechtigten, rationalen Austauschs von Argumenten, noch im Sinne einiger Ansätze der Gesprächsforschung als Synonym für die Bezeichnung ›Gespräch‹ (im Gegensatz zu Text) gebraucht wird (Ehlich 1991).

»Verunklarung« des Diskursbegriffs: Aber auch wenn man sich – nun positiv gewendet – ausschließlich auf den Diskursbegriff Foucaults beschränkt, ist weder die Frage banal, was Foucault unter ›Diskurs‹ versteht, noch die Antwort darauf eindeutig. So hat Foucault selber den Begriff des Diskurses in Abhängigkeit von seinen Fragestellungen immer wieder neu bestimmt, wobei seine unterschiedlichen Definitionen vielfach nicht den Anforderungen an linguistische Präzision genügen. Dieses Problem, das Spitzmüller und Warnke zu Recht als (systematische) »Verunklarung« bezeichnen (Spitzmüller/Warnke 2011: 65–67), kann Foucault – wie auch die Autoren herausstellen – nicht sinnvoll zum Vorwurf gemacht werden. Zum einen hat die fehlende ›linguistische Präzision‹ Foucaults auch damit zu tun hat, dass Foucault Philosoph und nicht Linguist war, und der philosophische Diskurs anderen Regeln unterliegt als der linguistische. Zum anderen hat Foucault seinen Zugang zum Diskurs-

## 7.1 Theoretische Vorüberlegungen zu Foucault

begriff nie als einheitliche Theorie konzipiert, sondern als flexibles Instrument, um auf Fragen, die sich im Zusammenhang mit den Begriffen ›Diskurs‹, und ›Macht‹ stellten, reagieren zu können.

Foucault selbst hat sich mehrfach der Metapher der »Werkzeugkiste« bedient. Konkret schreibt er:

»Alle meine Bücher [...] sind, wenn Sie so wollen, kleine Werkzeugkisten. Wenn die Leute sie öffnen und sich irgendeines Satzes, einer Idee oder einer Analyse wie eines Schraubenziehers oder einer Bolzenzange bedienen wollen, um die Machsysteme kurzzuschließen, zu disqualifizieren, oder zu zerschlagen, unter Umständen sogar diejenigen, aus denen meine Bücher hervorgegangen sind, [...] nun, umso besser.« (Foucault 2002: 887 f.)

Allerdings ist die Metapher der Werkzeugkiste von ihm nicht auf Willkürlichkeit ausgelegt, sondern folgt eher der Annahme, dass diskursive Effekte nicht anhand homogener theoretischer Zugriffe erfasst werden können. Stattdessen ging es Foucault mit seinem theoretischen Zugriff darum, auf das »unberechenbar Ereignishafte« des Diskurses reagieren zu können (Foucault 1977: 7). Hierunter versteht er die Tatsache, dass diskursive Ereignisse immer das Ergebnis aus **Vorhersehbarem und Zufälligem** sind und in der Folge (unvorhersehbare) Gefahren beinhalten.

**Problematik für einen linguistischen Zugang:** Nun ergibt sich aus dem Charakter des Denkens Foucaults für die Linguistik (den wissenschaftlich-linguistischen Diskurs) ein doppeltes Problem: Zum einen widerspricht der Foucaultsche Ansatz etablierten diskursiven Vorstellungen von der **Eindeutigkeit wissenschaftlicher Begriffe** (nicht nur) in der Linguistik; zum anderen sind seine Ausführungen immer auch darauf ausgerichtet, die Verhältnisse, die er analysiert, **(politisch) subversiv** zu unterlaufen. So ist sein Engagement gegen Formen der Ausgrenzung (1977) und gegen die vereinheitlichende Disziplinierung ganzer Gesellschaften (1989) nur schwer mit den institutionalisierten Vorstellungen einer Wissenschaft zu verbinden. Aus diesem Grund ist es nicht verwunderlich, dass es im Rahmen der Institutionalisierung der linguistischen Diskursanalyse der Bunderepublik seit den 1990er Jahren immer wieder (teils heftige) Auseinandersetzungen um die Frage nach der Beziehung zwischen dem Aspekt der Wissenschaftlichkeit und der politischen Ausrichtung diskurslinguistischer Analysen gegeben hat (vgl. Niehr 2014b: 50–65).

**Annäherung an den Diskursbegriff:** Foucault selber thematisiert dieses Problem u. a. im Zusammenhang mit der Frage der institutionellen Absicherung wissenschaftlicher Disziplinen anhand des Beispiels des Biologen Mendel (vgl. die »Mendelschen Gesetze«):

»Man hat sich häufig gefragt, wie die Botaniker oder Biologen des 19. Jahrhunderts es fertig gebracht haben, nicht zu sehen, daß das, was Mendel sagte, wahr ist. Das liegt daran, daß Mendel von Gegenständen sprach, dass er Methoden verwendete und sich in einen theoretischen Horizont stellte, welche der Theorie seiner Epoche fremd waren. [...] Mendel sagte die Wahrheit, aber er war nicht ›im Wahren‹ des biologischen Diskurses seiner Epoche: biologische Gegenstände und Begriffe wurden nach ganz anderen Regeln gebildet.« (Foucault 1977: 24)

Mit diesem Zitat bezieht sich Foucault auf die Tatsache, dass das, was in einer Gesellschaft als »wahr« und akzeptabel begriffen wird, immer nur in Abhängigkeit vom **institutionell und diskursiv abgesicherten Wissen** einer konkreten Zeit bestimmt werden kann. Diskurse sind für ihn eine »Menge von Aussagen, die einem gleichen Formationssystem angehören« (Foucault 1988: 156). Mit dieser Formulierung fasst er die Tatsache zusammen, dass bestimmte Aussagen und Aussagenbündel gemeinsam gesellschaftliches Wissen oder auch gesellschaftlich geteilte Vorstellungen konstituieren. In diesem Sinne geht er davon aus, dass Diskurse produktiv sind, indem sie ›Realität‹ konstituieren und damit konkrete **Machtwirkungen** enthalten. Anders formuliert haben Diskurse im Anschluss an Foucault immer auch zwingende Aspekte, indem sie den Bereich des zu einem bestimmten Zeitpunkt ›Sagbaren‹ strukturieren. Diese Annahme lässt sich am Beispiel der Mendelschen Gesetze verdeutlichen: So musste sich der biologische Diskurs im 19. Jahrhundert erst verändern, »damit Mendel in das Wahre eintreten und seine Sätze [...] sich bestätigen konnten« (Foucault 1977: 24 f.).

Es soll hier nicht behauptet werden, dass der Etablierung der linguistischen Diskursanalyse die gleiche Bedeutung zukommt, wie der Anerkennung der Mendelschen Gesetze. Dennoch ist es nicht abwegig davon auszugehen, dass die angesprochene innerlinguistische Auseinandersetzung um die Möglichkeit eines politischen Engagements der linguistischen Diskursanalyse mit geringerer Vehemenz verlaufen wäre, hätte nicht die Gefahr bestanden, dass Formen einer deutlichen politischen Positionierung, z. B. bezogen auf den sprachlichen Umgang mit der Flüchtlingsbewegung zu Beginn der 1990er Jahre (s. Kap. 7.3.2), eine erfolgreiche Institutionalisierung verhindert hätten.

**Machtwirkungen des Diskurses:** Die sich hier andeutenden Effekte diskursiver Machtwirkungen hat Foucault im Blick, wenn er herausstellt, dass weder der Diskurs noch die Macht besessen werden, sondern dass es darum geht, die Positionen und Funktionen zu beschreiben, die Individuen im Rahmen konkreter Diskurse einnehmen können (vgl. Foucault 1988: 285). An dieser Stelle deutet einiges darauf hin, dass es für eine institutionelle Absicherung der Diskursanalyse möglicherweise diskursstrategisch notwendig war, eher den **Nachweis der Wissenschaftlichkeit** der linguistischen Diskursanalyse als den ihrer **politischen Relevanz** in den Vordergrund zu stellen.

Theoretisch heißt es dazu bei Foucault, dass die Gegenstände (und mithin die Themen), über die in konkreten Situationen gesprochen werden kann, diskursiv erst konstituiert werden müssen (Foucault 1988: 74). Auf diese Annahmen Foucaults bezieht sich auch Auer, wenn er Diskurse als »aufeinander bezogene, oft auch institutionell zusammenhängende Menge von Texten/Äußerungen und der in ihnen erscheinenden und durch sie produzierten gesellschaftlichen Wissensbestände« charakterisiert (vgl. Auer 1999: 233).

> **Definition**
>
> Im Sinne Foucaults können Diskurse als gesellschaftlich abgesicherte Gegenstandsbereiche bzw. als institutionell gesicherte Wissensbestände definiert werden, denen eine wirklichkeitskonstituierende, produktive Qualität zukommt. Dabei geht es sowohl darum, die Positionen innerhalb unterschiedlicher Diskurse bzw. diskursiver Konstellationen (Vermischung unterschiedlicher Diskurse) zu beschreiben, die Individuen im Rahmen dieser Diskurse/diskursiven Konstellationen einnehmen können, als auch aus machttheoretischer Sicht das Zwingende der jeweiligen Konstellation analytisch in den Blick zu nehmen.

## 7.2 | Zugänge zur linguistischen Diskursanalyse

Ausgehend von den Vorüberlegungen des letzten Kapitels soll nun die Frage im Mittelpunkt stehen, auf welche Weise die Linguistik den skizzierten Diskursbegriff seit den 1990er Jahren genutzt hat, um eine neue linguistische Teildisziplin zu etablieren. Damit stehen die diskursiven Strategien der linguistischen Diskursanalyse selber im Mittelpunkt unserer Aufmerksamkeit.

### 7.2.1 | Linguistische Diskursanalyse als transtextuelle Analyse

**Text und Diskurs:** Eine Strategie, derer sich die linguistische Diskursanalyse bedient hat, um sich institutionell im Bereich des »Wahren« zu etablieren, bestand darin, an akzeptierte Überlegungen aus dem Bereich der Linguistik anzuknüpfen. Hierauf bezieht sich auch der Hinweis Niehrs, dass die »Diskursanalyse insofern eine Erweiterung der Textlinguistik darstellt, als sie über Textgrenzen hinweggeht und stets ein Ensemble von Texten (ein sogenanntes Textkorpus) in den Blick nimmt« (2014b: 29). Diese Annahme findet sich ähnlich bei Spitzmüller und Warnke (2011) wieder, die die Diskursanalyse als transtextuelle Sprachanalyse beschreiben, und damit die Analyse eines Korpus meinen, das über einen einzelnen Text hinausgeht.

**Transtextuelle Sprachanalyse:** Um nachvollziehen zu können, was mit transtextueller Sprachanalyse gemeint ist, soll zunächst ein Schaubild von Spitzmüller und Warnke (2011: 24) aufgegriffen werden, anhand dessen die Autoren den Begriff des Diskurses aus einer verbreiteten Systematik der (traditionellen) Linguistik abzuleiten versuchen. Sie stellen die These auf, dass sich die Diskurslinguistik »sofern man grobe Vereinfachungen zunächst in Kauf nimmt« (ebd.: 24) im Rahmen eines »traditionellen Konstituentensystems« beschreiben lässt, innerhalb dessen Formen und Funktionen auf allen Sprachebenen vom Phonem über das Morphem, das Wort, den Satz, den Text hin zum Diskurs systematisch erfasst werden können:

[**Diskurs** [ Text [Satz [ Wort [ Morphem [ Phonem/Graphem]]]]]]

Abb. 7.1: (vorläufiges) Konstituentenmodell (nach Spitzmüller/Warnke 2011: 24)

# Linguistische Diskursanalyse und die Analyse politischer Kommunikation

Obgleich auch Spitzmüller und Warnke unmittelbar auf die groben Vereinfachungen ihrer Systematik hinweisen (ebd.), soll die Darstellung im Weiteren genutzt werden, um aus kritischer Perspektive zu verdeutlichen, dass sich die Überlegungen Foucaults und der Begriff des Diskurses nicht bruchlos in ein solches Modell und die damit verknüpften traditionell linguistischen Vorstellungen einbinden lassen. Die Argumentation stützt sich hierbei auf eine exemplarische Analyse des Worts ›Brexit‹ im folgenden Textauszug aus der *Westdeutschen Allgemeinen Zeitung* (WAZ) vom 15. Dezember 2018. Für die Analyse dieses Worts haben wir uns deshalb entschieden, weil wir weiter unten auf den Brexit zurückkommen werden (s. Kap. 7.3.1):

Abb. 7.2: Auszug eines Zeitungsartikels aus der WAZ vom 15. Dezember 2018: 3

»[…] Das Schreckensszenario einer Chaos-Scheidung am 29. März 2019 rückt immer näher: Ohne Vertrag drohen vor allem in der ersten Zeit massive Störungen im Verkehr, bei Handel und Banken – in Großbritannien wie auf dem Kontinent. Der Flugverkehr wäre massiv gestört, wegen der plötzlich obligatorischen Zölle beim Handel zwischen EU und Großbritannien würde es an den Grenzen lange Staus geben, Lieferketten der Wirtschaft wären unterbrochen. Die britische Regierung rechnet mit Versorgungsengpässen bei Lebensmitteln, hat deshalb schon Schiffe gechartert. Auch in Berlin wird seit Monaten an Notfallplänen gearbeitet. […]«

Folgen wir in einem ersten Schritt der Logik des Modells, so lassen sich folgende Überlegungen zu diesem Zeitungsbericht festhalten:

Exemplarische Analyse

- **Ebene des Worts:** Schaut man sich die bei der Wortbildung von ›Brexit‹ genutzten Wortbildungsverfahren (Kopulativkomposition aus »Britain« und »exit« in Verbindung mit einer Wortkürzung von »Britain«)

an, so kommt im abgebildeten Textauszug die Kompositionsfähigkeit des Worts ›Brexit‹ schon in der Überschrift mit dem Kopulativkompositum »Chaos-Brexit« zum Tragen. Die Fähigkeit des Worts »Brexit« mit anderen Wörtern gemeinsam neue Wörter zu bilden, ist im Hinblick auf diskursanalytische Fragen allerdings nur deshalb relevant, weil das Wort »Brexit« diese Möglichkeit, die das Sprachsystem des Deutschen zur Verfügung stellt, im Rahmen der Diskussionen um den Brexit tatsächlich auch nutzt. So finden sich im Rahmen der Berichterstattung zum Brexit eine Vielzahl von Komposita wie »Chaos-Brexit«, »No-Deal-Brexit«, »Brexit-Gipfel«, »Brexit-Treffen« u. a.).

- **Ebene des Satzes:** Auf der Ebene des Satzes ließe sich festhalten, dass das Wort »Brexit« durch vollständige syntaktische Einheiten näher spezifiziert wird. Dies zeigt bereits die Unterzeile im vorhergehenden Textauszug: »Nach einem enttäuschenden Gipfel verstärkt die EU die Vorbereitungen für einen ungeregelten Ausstieg der Briten«. Ebenso kann das Wort »Brexit« aber auch Teil einer syntaktischen Aussage sein: »Kanzlerin Angela Merkel sagt, man bereite sich auf einen Brexit ohne Vertrag vor.« Auch hier gilt, dass die Relevanz solcher Sätze sich erst aus der Perspektive einer diskursanalytischen Top-Down-Analyse ergibt und nicht ausgehend von der Ebene der Syntax relevant wird.
- **Textuelle Ebene:** Aus textueller Sicht handelt es sich beim vorliegenden Zeitungsartikel um eine Menge von Aussagen im Zusammenhang mit dem Ausstieg der Briten aus der EU zu einem konkreten Zeitpunkt, die im Rahmen einer Analyse des (sprachlichen) Textes näher bestimmt werden kann. Hierbei zeigt sich u. a., dass eine negative Attribuierung des Brexits (wie die Überschrift bereits nahelegt) den gesamten Beitrags durchziehen: auf der Wort-Ebene (»ungeregelter Ausstieg«, »Schreckensszenario«, »Versorgungsengpässe«, »Notfallpläne« u. a.), auf der Satz-Ebene (»Europa droht der Chaos-Brexit), und auf der Text-Ebene, die dominiert wird, durch die Entwicklung von negativ bewerteten Krisenszenarien für den Brexit.
- **Diskursive Ebene:** Im Hinblick auf die Ebene des Diskurses könnte nun gestützt auf die Analyse größerer Textkorpora, die sich mit dem Brexit beschäftigen, gezeigt werden, dass der vorliegende Beitrag Teil einer transtextuellen Gesamtheit von weiteren Texten mit ähnlichen oder auch abweichenden Einschätzungen und Äußerungen zum Austritt der Briten aus der EU ist. Eine weiterreichende Diskurs-Analyse ist auf der Grundlage des skizzierten Konstituentenmodells jedoch nicht begründbar.

Wie bereits angedeutet, bringt diese Systematik eine Vielzahl von Problemen mit sich. Wir werden uns an dieser Stelle auf drei Problemstellen beschränken: auf die fehlenden Möglichkeiten der Integration bildlicher Elemente in das vorliegende Konstituentenmodell, auf das behauptete Inklusionsverhältnis der einzelnen Komponenten zueinander (mit »Inklusionsverhältnis« ist die Annahme gemeint, dass die nächst höhere Ebene die darunterliegende jeweils einschließt) und auf das Fehlen der machttheoretischen Überlegungen Foucaults.

**Fehlen bildlicher Elemente:** Zunächst einmal bleibt im Rahmen der vorgeschlagenen Systematik offen, wo die für diesen Band so entscheidenden bildlichen Diskurselemente eingeordnet werden können. Wollte man sie – wie wir es bisher getan haben (und auch weiter tun werden) – auf der Ebene des Textes einordnen, so würde das gesamte Konstituentenmodell seinen Sinn verlieren, da Bilder keine übergeordnete Kategorie zu Sätzen, Wörtern, Morphemen oder Graphemen bilden (Stöckl 2004: 96 f.). Dies ist auch deshalb entscheidend, weil die Relevanz von Bildern für den politischen Diskurs in Abb. 7.2 unmittelbar deutlich wird, wenn man das Bildelement berücksichtigt, das bezogen auf die Lektüre des Beitrags aufgrund seiner Position und seiner Größe in Frontstellung ist, und das dadurch als erstes wahrgenommen wird (s. Kap. 4.2.2).

**Beispielanalyse:** Während die in dem Bild gezeigte Schere ikonisch auf einen Schnitt (»glatter« Schnitt) verweist, lassen die Rissstellen zwischen der britischen und der europäischen Fahne indexikalisch auf ein »gewaltsames« Zerreißen schließen. Damit wird die Differenz zwischen der Möglichkeit eines »Schnitts« und der faktischen Gegebenheit eines »Zerreißens« ikonisch aufgegriffen. Diese bildliche Realisierung eines Kontrasts verweist auf unterschiedliche (und unterschiedlich negativ bewertete) **diskursive Positionen** zum Brexit, die zu unterschiedlichen Zeitpunkten der Austrittverhandlungen Großbritanniens aus der EU im Rahmen des politischen Diskurses der Bundesrepublik eingenommen wurden (s. Kap. 7.3). Zudem deuten sowohl der anthrazit-graue Hintergrund als auch der verbale Hinweis auf einen »Chaos-Brexit« in der Überschrift des Artikels darauf hin, dass der Brexit als eine (negativ als Riss bewertete) Trennung begriffen werden soll. Damit bietet das zentrale Bildelement eine deutliche Wertung des anstehenden Austritts der Briten aus der Europäischen Union an, noch bevor potenzielle Rezipient/innen den Artikel gelesen haben. Somit reicht in keinem Fall aus, die Analyse auf sprachliche Diskurs-Elemente zu beschränken.

**Inklusionsverhältnis des traditionellen Konstituentensystem:** An diese erste Kritik des Modells anschließend, ergibt sich ein zweiter Aspekt. Im Rahmen der skizzierten hierarchischen Abfolge des Konstituentensystems wird zunächst davon ausgegangen, dass die einzelnen Konstituenten in einem Inklusionsverhältnis der Über- und Unterordnung zueinanderstehen. Das bedeutet, dass jede höhere Ebene die darunter liegende (vollständig) umfasst und dass umgekehrt jede niedrigere Ebene Teil der nächst höheren ist.

Beide Annahme treffen jedoch keineswegs zwangsläufig zu (vgl. auch Spitzmüller/Warnke 2011: 24): So ließen sich aus morphologischer Sicht durchaus Überlegungen zum Wortbildungsprodukt ›Brexit‹ anstellen, die nicht Gegenstand der nächst höheren Ebene sind: Beispielsweise könnte das Wortbildungsprodukt ›Brexit‹ im Rahmen einer Reihe weiterer Wortkreuzungen (vgl. Boettcher 2009: 22 ff.) wie ›Breakfast‹ oder ›Frümi‹ (Frühstück und Mittagessen) betrachtet und sprachformal oder auch sprachhistorisch untersucht werden, ohne dass dies für ein aktuelles Textkorpus zum Brexit bzw. dem politischen Diskurs um den Brexit relevant wäre. Ebenso sind syntaktische Einheiten denkbar, die ›Brexit‹ als Kompositum im Rahmen eines historischen Wortbildungsparadigmas beschreiben, ohne dass dies für die aktuelle Diskussion von Bedeutung wäre.

Ein ähnliches Argument lässt sich auch bezogen auf den Übergang vom Satz zum Text nennen: So ist beispielsweise in der Anfangsphase der Textlinguistik nachgewiesen worden, dass Texte durch vor- und zurückverweisende deiktische Ausdrücke (anaphorische und kataphorische Ausdrücke) ihren kohäsiven textuellen Zusammenhalt sichern. Betrachtet man vor dem Hintergrund dieser Annahme die beiden folgenden Sätze, die sich an anderer Stelle in dem in Abb. 7.2 wiedergegebenen Text finden »Kanzlerin Angela Merkel sagt, man bereite sich auf einen Brexit ohne Vertrag vor. Darauf werde nun ›hingearbeitet‹.«, so verweist das Pronominaladverb »darauf« unmittelbar auf den Inhalt der Aussage des vorhergehenden Satzes. Doch obwohl dieser anaphorische Verweis unbestreitbar Gegenstand einer textlinguistischen Analyse sein kann, ist er nicht erkennbar geeignet, Gegenstand einer diskursanalytischen Untersuchung zu werden.

**Fehlende diskursanalytische Stringenz:** Es lässt sich also festhalten, dass die traditionelle Annahme eines Inklusionsverhältnisses der unterschiedlichen linguistischer Ebenen nicht sinnvoll ist, um ein diskursanalytisches Vorgehen zu begründen. Vielmehr geht es aus diskursanalytischer Sicht darum, Textkorpora auf diskursanalytisch relevante Fragestellungen hin zu analysieren. So spräche bezogen auf die politische Diskussion über den Brexit in der Bundesrepublik Deutschland alles dafür, im Rahmen eines Korpus Texte zusammenzustellen und zu analysieren, die sich auf den Brexit beziehen und dieses Korpus beispielsweise daraufhin zu untersuchen, wie sich der Brexit-Diskurs im medialen System der Bundesrepublik zwischen 2016 und 2018 auf der Ebene der Bildlichkeit entwickelt hat und welche Wahrnehmungen des Brexits dadurch konstituiert wurden (s. dazu Kap. 7.3). Fragen zu einzelnen Wörtern oder Syntagmen können unter Umständen relevant werden; sie jedoch aus systematischer Sicht per se relevant zu setzen oder gar zum Ausgangspunkt der Analyse zu machen, bedient zwar traditionelle linguistische Vorstellungen, hilft jedoch nicht zur Beantwortung diskursanalytischer Fragen.

**Fehlen machttheoretischer Aspekte:** Letzteres wird vor allem dann deutlich, wenn das vorgestellte Modell im Anschluss an Foucault auf sein machttheoretisches Potenzial befragt wird. Gemeint ist die oben bereits erwähnte Annahme Foucaults, dass Diskurse immer **zwingende Aspekte** enthalten. Hier ist kaum erkennbar, wie diese ausgehend von den bisherigen Überlegungen erfasst werden könnten. An dieser Stelle soll das folgende Zitat Foucaults genutzt werden, mit dem er auf die Differenz zwischen (traditionell) linguistischen Konzepten, wie dem in diesem Abschnitt bisher vorgestellten, und seinem eigenen Ansatz hinweist:

»Die von der Sprachanalyse hinsichtlich eines beliebigen diskursiven Faktums gestellte Frage ist stets: gemäß welchen Regeln ist eine bestimmte Aussage konstruiert worden und folglich gemäß welchen Regeln könnten andere ähnliche Aussagen konstruiert werden? Die Beschreibung der diskursiven Ereignisse [Foucault meint hier seine eigenen Überlegungen; D. M./I. P.] stellt eine völlig andere Frage: wie kommt es, dass eine bestimmte Aussage erschienen ist und keine andere an ihrer Stelle?« (Foucault 1988: 42)

Auch wenn Foucaults Kritik an einer ausschließlich deskriptiv beschreibenden Regelorientierung für die gegenwärtige Linguistik nicht mehr flächendeckend aufrechterhalten werden kann, so ist es dennoch entscheidend, dass es ihm mit seinem Hinweis weniger um die Linguistik ging. Vielmehr sollte die Äußerung unterstreichen, dass die Analyse von Diskursen nicht (nur) dazu genutzt werden soll, zu beschreiben, wie Diskurse aufgebaut sind, sondern zu erkennen, welche diskursiv zwingenden Aspekte unsere Erfahrungen von Wirklichkeit strukturieren.

Diese Feststellung leitet über zur Frage, wie diskursive Konstitutionsmechanismen linguistisch fassbar sind.

### 7.2.2 | Transtextuelle Korpora und Texte als heterogene Einheiten

Bisher ist noch nicht geklärt, wie man aus linguistischer Sicht vorgehen kann, um Diskurse oder diskursive Konstellationen analytisch zu erfassen. Diese Frage lenkt die Aufmerksamkeit auf den Aspekt der **Korpuserstellung**.

Hier ist zu beachten, dass Diskurstheoretiker/innen ihre Gegenstände und die entsprechenden Korpora häufig über die Festlegung eines Themas und eines zu untersuchenden Zeitraums bestimmen (Niehr 2014b: 31). Ein solches Vorgehen bringt allerdings das Problem mit sich, dass die Texte eines definierten Textkorpus selten monothematisch ausgerichtet sind oder auch nur eindeutig einem einzelnen Diskurs zugeordnet werden können. Vielmehr sind Texte häufig heterogene Einheiten, die »sich nicht durch die Zugehörigkeit zu *einem* Diskurs vollständig erfassen« lassen (Jung 1996: 459; Herv. i. Orig.).

**Textkorpus vs. Aussagenkorpus:** Aus dieser Feststellung zieht Jung den Schluss, dass Diskurse weniger über ganze Texte, als über »Aussagen, Behauptungen und Topoi« erfasst werden sollten (ebd.: 460). Ein Textkorpus stelle im Rahmen einer Untersuchung nur den Ausgangspunkt bzw. eine Zwischenetappe diskursanalytischen Arbeitens dar, während das Ziel in der Erstellung von Aussagen-Korpora bestehe, die diskursiv relevante Aussagen und Aussagengeflechte erfassen (ebd.: 461). In vielen diskursanalytischen Untersuchungen werden diese Überlegungen genutzt, um aus der Menge aller existierender Texte (sogenanntes »imaginäres Textkorpus«) ein konkretes Textkorpus als Stichprobe zu erstellen, das es ermöglicht, Aussagen und Aussagenkomplexe analytisch zu erfassen (zur Korpusbildung vgl. Niehr 2014b: 32–44). Grundlegend ist hierbei allerdings die Erkenntnis, dass diskursiv relevante Aussagen auch im Rahmen von Aussagenkorpora nur im Kontext des gesamten Textes erfasst werden können, da nur der textuelle Zusammenhang die Auswahl und Analyse konkreter Aussagen ermöglicht.

**Möglichkeiten studentischer Arbeiten:** Ein solches tendenziell auf größere Korpora angelegtes Vorgehen bringt für kleinere studentische Projekte allerdings das Problem mit sich, dass bereits die Korpuserstellung so aufwendig ist, dass auf vorhandene Korpora zurückgegriffen werden muss, um Teilaspekte zu untersuchen. Insoweit ist es nicht nur aus studentischer Perspektive relevant, dass sich aus den bisherigen Ausführungen auch eine zweite Möglichkeit ableiten lässt, mit der **Heterogenität diskursiver Konstellationen** umzugehen. Diese Möglichkeit besteht darin, sich dem Diskurs nicht ›von oben‹ (ausgehend von ganzen Korpora) zu nähern, sondern gerade die Vielzahl der von Foucault angenommenen diskursiven Teilchen ( = Aussagen) zum Ausgangspunkt empirischen Arbeitens zu machen.

Diskursfragmente als Ausgangspunkt: Damit kämen in einem ersten Schritt weniger ganze Diskurse als »Stichprobe« in den Blick, sondern eher »Diskursfragmente« (Fraas/Meier/Pentzold 2013: 11) **wie Topoi, Argumente, Metaphern**, die in konkreten Texten zu finden sind und deren Analyse einen induktiven Zugang zum Diskurs ›von unten‹ ermöglicht. Gemeint ist ein Vorgehen, das induktiv vom empirischen Detail hin zu den größeren diskursiven Zusammenhängen führt. Ein solcher induktiv und qualitativ orientierter Zugang, widersetzt sich keineswegs der Möglichkeit, in einem zweiten Schritt die erhobenen Befunde auf ihre diskursive Funktionalität hin zu befragen oder sie zusätzlich einer quantitativen Überprüfung zu unterziehen.

Der Ansatz ist im Rahmen der linguistischen Diskursanalyse vielfach genutzt worden, und etliche Arbeiten haben sich mit Metaphern, Topoi oder Argumentationsstrukturen in ihrer diskursiven Funktion beschäftigt (Niehr/Böke 2003: 333–338; Niehr 2014b: Kap. 3). Wir möchten die Orientierung an Diskursfragmenten aus der Perspektive der Nutzung von **Bildern** als Mittel der Prozessierung politischer Themen im Folgenden aufgreifen, um einen diskurtheoretischen Ansatz vorzustellen, der vorrangig qualitativ argumentiert und damit für kleinere Arbeiten geeignet ist. Konkret soll es um die diskursive Relevanz von **(Kollektiv-)Symbolen** gehen.

## 7.2.3 | Kollektivsymbole als fluktuierende Diskursfragmente

Den Ausgangspunkt der folgenden Überlegungen bildet die Frage, warum ein bestimmtes Bild zu einem konkreten Zeitpunkt bezogen auf ein konkretes politisches Ereignis genutzt wurde und warum kein anderes an dessen Stelle steht (s. Kap. 7.2.1). Allerdings werden wir im Weiteren nicht mehr einfach von ›Bildern‹ sprechen – wie wir es bisher getan haben –, sondern die Relevanz der ›**Bildlichkeit** › sowohl auf **verbal-bildliche** wie auch auf **visuell-bildliche Bilder** beziehen, da beide semiotische Varianten im Bereich des Politischen kontinuierlich genutzt werden. Diese doppelte semiotische Kodierung greift der Begriff des Kollektivsymbols auf, der sich sowohl auf sprachlich wie auf bildlich realisierte Bilder beziehen lässt.

(Kollektiv-)Symbole: Der Begriff des (Kollektiv-)Symbols, der von dem Literaturwissenschaftler Link stammt (Link 1985: 165–192), kombiniert linguistische Überlegungen zur Bedeutung sprachlicher Zeichen mit diskursanalytischen Annahmen Foucaults. Beide Bezugspunkte bilden den Hintergrund dafür, dass Link auch in der Linguistik rezipiert worden ist

(Jäger 2009; Spitzmüller/Warnke 2011; Lischeid 2012; Meer 2017). Konkret definiert Link den Begriff des (Kollektiv-)Symbols wie folgt:

Definition

> **(Kollektiv-)Symbol:** Unter (Kollektiv-)Symbolik versteht Link »die Gesamtheit der sogenannten ›Bildlichkeit‹ einer Kultur, die Gesamtheit ihrer am weitesten verbreiteten Allegorien und Embleme, Metaphern, Exempelfälle, anschaulichen Modelle und orientierenden Topiken, Vergleiche und Analogien« (1997, 25). Hieran anschließend fasst er das einzelne (Kollektiv-)Symbol als komplexe Vereinigung von visuell-bildlichen oder verbal-bildlichen Elementen, der **Pictura (P)** (lat. ›Bild‹), mit analogen Sinnelementen, der **Subscriptio (S)** (lat. ›Unterschrift‹) (vgl. Link 1984: 7; 1985: 168 f.; Link/Paar 1990: 115; Lischeid 2012: 43 f.).

Aus diskursanalytischer Sicht entscheidend ist dabei, dass Symbole aufgrund ihrer doppelten (bildlichen und sprachlichen) Struktur besonders gut dafür geeignet sind, diskursiv heterogene Situationen zu verarbeiten und deshalb **hoch frequent genutzt** werden. Insoweit haben Symbole ein großes Potenzial, im Bewusstsein einer größeren gesellschaftlichen Gruppe, häufig der gesamten Gesellschaft, **kollektiv verankert** zu sein.

Analyseperspektive: Ausgehend von dieser voraussetzungsreichen Definition, die im Weiteren schrittweise erläutert werden soll, werden wir anhand des in Abbildung 7.2. wiedergegebenen Sprache-Bild-Texts zum Brexit zeigen, dass der Symbol-Begriff Links dazu geeignet ist, verbal-bildliche und visuell-bildliche Diskursfragmente so zu analysieren, dass die diskursive Spezifik einer konkreten politischen Situation deutlich wird und damit auch die unterschiedlichen Positionen, die zu einem konkreten Zeitpunkt eingenommen werden.

Beispielanalyse: Bei der Nutzung des Symbolbegriffs ist zu beachten, dass ›Pictura‹ innerhalb der Terminologie Links nicht einfach mit ›Bild‹ und ›Subscriptio‹ nicht einfach mit ›(sprachlichem) Sinn bzw. Bedeutung‹ übersetzt werden darf. Vielmehr müssen sowohl die **visuell realisierten Bilder** auf ihre Pictura und ihre Subscriptio hin untersucht werden, wie auch die **sprachlich realisierten Bilder** jeweils auf beide Elemente befragt werden. Ebenso müssen alle Subscriptiones eines Textes, die geeignet sind, bildliche Vorstellungen auszulösen, gesammelt und auf ihr bildliches Potenzial hin befragt werden. Hierfür ist die Nutzung einer Tabelle zur Sammlung in zwei Spalten geeignet (s. Tab. 7.1).

Die folgende Tabelle zeigt, dass jedem Element der Pictura auf der Seite der Subscriptio mindestens ein Element entsprechen muss und umgekehrt. Darüber hinaus können sowohl die Elemente der Pictura als auch die der Subscriptio entweder explizit realisiert werden oder implizit angedeutet vorliegen. Aus diesem Grund markieren wir **explizit realisierte Elemente** mit »« (z. B. »der Flugverkehr wäre massiv gestört« bzw. die »visuell realisierte Schere«), **indirekt angedeutete Elemente** markieren wir mit [] (z. B. [glatter/problemloser Schnitt] als Subscriptio zum explizit realisierten Bild der Schere).

**Erster Analyseschritt:** Vor diesem Hintergrund ließe sich die Symbolik des Textauszugs in Abb. 7.2 in einem ersten Zugriff wie folgt schematisieren:

| Pictura | Subscriptio |
|---|---|
| »visuell realisierte Schere« | [glatter/problemloser Schnitt] |
| »visuell realisierte zerrissene Flagge« | »Schreckensszenario einer Chaos-Scheidung« [gewaltsame Trennung] |
| [chaotische Bilder von Flughäfen] | »Unterbrechung des Luftverkehrs« |
| [Bilder von Gefahrensituationen im Flugverkehr] | »Beeinträchtigung der Flugsicherheit« |
| [Bilder von Notsituationen] | »Notfallverordnung« |
| [Menge aller negativen Bilder zum Brexit] | »harter Brexit« |
| [negative Bilder von Scheidungen] | »Chaos-Scheidung« |
| »lange Staus« | »Störungen im Verkehr, bei Handel und Banken« |
| »gecharterte Schiffe« | Behebung von »Versorgungsengpässen bei Lebensmitteln« |

Tab. 7.1: P-S-Schema der genutzten Kollektivsymbole in Abb. 7.2

Diese erste (dem Textverlauf folgende) Sammlung von symbolischen Elementen macht zwei Aspekte deutlich: Zum einen sind die einzelnen Elemente – wie oben erwähnt – nicht immer alle explizit realisiert, sondern an vielen Stellen nur (konnotativ) mitgemeint bzw. interpretativ nahegelegt. Zum anderen verknüpft der Auszug aus dem Artikel zum Brexit unterschiedlicher Symbole. Konkret werden folgende Symbolbereiche genutzt: »Schere« vs. »Riss«, »Scheidung«, »Gefahren« und wirtschaftlich relevante Symbole aus den Bereichen »Flugverkehr«, »Autoverkehr« und »Schifffahrt«.

**Zweiter Analyseschritt:** Der Hinweis auf die unterschiedlichen Symbolbereiche soll nun genutzt werden, um die oben gesammelten Elemente zu sortieren:

| Pictura | Subscriptio |
|---|---|
| **Symbol der Fahne** | **[(nationale/staatliche) Einheiten]** |
| »visuell realisierte britische vs. europäische Fahne« | Großbritannien vs. Europa |
| **Symbol der Schere** | **[schmerzhafte, aber akzeptable Trennung]** |
| »visuell realisierte Schere« | [glatter/problemloser Schnitt] |
| **Symbol des Risses** | **[gewaltsame Trennung]** |
| »visuell realisierte zerrissene Flagge« | »Schreckensszenario einer Chaos-Scheidung«; |
| **[getrennte Menschen oder Einheiten]** | **Symbol der Scheidung** |
| [negative Bilder von Scheidungen] | »Schreckensszenario einer Chaos-Scheidung«; »Chaosscheidung« |
| **Bilder von Gefahren** | **[Gefahren]** |

| Pictura | Subscriptio |
|---|---|
| [Bilder von Notsituationen] | »Notfallverordnung« |
| [Menge aller negativen Bilder zum Brexit] | »harter Brexit« |
| **Symbolik aus dem Bereich des Verkehrs** | **[negative wirtschaftliche, gesellschaftliche Folgen]** |
| [chaotische Bilder von Flughäfen] | »Unterbrechung des Luftverkehrs« |
| [Bilder von Gefahrensituationen im Flugverkehr] | »Beeinträchtigung der Flugsicherheit« |
| »lange Staus« | »Störungen im Verkehr, bei Handel und Banken« |
| »gecharterte Schiffe« | Behebung von »Versorgungsengpässen bei Lebensmitteln« |

Tab. 7.2: P-S-Schema der genutzten Kollektivsymbole in Abb. 7.2

**Auswertung der Analyse:** Diese Sortierung nach Symbolfeldern macht deutlich, dass Symbole in der Regel nicht einzeln genutzt werden, sondern häufig vernetzt mit anderen Symbolen und Symbolbereichen. Ein Beispiel hierfür im analysierten Text ist die Verknüpfung des Symbols der Scheidung mit verschiedenen Symbolbereichen des Verkehrswesens (Flug-, Auto-, Schiffverkehr). Link spricht in diesem Zusammenhang von **Katachresen (= Bildbrüchen)** (vgl. Link 1984: 9). Diese Bildbrüche sind keine Ausnahmen, sondern funktional notwendig und nützlich, weil sie es erlauben, die heterogenen Gegebenheiten moderner Gesellschaft bildlich als integrierte Einheit erscheinen zu lassen. Aus einer solchen Perspektive leistet das Kollektivsymbolsystem einen Beitrag dazu, die Gefahren der Ereignishaftigkeit des Diskurses symbolisch zu reduzieren.

**Elementare Bewertungen durch Symbole:** Link stellt heraus, dass Kollektivsymbole (u. a. aus dem Bereich des Verkehrssystems) geeignet sind, um gesellschaftliche Probleme bzw. Diskussionen symbolisch so zu verarbeiten, dass jede und jeder über Erfahrungen in diesem Bereich verfügt und insoweit direkt versteht, worum es geht. Bezogen auf das hier diskutierte Beispiel muss man keine Expertin und kein Experte für Ökonomie sein, um zu begreifen, dass chaotische Scheidungen, Gefahren im Flugverkehr und lange Staus negativ zu beurteilen sind. Entscheidend ist hierbei, dass Kollektivsymbole neben ihrer integrierenden Nützlichkeit gleichzeitig immer auch elementare Bewertungen enthalten, die mit dem Symbol direkt übernommen werden und damit die Position desjenigen vorstrukturieren, der das Symbol nutzt. Insoweit ermöglichen Kollektivsymbole einerseits **kognitive Orientierung** und **emotionale Gewissheit**, andererseits definieren sie die Positionen, die Benutzer/innen im Diskurs einnehmen. Jemand der den Brexit als »Chaos-Scheidung« bezeichnet, kann ihn nicht im nächsten Satz positiv bewerten.

Obgleich nicht behauptet werden soll, dass der Bereich der (Kollektiv-)Symbolik nur für die politische Auseinandersetzung geeignet wäre (was würde die Werbung ohne Symbole aus den Bereichen ›Liebe‹ und ›Erotik‹

tun?; s. Kap. 4 und 5), so eignen sie sich Kollektivsymbole für den **Bereich der Politik** dennoch aus spezifischen Gründen: So erlauben die kleinen sprach-bildlichen Einheiten aufgrund ihrer (bildlichen) Vagheit (s. Kap. 4.2), heterogene diskursive Mechanismen so zu integrieren, dass die Heterogenität des Diskurses nicht bzw. nicht als Gefahr wahrgenommen wird. Auch aufgrund dieses Potenzials ›wandern‹ Kollektivsymbole als **diskursive Fragmente** nicht selten von einem Diskurs zum nächsten (s. Kap. 7.1).

**Zusammenfassung:** Damit lässt sich aus semiotischer und diskursanalytischer Perspektive festhalten, dass (Kollektiv-)Symbole aufgrund ihrer spezifischen semiotischen Eigenschaften kognitive und emotionserzeugende Vorteile aufweisen, die bei Betrachter/innen

- anschauliche Vorstellungen hervorzurufen,
- persönlichere Beziehung zu einem konkreten Ereignis entstehen lassen können,
- (potenziell) Interesse und/oder Empathie wecken (können) und damit
- die Grundlage elementarer Bewertungen von gesellschaftlichen Ereignissen bilden.

Wirkungen von (Kollektiv-)Symbolen

Insoweit tragen Kollektivsymbole aufgrund ihrer bildlichen Qualität dazu bei, **diskursive Positionen** so zu strukturieren, dass die Bewertung mit dem Symbol direkt übernommen wird. Dies hat seinen Grund auch darin, dass Bilder und bildliche Elemente im Detail vage oder mehrdeutig sind. Hierauf aufbauend wird es im nächsten Teilkapitel darum gehen, empirisch zu verdeutlichen, wie der auf Foucault aufbauende Symbolbegriff Links analytisch für konkrete politische Ereignisse bzw. Themen genutzt werden kann.

## 7.3 | Empirische Perspektiven

Die Überlegungen des vorigen Teilkapitels sollen nun anhand von drei kurzen Fallstudien aus dem Bereich der politischen Kommunikation verdeutlicht und theoretisch weiter ausdifferenziert werden: Anhand der symbolischen Verarbeitung des Brexits in der bundesdeutschen Printpresse (Kap. 7.3.1), der symbolischen Verarbeitung der Fluchtbewegung 1990 und 2015 im Print- und TV-Bereich (Kap. 7.3.2) und des hypermedial weltweit koordinierten Klimastreiks von Schüler/innen, dessen Ausgangspunkt die schwedische Schülerin Greta Thunberg bildete.

### 7.3.1 | Vom »Liebespaar« zur »Chaos-Scheidung«: Der Brexit und seine Verarbeitung über Kollektivsymbole

Aufbauend auf die bisherigen Überlegungen zum Brexit, geht es in diesem Kapitel darum, den Umgang der deutschen Presse mit dem Brexit zu zwei unterschiedlichen Zeitpunkten in den Blick zu nehmen. Hierbei soll verdeutlicht werden, dass die Frage nach dem diskursiven Gebrauchs von

Kollektivsymbolen einen Beitrag zur diachronen Analyse **diskursiver Positionen** leisten kann.

Diskursive Positionen: Die bisherigen Analysen eines Zeitungsartikels zum Brexit (s. Abb. 7.2), der für die Bewertung der politischen Entwicklung seit dem Referendum zum Austritt Großbritanniens aus der EU am 23. Juni 2016 für weite Bereiche der deutschen Medien typisch war, haben deutlich werden lassen, dass die genutzten Kollektivsymbole ausschließlich negativer Art sind. Dies bestätigt die Annahme Links, dass der Gebrauch von Kollektivsymbolen mit **elementaren Wertungen** verknüpft ist. Diese Wertungen erlauben es, über Symbole politische Kontroversen und Konflikte auszutragen, indem mit den Symbolen unterschiedliche diskursive Positionen formuliert werden (Link 1984: 12). Hierbei können Kollektivsymbole nicht nur negative Wertungen transportieren, sondern auch positiv besetzt sein.

Symbolische Verarbeitung des Brexits (bis 2016): Dies bestätigt sich, wenn man die Zeitungsberichterstattung der bundesdeutschen Presse vor dem britischen Referendum im Sommer 2016 betrachtet. Vor dem Hintergrund der verbreiteten Überzeugung, dass die Briten sich eher gegen den Austritt aus der EU entscheiden würden, fanden sich zu diesem Zeitpunkt in der Presse dominant positive Symbole wie das folgende:

Abb. 7.3: Auszug aus einem Artikel der WAZ vom 21. Juni 2016: 1

**Mehrheit der Bürger will die Briten behalten**
*Brexit? Deutsche Wirtschaft warnt vor Sogwirkung*

Zusammenbleiben: Bilder mit Symbolkraft gibt es derzeit viele. Dieses stammt von einer Demo in Berlin.

**Beispielanalyse:** Wie die Schlagzeile (Überschrift) und die Unterzeile des Auszugs aus einem Bericht zum Brexit zu diesem Zeitpunkt deutlich machen, wird zwar nicht der Brexit an sich positiv bewertet, aber das Verhältnis der Europäer zu den Briten wird symbolisch positiv anhand der Pictura eines sich »küssenden Liebespaars« realisiert. Berücksichtigt man zusätzlich die britisch bzw. europäisch geschminkten Gesichter des Paares, so verweist diese komplexe, visuell realisierte Pictura auf die Subscriptio ›verliebt‹ und ›verbunden‹. Die daran geknüpfte positive Bewertung des Bündnisses zwischen den Briten und den übrigen Europäern, wird auf der Ebene der Subscriptio sprachlich zum einen durch die Überschrift bestätigt (»Mehrheit der Bürger will die Briten behalten«), zum anderen durch die referierten Einschätzungen im (hier nicht wiedergegebenen) weiteren Beitrag: »Über zwei Drittel der befragten Bürger erwarten keine negativen Konsequenzen [im Fall des Austritts; D. M./I. P.].« (WAZ, 21. Juni 2016: 1).

**Ambivalenz von Symbolen:** An dieser insgesamt positiven Bewertung der Ereignisse in Großbritannien, die im krassen Widerspruch zur Bewertung des weiter oben analysierten Beitrags zum Brexit steht, sind zwei Aspekte aus symboltheoretischer Sicht interessant: Einerseits benutzen beide bildliche Darstellungen das Symbol der Flagge, integrieren sie jedoch in unterschiedliche Kontexte: In Abb. 7.2 wird die Flagge als »zerrissene/zerschnittene Flagge« in Verbindung mit dem (negativen) Symbol der Schere realisiert, was auf der Ebene der Subscriptio bedeutet, dass die Einheit Europas einem gewaltsamen Eingriff zum Opfer gefallen ist. In Abb. 7.3 hingegen werden das Symbol der Flagge und das eines Liebespaars kombiniert, was dazu führt, dass beide Elemente der Pictura positiv bewertet werden. In beiden Fällen handelt es sich um eine Katachrese: Im ersten Fall wird das Symbol der Flagge mit dem Symbol eines verliebten Paares kombiniert, im zweiten Fall mit dem Symbol der Schere bzw. des Risses. Insoweit verdeutlicht die Kontrastierung dieser beiden Beispiele, dass auch ein positives Symbol (wie das der »Flagge«) durch ihre Einbettung (»Kontextualisierung«) negativ genutzt werden kann.

Andererseits macht die Abb. 7.3 deutlich, dass auch an sich positive Symbole auf der Ebene der Subscriptio durch die Dynamik politischer Ereignisse negativ aufgeladen werden können. Dies deutet sich in der Unterzeile (»Brexit? Deutsche Wirtschaft warnt vor Sogwirkung«) bereits an. Hier zeichnet sich die Relevanz ökonomischer Aspekte ab, die in der Zeit nach dem Referendum immer weiter in den Vordergrund gerückt worden sind. Diese Entwicklung hat im weiteren Verlauf der Ereignisse dazu geführt, dass sich die Bewertungen des Brexits innerhalb der bundesdeutschen Medien radikal verändert haben. Ohne diese Entwicklung empirisch an dieser Stelle genauer betrachten zu können, deutet sich an, dass in dieser Zeit ein symbolischer Übergang von einem ehemaligen »Liebespaar« hin zu einer »Chaos-Scheidung« geschehen sein muss.

**Relevanz diskursiver und nicht-diskursiver Mechanismen:** Eine der grundsätzlichen Fragen ist die, ob Kollektivsymbole und Kollektivsymbolkatachresen politische Ereignisse als solche konstruieren, oder ob sie nur beschreiben, was ansonsten auch passiert wäre. Im Sinne Foucaults muss man diese Frage mit »sowohl – als auch« beantworten: So hat Foucault immer wieder herausgestellt, dass neben diskursiven Einflüssen (der sprachlichen und bildlichen Darstellung politischer Ereignisse) auch nicht-diskursive Einflüsse Relevanz besitzen (vgl. Deleuze 1987: 69–99).

Diese doppelte Annahme leuchtet im Zusammenhang mit dem Brexit ein: Bezogen auf den Brexit würde die Annahme, dass unsere Wahrnehmung ausschließlich diskursiv geprägt wäre, bedeuten, dass die symbolische Verarbeitung des Brexits allein die Ursache für die Veränderung der medialen Einschätzungen darstellen würde. Hier muss man sich u. a. die Frage stellen, ob nicht ökonomische Interessen in jedem Fall früher oder später die negative Bewertung des Austritts der Briten nach sich gezogen hätten. Insoweit ist es sinnvoll, davon ausgehen, dass diskursive und nicht-diskursive Mechanismen in der Regel ineinandergreifen und sich gegenseitig bedingen. In diesem Sinne lässt sich abschließend festhalten, dass das Netz üblicher Kollektivsymbole an politischen Entwicklungen konstruktiv beteiligt ist, indem es die Wahrnehmung politischer Ereignisse entscheidend mitprägt.

Diese Überlegungen sollen im nächsten Schritt in ihrer politischen Relevanz weiter verstärkt werden, indem wir uns mit der politischen Wahrnehmung von Flüchtlingen in den deutschen Medien befassen und damit ein Thema aus dem Bereich des Einwanderungsdiskurses aufgreifen, das innerhalb der deutschen Öffentlichkeit (und nicht nur in dieser) diskursiv deutlich kontroverser diskutiert worden ist als der Brexit. Insoweit stellt sich hierbei die Frage der Macht konkreter Diskurse bzw. diskursiver Positionen mit zusätzlicher Deutlichkeit.

## 7.3.2 | Flüchtlinge und ihre diskursive Verarbeitung im Einwanderungsdiskurs: Metapher oder Symbol

Da der diskursive Umgang mit Flüchtlingen in deutschen Medien in diskursanalytischen Arbeiten häufig anhand des Begriffs der Metapher beschrieben worden ist, werden wir im Folgenden zunächst auf den Zusammenhang zwischen **Symbolen** und **Metaphern** eingehen. Hierbei soll im Anschluss an Link gezeigt werden, dass Metaphern eine Unterkategorie von Symbolen sind.

(Kollektiv-)Symbole und Metaphern: In Verbindung mit ihren Überlegungen zur Rolle von Metaphern im öffentlichen Diskurs weist Spieß darauf hin, dass sich der politische Diskurs »über spezifische Metaphernverwendungen charakterisieren« lässt (Spieß 2017: 105). Sie stellt die konstruktive Leistung von Metaphern heraus, indem sie darauf hinweist, dass Metaphern »die Sichtweise auf bestimmte Sachverhalte, also Einstellungen gegenüber und Bewertungen von Sachverhalten, beeinflussen« (ebd.: 105 f.). Als Beispiel führt sie u. a. die Rolle der **Naturkatastrophen-Metaphorik** für den Bereich der negativen Bewertung von Migrationsphänomenen an (ebd.: 106 ff.).

In die gleiche Richtung argumentieren auch Böke u. a., wenn sie am Beispiel der Flüchtlingsbewegungen der 1980er und 1990er Jahre verdeutlichen, dass »Metaphern wie *Flüchtlingsstrom, einsickern, Schleuser, Überschwemmung* und *eindämmen* unter den Herkunftsbereich ›Wasser‹ zu subsummieren« sind und »auf den Zielbereich ›Einwanderung‹ projiziert« werden (Böke u. a. 2000: 21 f.) In der Folge kann Böke im Rahmen ihrer Untersuchung zum metaphorischen Umgang mit Flüchtlingen im *Spiegel* herausarbeiten, dass »der überwiegende Teil der Metaphern im Einwanderungsdiskurs des SPIEGEL negativ konnotiert ist« und die genutzten Metaphern den Eindruck erwecken, »daß die Zuwanderer eine Bedrohung und Gefahr für die Bundesrepublik bedeuten« (vgl. Böke 1997: 191).

An dieser Stelle treffen sich die referierten Überlegungen zu Metaphern in Teilen mit den Ausführungen Links zum Gebrauch von Kollektivsymbolen. Anders als die genannten Autor/innen betont Link zwar – wie oben angeführt – vorrangig die verschiedene Diskurse **bildlich integrierende Funktion von Kollektivsymbolen** (vgl. Link 1982: 9), bezogen auf den Migrationsdiskurs stellt er aber ebenfalls heraus, dass spezifische Symbolfelder (u. a. aus dem Bereich der Wasser-Symbolik) von Bedeutung sind, wenn es darum geht, Flüchtlinge negativ als Gefahren zu kodieren. Hieran anschließend weist Gerhard darauf hin, dass Flüchtlinge medial als »Ströme«, »Fluten« oder »Überschwemmungen« symbolisch kodiert werden, wohingegen (vermeintliche) Schutzmaßnahmen der Gesellschaft gegen diese »Fluten« darin gesehen werden »Deiche oder Schutzmauern zu bauen«, »Flüsse umzuleiten« oder darauf hinzuweisen, dass das »Boot voll ist« (Gerhard 1993).

**Terminologische Ausdifferenzierung:** Trotz dieser diagnostischen Gemeinsamkeiten zeichnen sich beim Vergleich der Überlegungen Links mit denen von Spieß und Böke u. a. Unterschiede ab, von denen an dieser Stelle zwei Bereiche näher betrachtet werden sollen: So ist es im Sinne dieser Einführung entscheidend, dass Link den Aspekt der visuell realisierten Bildlichkeit für seinen Symbolbegriff dominant setzt, was dazu führt, dass er zwei unterschiedliche Symboltypen unterscheidet: So differenziert er zwischen metaphorischen Symbolen, die mit dem Begriff der Metapher gleichgesetzt werden können, auf der einen Seite und repräsentativen Symbole, die man auch als metonymische Symbole bezeichnen könnte, auf der anderen Seite.

Der Unterschied zwischen beiden Symboltypen liegt darin, dass bei **metaphorischen Symbolen** eine Übertragung zwischen zwei unterschiedlichen Bereichen stattfindet (z. B. »Flüchtlingsstrom«: Transfer aus dem Bereich der ›Natur‹ auf den Bereich des ›Menschlichen‹), während bei **repräsentativen Symbolen** reale Gegenstände/Sachverhalte/Fälle symbolisch ›pars pro toto‹ bildlich genutzt werden. Ein Beispiel hierfür sind z. B. die in Kapitel 7.2 im Zusammenhang mit dem Brexit prognostizierten »langen Staus«, »gecharterten Schiffe« und die »Störungen im Flugverkehr«, alles Symbole die als Teil einer realen Situation genutzt werden.

Ein zweites Beispiel eines repräsentativen Symbols findet sich im folgenden Bericht auf der Homepage der Hilfsorganisation ›Ärzte ohne

Grenzen‹ vom 7. Juli 2017. Berichtet wird über einen Brief an Bundeskanzlerin Angela Merkel:

Abb. 7.4: Zivile Seenotrettung im Mittelmeer (https://www.aerzte-ohne-grenzen.de/seenotrettung-mittelmeer-offener-brief-bundeskanzlerin-merkel; gesehen am 19.03.2019)

Als repräsentatives Symbol können hier sowohl die Pictura des visuell realisierten Symbols in Gänze als auch einzelne Elemente dieses Bildes (wie z. B. der gerettete Säugling) interpretiert werden. Als Subscriptiones bietet der verbale Begleittext explizit und konnotativ Merkmale wie ›zivil‹, ›lebensrettend‹, ›erfolgreich‹ und ›menschlich‹ an. Repräsentativ ist dieses visuell realisierte Symbol deshalb, weil es einen realen Fall der zivilen Seenotrettung auf der Ebene der Pictura aufgreift und ihm auf der Ebene der Subscriptio einzelne Sinn-Elemente zuordnet.

Betrachtet man vor dem Hintergrund dieses Beispiels den spezifischen Nutzen des vorgestellten Symbolbegriffs (im Vergleich zu dem der Metapher), zeichnen sich neben einigen Gemeinsamkeiten drei Vorteile ab:

Vorteile des Symbolbegriffs
- Der Symbolbegriff integriert das Konzept der Metapher, geht aber empirisch darüber hinaus.
- Der Symbolbegriff erfasst und beschreibt nicht nur verbal realisierte Metaphern, sondern außerdem visuell realisierte Symbole.
- Vor allem erlaubt es der Symbolbegriff mittels des Konzepts des repräsentativen Symbols, die symbolische Wirkung von Bildern realer Ereignisse zu erfassen.

Die Relevanz des letzten Aspekts soll nun abschließend anhand eines exemplarischen Vergleichs zwischen der symbolischen Verarbeitung der

Fluchtbewegungen nach Europa während der 1980er (und frühen 90er Jahre) und dem Umgang mit der ›Flüchtlingskrise‹ nach 2015 genauer betrachtet werden.

»Flüchtlingsströme« als metaphorisches Symbol: Diskursanalytisch breit untersucht ist die bereits erwähnte Tatsache, dass Flüchtlinge in der 1980er und 90er Jahren häufig metaphorisch als »Ströme« symbolisiert wurden, gegen die man »Deiche« bauen musste. So weist Wengeler 1995 darauf hin, dass sich die Metaphorik der Ausländer(spring)flut zu Beginn der 1980er Jahre massiv ausgebreitet hat. Neben der »Schwemme der Scheinasylanten« habe es zusätzlich eine »Asylantenwelle«, eine »Ausländerflut«, eine »Ausländerschwemme«, einen »Ausländerstrom«, »Asylantenzufluß«, eine »Asylantenflut« und eine »Asylantenschwemme« gegeben (1995: 742). Ergänzend stellt er heraus, dass die »Flut-Metaphorik« auch 1991 genutzt wurde, »um Gewaltakte gegen Ausländer zu erklären« (ebd.).

Pressebeispiele: Ganz in diesem Sinne titelte die FAZ (am 28.08.1980: 1) unter der Überschrift »Dämme gegen die Asylantenspringflut«. Dort heißt es: »Die Einsicht bei den Politikern wächst, daß der Zustrom von Ausländern, die in der Bundesrepublik um politisches Asyl nachsuchen [...] eingedämmt werden muss.« Diese metaphorischen Formen der diskursiven Verarbeitung (Menge an Flüchtlingen als »Springflut« und »Zustrom«) werden zusätzlich durch eine Vielzahl von visuell realisierten Bildern gestützt, die die (vermeintliche) gesellschaftliche ›Gefahr‹ zusätzlich unterstreichen. Hierbei kam u. a. der Berichterstattung und den Titelseiten des *Spiegels* Bedeutung zu, wie die Abbildung des *Spiegel*-Covers vom 9. September 1991 exemplarisch unterstreicht (Abb. 7.5).

Symbolisch wird die Bundesrepublik auf der Ebene der Pictura als Boot visuell realisiert, das in den Asylanträgen (Subscriptio) »unterzugehen droht«. Als weitere Subscriptio unterstreicht der Titel »Ansturm der Armen« symbolisch, dass es sich um eine kriegsähnliche Situation (»Ansturm«) handele.

Abb. 7.5:
*Spiegel*-Cover vom 09.09.1991
(magazin.spiegel.de/EpubDelivery/spiegel/pdf/21113767; gesehen am 17.03.2019)

Visuell realisierte Flüchtlingsströme: Während die diskursive Verarbeitung der Flüchtlingsbewegungen des letzten Jahrhunderts dominant anhand metaphorischer Symbole erfolgte, fällt bei der Flüchtlingskrise nach 2015 auf, dass metaphorische Symbole wie die angeführten in den Medien **verbal** vergleichsweise selten zu finden sind (eine Ausnahme bilden hier rassistische Gruppen und Parteien). Massenhaft gezeigt wurden in den Medien jedoch Bilder und TV-Berichte von der sogenannten Balkanroute. Auch hierzu ein exemplarisches Beispiel:

# 7 Linguistische Diskursanalyse und die Analyse politischer Kommunikation

Abb. 7.6:
Bilder der Balkanroute auf »Tagesschau.de« (https://www.tagesschau.de/multimedia/bilder/fluechtlinge-balkanroute-103.html; gesehen am 17.03.2019)

»In Spielfeld musste die Polizei schließlich Sicherheitszäune öffnen, um den Andrang zu verkraften.«

Dies ist nicht der Ort, um zu klären, was eine Vielzahl von Politikern und Medienleuten davon abgehalten hat, die metaphorischen Symbole der früheren Jahre ausgehend von massenhaft gezeigten Bildern (wie in Abb. 7.6) wieder aufzugreifen. Ein Grund könnte sein, dass die Menge der Menschen, die unstrittigen Kriegs- und Notsituationen zu entkommen versuchten, ohnehin zu einer gesellschaftlichen Destabilisierung geführt hatte, die nicht verstärkt werden sollte. Ein zweiter Grund könnte darin bestanden haben, dass die Zahl der ertrunkenen Flüchtlinge im Mittelmeer metaphorische Symbole wie »das Boot ist voll« ethisch vollständig diskreditiert hätte.

**Symbolische Funktionalität:** Mit Foucault könnte man hier argumentieren, dass die massenhaft verbreiteten Bilder von Flüchtlingen, die über die Balkanroute nach Mitteleuropa wollten, ohnehin auch ohne weitere explizite Erläuterung als Gefahr, Flut, Katastrophe etc. wahrgenommen wurden. Hier wäre empirisch zu prüfen, ob die (weitgehend) fehlende zusätzliche verbale Thematisierung dazu geeignet war, einen diskursiven Unterschied zwischen »demokratisch akzeptierten Medien« und »rassistischen Akteuren« zu markieren. Bilder von ertrinkenden Flüchtlingen im Mittelmeer hingegen, die es vereinzelt gab, hätten die Aufmerksamkeit verstärkt auf die Situation der Opfer gelenkt, was in weiten Bereichen (gerade auch demokratischer) Medien nicht erwünscht war. Insoweit antworten diese Überlegungen auf die in Kapitel 7.1 aufgeworfene Frage, warum bestimmte Bilder an bestimmten Stellen genutzt werden (z. B. Bilder von der Balkanroute), an anderen Stellen jedoch nicht (Bilder von ertrinkenden Flüchtlingen im Mittelmeer).

Sicher ist an dieser Stelle, dass das zwischen 1980 und 2015 etablierte symbolische Instrumentarium zur Beschreibung von Flüchtlingen dazu genutzt werden konnte, dass Bilder wie in Abb. 7.6 ohne sprachliche Unterstützung **metaphorisch** als »Flut« etc. interpretiert wurden. Dies zeigt die Vielzahl von dramatischen Reaktionen zwischen 2015 und 2018 in Medien und Politik. In diesem Zusammenhang fungierten die tatsächlich existierenden Menschenmassen (pars pro toto) zusätzlich als **repräsentatives Symbol**. Diese Annahme unterstützt in Abb. 7.6 auch das repräsentative Symbol des »Öffnens der Sicherheitszäume«, das in der Textzeile unter dem Foto realisiert wird. Diese Formulierung ist dazu geeignet, symbolisch direkt als das kontrollierte Öffnen von Schleusen interpretiert zu werden, mit dem ein »Dammbruch« verhindert wurde.

Damit ist anhand des eingeführten Symbolbegriffs deutlich geworden, dass die sprachliche und bildliche Darstellung von Flüchtenden entscheidend dazu beigetragen hat, die diskursive Wahrnehmung des Phänomens zu prägen. Unsere analytischen Überlegungen abschließend, soll im nächsten Schritt ein Beispiel aus dem Bereich der Hypermedien aufgegriffen werden: Konkret geht es um die politisch kritische Nutzung von Kollektivsymbolen im Rahmen des von der schwedischen Schülerin Greta Thunberg ausgelösten internationalen Schüler/innenstreik in den Jahren 2018 und 2019.

### 7.3.3 | Linguistische Diskursanalyse und Hypermedien: Greta Thunberg und der weltweite Schüler/innenstreik

**Hypermedien und Partizipation:** Obgleich die linguistische Literatur seit den 2000er Jahren immer wieder herausgestellt hat, dass die Hypermedien aufgrund ihrer partizipatorischen Möglichkeiten auch ein Medium der (politischen) Subversion sind (vgl. Tereick 2013; Androutsopoulos/Tereick 2015), haben die empirischen Beispiele in diesem Band eher Formen der ökonomischen Effizienz deutlich werden lassen. Vor diesem Hintergrund soll es nun darum gehen, die prinzipiell ambivalente Struktur hypermedialer Kommunikation zu unterstreichen und am Beispiel der Schwedin Greta Thunberg auf die Möglichkeiten der hypermedialen Verbreitung subversiver Botschaften im Sinne Foucaults einzugehen.

**Symbolischer Ausgangspunkt:** Den Ausgangspunkt der Aktivitäten der 15-jährigen schwedischen Schülerin Greta Thunberg bildete ihr zunächst einsamer Schulstreik an jedem Freitag vor dem schwedischen Parlament. Abbildung 7.7. zeigt die Schülerin auf einem u. a. über Twitter verbreiteten Foto am zweiten Tag ihres Streiks im August 2018 alleine mit einem Pappschild vor einem Gebäude. Das Schild informiert darüber, dass ihr Schulstreik dem Klimawandel gilt.

Relevant für diesen Zusammenhang ist vor allem die Tatsache, dass Greta Thunberg zunächst einmal nur eine 15-jährige Schülerin war, die – wie viele andere Jugendliche auch – beunruhigt zur Kenntnis nahm,

Abb. 7.7: Greta Thunberg am zweiten Freitag ihres Schulstreiks am 20.08.2018 (https://www.instagram.com/p/Bmuyl25h4sj/)

dass ›die Erwachsenen‹ dieser Welt Nachrichten über die Folgen des Klimawandels zwar zur Kenntnis nahmen, jedoch wenig dagegen tun. Die Tatsache, dass Thunberg unter dem Asperger-Syndrom leidet, mag mitverantwortlich sein für ihre zunächst ›einsame‹ Entscheidung zu streiten (vgl. ihre Äußerungen unter https://twitter.com/srfnews/status/1093858388805599232?lang=de), konnte jedoch nur deshalb an Bedeutung gewinnen, weil Thunberg ihre Aktion von Beginn an über hypermediale Netzwerke, v. a. über Twitter und Instagram, mit Bildern, Videos und (kurzen) Begleitinformationen weltweit zugänglich kommunizierte.

**Symboltheoretische Beispielanalyse:** Schaut man sich vor diesem Hintergrund das Foto in Abbildung 7.4 an, so zeigt es auf der Ebene der Pictura ein **Mädchen mit Zöpfen** und mit einem Rucksack vor einer Wand sitzend. Als Subscriptio bieten sich hier zunächst nur einige vage Merkmale an, wie ›Schülerin‹, ›jung‹, ›alleine‹ und ›sitzend‹. Die Tatsache, dass die aufnehmende Kamera das Mädchen aus der Perspektive der Normalsicht (auf Augenhöhe) zeigt, und die Dominanz von vertikalen und horizontalen Linien eine statische Situation unterstreicht, lassen sich zusätzlich die Merkmale ›Symmetrie‹ und ›Dauerhaftigkeit‹ ergänzen. Ergänzt man diese erste Analyse durch das Pictura-Element des **handschriftlich betexteten Pappschilds**, so lassen sich auf der Ebene der Subscriptio die Merkmale ›einfach‹, ›kindlich-jugendlich‹ und ›recyclebar‹ ergänzen. Die Aufschrift des Pappschilds »Schulstreik fürs Klima« fungiert dann abschließend als Subscriptio für das Gesamtsymbol und gibt ihm seine spezifische politische Bedeutung.

Auch wenn diesem Foto eine Vielzahl von differenzierten Merkmalen zugeordnet werden kann, so kann es die Qualität eines **diskursiven Ereignisses** im Sinne Foucaults dennoch nur dadurch erhalten, dass es medial vermittelt weltweit von einer großen Gruppe von Jugendlichen wahrgenommen wurde, deren innerer Einstellung es entsprach. Zusätzlich verstärkt wurde diese Wirkung zu einem frühen Zeitpunkt durch die Reden Thunbergs in Katowice bei der UN-Klimakonferenz Mitte Dezember 2018 und auf dem Weltwirtschaftsforum in Davos Ende Januar 2019.

Die damit verbundenen Formen medialer Verbreitung waren deshalb erfolgreich, weil weitere, diskursiv anschlussfähige Phänomene es erlaubten, eine 15-jährige Schwedin zum Symbol (im Sinne Links) weiter Teile einer Schüler/innengeneration werden zu lassen. So ergänzte Thunberg im Laufe der Zeit weitere Fotos, Filme und Interviews, die das skizzierte Symbol weiter ausdifferenzierten: durch den Hinweis, dass Aspergerpatient/innen nur dann sprechen, wenn es unbedingt notwendig ist, den Hinweis, dass ein Schulstreik notwendig und angemessen sei, da es sonst bald keine Zukunft geben würde, für die es sich zu lernen lohnt und eine Vielzahl von Belegen mit Zahlen und wissenschaftlichen Befunden, mit denen sie ihre Expertise unter Beweis stellte (vgl. exemplarisch ihre TEDx Rede in Stockholm am 12.12.2018; https://www.youtube.com/watch?v=EAmmUIEsN9A; gesehen am 23.03.2019).

Der **Status eines kollektiven Symbols** kam Greta Thunberg allerdings erst dadurch zu, dass ab Januar 2019 weltweit eine immer größer werdende Anzahl von Schüler/innen ihrem hypermedial verbreiteten Aufruf folgten und ebenfalls jeden Freitag einer (aus ihrer Sicht untätigen) Erwachsenenwelt durch das Fehlen in der Schule die Kooperation entzogen. Die vielfältige Verbreitung ihrer Reden über unterschiedliche Social Media-Plattformen und die Tatsache, dass ihre Aktionen (hyper-)medial vermittelt wahrgenommen wurden, führte bis Februar 2019 dazu, dass neben dem Symbol der schwedischen Schülerin weltweit eine nicht zählbare Menge von Bildern über die sozialen Netzwerke verbreitet wurden, die eine Massenbewegung von Schüler/innen dokumentierten, wie der folgende Tweet von Luisa Neubauer exemplarisch unterstreicht:

Abb. 7.8: Tweet von Luisa Neubauer über Twitter anlässlich des deutschlandweiten Schülerstreiks vom 15. März 2019 (https://twitter.com/Luisamneubauer?cn=ZmxleGlibGVfcmVjcw%3D%3D&refsrc=email; gesehen am 23.03.2019)

Die sich hier manifestierende Art der Bildung eines weiteren identitätsstiftenden Kollektivsymbols soll anhand des in Abb. 7.9 zu sehenden Aufrufs zu einem Streiktreffen am 22.03.2019 in Berlin verdeutlicht werden.

Die Menge der auf dem Demonstrationsaufruf abgebildeten Pappschilder, die dem Pappschild von Greta Thunberg folgten, ist nicht nur im Hinblick auf die darauf verschriftlichten Botschaften relevant, sondern vermitteln auf der Ebene der Subscriptio gleichzeitig, dass aus dem Pappschild einer einzelnen Schülerin eine riesige Menge an Schildern weiterer protestierender Schüler/innen geworden ist. Diese und weitere Picturae stehen auf der Ebene der Subscriptio damit für die massenhafte Verweigerung einer ganzen Generation.

Damit ist der von Greta Thunberg ausgelöste weltweite Schüler/innenstreik für das Aufhalten des Klimawandels zum einen eine (zumindest bisher diskursiv) erfolgreiche politische Aktion, der es unter Nutzung der sozialen Netzwerke gelungen ist, zu einem **diskursiven Ereignis** zu werden, das sich in der **Etablierung neuer Kollektivsymbole** niedergeschlagen hat. Nicht absehbar ist zum jetzigen Zeitpunkt, ob und inwieweit diese politisch subversive Aktion tatsächlich auch konkrete politische Anschlusshandlungen zu initiieren vermag oder ob sie durch die Diffamie-

Abb. 7.9: Tweet eines erneuten Schülerstreiks in Berlin (https://twitter.com/Luisamneubauer?cn=ZmxleGlibGV fcmVjcw%3D%3D &refsrc=email; gesehen am 23.03.2019)

rung der gewählten Kollektivsymbole oder anderer symbolischer Strategien entschärft wird.

In jedem Fall ist das Beispiel des Schüler/innenstreiks geeignet, um die Möglichkeiten diskursanalytischen Arbeitens nicht nur anhand der Analyse empirischer Daten zu verdeutlichen, sondern darüber hinaus zu zeigen, dass die Arbeiten Foucaults es auch erlauben, subversive Aktionen politischer Art zu beschreiben. Hierbei kann man am Beispiel des Schüler/innenstreiks zeigen, dass sich Foucaults Vorstellungen von den **diskursiven Wirkungen der Macht** weniger an einem hierarchisch gedachten ›Oben‹ und ›Unten‹ orientieren, sondern dass Macht seiner Vorstellung nach »auf der ganzen Dicke und auf der ganzen Oberfläche des sozialen Feldes« wirkt (Foucault 1976: 114). Dazu heißt es bei Foucault:

»Die Macht ist niemals voll und ganz auf einer Seite. Sowenig es einerseits die gibt, die die Macht ›haben‹, gibt es andererseits die, die überhaupt keine haben. Die Beziehung zur Macht ist nicht im Schema von Passivität und Aktivität enthalten.« (Ebd.: 115)

## 7.4 | Anwendungsperspektiven der linguistischen Diskursanalyse

In einem Aufruf zu einem Workshop zu »Diskursinterventionen« im Bereich des öffentlich politischen Diskurses (31. Januar bis 01. Februar 2019) beschreibt Vogel (2019) den Zustand der politischen Diskursanalyse wie folgt:

»Die Diskursanalyse ist mittlerweile eine etablierte Teildisziplin im Kanon der philologischen und sozialwissenschaftlichen Fachbereiche. Wenngleich ihr Gegenstand der transsituativen, mithin öffentlich-gesellschaftlichen Sphäre des vernetzten semantischen Kampfes entstammt, pflegt sie selbst wiederum mehrheitlich einen rein fachwissenschaftlichen und zudem partikularisierten Binnendiskurs. Selbst Ansätze, die mit ihrer analytisch-deskriptiven Arbeit zumindest auch einen »kritischen«, »emanzipatorischen«, »aufklärerischen«, »engagierten« u. ä. Anspruch verbinden, sind – wenn sie überhaupt wahrgenommen wurden – selten über kurzzeitige Resonanzen des Infotainments hinausgelangt. ...« (https://discourseanalysis.net/de/diskursintervention-normativer-massstab-der-kritik-und-praktische-perspektiven-zur-kultivierung; gesehen am 07.04.2019)

Nun zeigt gerade das zuletzt diskutierte Beispiel des Schüler/innenstreiks der Jahre 2018 und 2019, dass der Bereich der Politik in hohem Maße geeignet ist, daraufhin untersucht zu werden, welche praktischen Anschlussüberlegungen eine diskurslinguistische Analyse nach sich ziehen kann. Der Grund liegt darin, dass der politische Diskurs aufgrund seiner gesellschaftlichen Funktion per definitionem immer schon öffentlichkeitswirksam ausgetragen wird. Umso verwunderlicher ist es – in der Tat – dass von diesen Möglichkeiten auch in der jüngeren Vergangenheit so wenig Gebrauch gemacht worden ist.

**Wissenschaftsinterne Aspekte:** Eine Erklärung hierfür haben wir in Kapitel 7.2 bereits angeführt: So musste sich die Diskursanalyse – was Vogel zu Beginn seines Zitats zumindest andeutet – institutionell vermutlich erst als linguistische Disziplin etalieren, um die politisch-aktive Seite der Theorie Foucaults deutlicher in den Blick zu nehmen. Hier war der dominant fachwissenschaftliche Weg, auf den Vogel hinweist, der sicherere. In diesem Zusammenhang ist auch die langanhaltende Auseinandersetzung zwischen der »linguistischen« und der »kritischen« Diskursanalyse zu verorten, in der es vorrangig um die Frage des praktischen politischen Engagements ging. Konkret wurde die Frage diskutiert, ob politisches Engagement Teil der Diskursanalyse sei oder nicht (vgl. Meinhof/Reisigl/Warnke 2013).

Diese Auseinandersetzung, die in den letzten Jahren an Relevanz verloren hat, kann durch den Hinweis entschärft werden, dass diskursanalytische Forschung natürlich die **Anforderungen an wissenschaftliche Standards** erfüllen muss, will sie als wissenschaftliche Disziplin ernstgenommen werden. Gleichzeitig bedeutet das aber nicht, dass Diskursanalytiker/innen nicht dennoch ihre Expertise als Staatsbürger/innen nutzen können (oder auch sollten), um sich **in relevante politische Fragen einzumischen**.

**Fehlende Beispiele eines ›best practice‹:** Neben diesen internen Diskussionen könnte jedoch noch ein zweiter Aspekt für die öffentliche Zurückhaltung (nicht nur) vieler Diskursanalytiker/innen entscheidend sein: So gibt es im Bereich des Politischen wenige Fälle eines »Best Practice« im Sinne von Greta Thunberg, an denen man sich orientieren könnte. Und insoweit scheint der Fall des Schüler/innestreiks ein gutes Beispiel zu sein, das einer umfassenden Analyse unterzogen werden sollte, um mehr darüber zu erfahren, was im Bereich des politischen Diskurses Faktoren für das Gelingen (auch) subversiver Aktivitäten darstellt. Eine Schlussfolgerung, die sich aufdrängt, ist der Zusammenhang zwischen den konkreten Bedingungen, die ein Ereignis zu einem diskursiven Ereignis machen, und der Kollektivsymbolik, mit der es gelingt, diskursive Ereignisse medial öffentlich positiv zu besetzen.

**Dynamik aktueller Krisen:** Allerdings deutet sich im Feld der Diskursanalyse noch ein dritter Aspekt an, der von Greta Thunberg mehrfach thematisiert wurde: So sind in den letzten Jahr(zehnt)en auch in wohlhabenden westlichen Gesellschaften eine Vielzahl politischer Krisen (über-)deutlich geworden, die politische Positionierung nahezu zwingend erscheinen lassen: Die Dramatik des Klimawandels ist eine davon, die Flüchtlingskrise(n), die in Wirklichkeit natürlich Armutskrisen sind, wären die zweite und die Zunahme rassistischer Tendenzen in westlichen Gesellschaften ist ein dritter (zwingender) Grund, sich öffentlich zu äußern.

Diese Liste, die sicherlich weiter fortgesetzt werden müsste, lässt am Ende dieser Einführung mindestens drei Schlussfolgerungen zu: Sollen Foucault Überlegungen zur Subversion des Wissens und aktueller politischer Diskurse (Foucault 1987) ernst genommen werden,

*Drei Schlussfolgerungen*

- dann müssen diskursanalytische Forschungsprojekte in Forschung und Fragestellung so ausgerichtet sein, dass sich daraus (aktuelle) politische Anschlussmöglichkeiten ableiten lassen.
- Zudem muss diskurslinguistisches Spezialwissen über die Mechanismen des politischen Diskurses muss im Rahmen externer Wissenschaftskommunikation vor allem mit Medienvertreter/innen geteilt werden.
- Und es müssen die Möglichkeiten politischen Engagements gerade dort thematisiert (und nicht sanktioniert) werden, wo sie zu beobachten sind (u. a. in den Schulen).

Diese Forderungen verdeutlichen somit abschließend, die (potenziell) hohe Aktualität und Praxisrelevanz der Angewandten Linguistik.

**Literatur**

Androutsopoulos, Jannis/Tereick, Jana (2015): YouTube – Language and Discourse Strategies in Participatory Cultures. In: Georgakopoulou, Alexandra/Spilioti, Tereza (Hg.): *The Routledge Handbook of Language and Digital Communication*. London: Routledge, 354–368.

Auer, Peter (1999): *Sprachliche Interaktion. Eine Einführung anhand von 22 Klassikern*. Tübingen: Niemeyer.

Bendel Larcher, Sylvia (2015): *Linguistische Diskursanalyse. Ein Lehr und Arbeitsbuch*. Tübingen: Narr/Francke/Attempto.

Boettcher, Wolfgang (2009): *Grammatik verstehen. Das Wort*. Tübingen: Niemeyer.

Böke, Karin (1997): Die ›Invasion‹ aus den ›Armenhäusern Europas‹. Metaphern im Einwanderungsdiskurs. In: Jung, Matthias/Wengeler, Martin/Böke, Karin (Hg.): *Die Sprache des Migrationsdiskurses. Das Reden über »Ausländer« in Medien, Politik und Alltag.* Opladen: Westdeutscher Verlag, 164–193.

Böke, Karin/Jung, Matthias/Niehr, Thomas/Wengeler, Martin (2000): Vergleichende Diskursanalyse. Überlegungen zur Analyse national heterogener Textkorpora. In: Böke, Karin/Niehr Thomas (Hg.): *Einwanderungsdiskurse. Vergleichende diskurslinguistische Studien.* Opladen: Westdeutscher Verlag, 11–36.

Böke, Karin/Niehr, Thomas (Hg.) (2000): *Einwanderungsdiskurse. Vergleichende diskursanalytische Studien.* Opladen: Westdeutscher Verlag.

Deleuze, Gilles (1987): *Foucault.* Frankfurt a. M.: Suhrkamp.

Ehlich, Konrad (1991): Funktional-pragmatische Kommunikationsanalyse: Ziele und Verfahren. In: Flader, Dieter (Hg.): *Verbale Interaktion. Studien zur Empirie und Methodologie der Pragmatik.* Stuttgart: J. B. Metzler, 127–143.

Foucault, Michel (1976): *Mikrophysik der Macht. Über Strafjustiz, Psychiatrie und Medizin.* Berlin: Merve Verlag.

Foucault, Michel (1977): *Die Ordnung des Diskurses.* Frankfurt a. M: Ullstein.

Foucault, Michel (1987): *Subversion des Wissens.* Frankfurt a. M.: Fischer Verlag.

Foucault, Michel (1988): *Archäologie des Wissens.* Frankfurt a. M.: Fischer Verlag.

Foucault, Michel (1989): *Überwachen und Strafen. Die Geburt des Gefängnisses.* Frankfurt a. M.: Fischer Verlag.

Foucault, Michel (2002): Von den Martern zu den Zellen. In: *Dits et Ecrits. Schriften 1954–1988*, hg. von Daniel Defert und François Ewald. Frankfurt a. M.: Suhrkamp.

Fraas, Claudia/Meier, Stefan/Pentzold, Christian (2013): *Online-Diskurse. Theorien und Methoden transmedialer Online-Diskursforschung.* Köln: Herbert von Halem Verlag.

Gerhard, Ute (1993): *Wenn Flüchtlinge und Einwanderer zu »Asylantenfluten« werden. Eine kommentierte Dokumentation zum Rassismus im Mediendiskurs.* Bochum: Diskurswerkstatt.

Jäger, Siegfried (2009): *Kritische Diskursanalyse. Eine Einführung.* Duisburg: DISS.

Jaki, Sylvia (2018): Emotionalisierung in TV-Dokus zum Thema Jack the Ripper. Eine Analyse mit DIMEAN. In: Blasch, Lisa/Pfurtscheller, Daniel/Schröder, Thomas (Hg.): *Schneller, bunter, leichter. Kommunikationsstile im medialen Wandel.* Innsbruck: University Press, 213–231.

Jung, Matthias (1996): Linguistische Diskursgeschichte. In: Böke, Karin/Wengeler, Martin/Jung, Matthias (Hg.): *Öffentlicher Sprachgebrauch. Praktische, theoretische und historische Perspektiven.* Opladen: Westdeutscher Verlag, 453–472.

Link, Jürgen (1983): *Elementare Literatur und generative Diskursanalyse.* München: Wilhelm Fink.

Link, Jürgen (1984): kollektivsymbolik und mediendiskurse. zur aktuellen frage, wie subjektive aufrüstung funktioniert. In: *kultuRRevolution*, Heft 1, 6–20.

Link, Jürgen (1985): *Literaturwissenschaftliche Grundbegriffe.* München: Fink.

Link, Jürgen (1992): Die Analyse symbolischer Komponenten realer Ereignisse. Ein Beitrag der Diskurstheorie zur Analyse neorassistischer Äußerungen. In: *Osnabrücker Beiträge zu Sprachtheorie* 46, 37–52.

Link, Jürgen/Parr, Rolf (1990): Semiotische Diskursanalyse. In: Bogdal, Klaus-Michael (Hg.): *Neue Literaturtheorien. Eine Einführung.* Opladen: Westdeutscher Verlag, 107–130.

Lischeid, Thomas (2012): *Diagrammatik und Mediensymbolik. Multimodale Darstellungsformen am Beispiel der Infografik.* Duisburg: Universitätsverlag Rhein-Ruhr.

Meer, Dorothee (2017): Gesprächssorten. In: Niehr, Thomas/Kilian, Jörg/Wengeler, Martin (Hg.): *Handbuch Sprache und Politik. Band 2.* Bremen: Hempen, 484–507.

Meinhof Ulrike Hanna/Reisigl, Martin/Warnke, Ingo H. (Hg.) (2013): *Diskurslinguistik im Spannungsfeld von Deskription und Kritik*. Leipzig: Akademie Verlag.
Niehr, Thomas (2014a): *Einführung in die Politolinguistik*. München: UTB.
Niehr, Thomas (2014b): *Einführung in die linguistische Diskursanalyse*. Darmstadt: WBG.
Niehr, Thomas/Böke, Karin (2003): Diskursanalyse unter linguistischer Perspektive – am Beispiel des Migrationsdiskurses. In: Keller, Reiner u. a. (Hg.): *Handbuch sozialwissenschaftliche Diskursanalyse. Band II: Forschungspraxis*. Opladen: Westdeutscher Verlag, 325–351.
Spieß, Constanze (2017): Metaphern. In: Roth, Kersten Sven/Wengeler, Martin/Ziem, Alexander (Hg.): *Handbuch Sprache in Politik und Gesellschaft*. Berlin: De Gruyter, 94–115.
Spitzmüller, Jürgen/Warnke, Ingo H. (Hg.) (2011): *Diskurslinguistik. Eine Einführung in Theorien und Methoden der transtextuellen Sprachanalyse*. Berlin: De Gruyter.
Stöckl, Hartmut (2004): *Die Sprache im Bild – Das Bild in der Sprache. Zur Verknüpfung von Sprache und Bild im massenmedialen Text*. Berlin: De Gruyter.
Tereick, Jana (2013): Die ›Klimalüge‹ auf YouTube. Eine korpusgestützte Diskursanalyse der Aushandlung subversiver Positionen in der partizipatorischen Kultur. In: Fraas, Claudia/Meier, Stefan/Pentzold, Christian (Hg.): *Online-Diskurse. Theorien und Methoden transmedialer Online-Diskursforschung*. Köln: Herbert von Harlem Verlag, 226–257.
Wengeler, Martin (1995): ›Multikulturelle Gesellschaft oder Ausländer raus?‹ Der Sprachliche Umgang mit der Einwanderung seit 1945. In: Stötzel, Georg/Wengeler, Martin (Hg.): *Kontroverse Begriffe. Geschichte des öffentlichen Sprachgebrauchs in der Bundesrepublik Deutschland*. Berlin: De Gruyter, 711–750.
Wengeler, Martin (1997): Argumentation im Einwanderungsdiskurs. Ein Vergleich der Zeiträume 1970–1973 und 1980–1983. In: Jung, Matthias/Wengeler, Martin/Böke, Karin (Hg.): *Die Sprache des Migrationsdiskurses. Das Reden über »Ausländer« in Medien, Politik und Alltag*. Opladen: Westdeutscher Verlag, 121–149.
Vogel, Friedemann (2019): Diskursintervention. Normativer Maßstab der Kritik und praktische Perspektiven zur Kultivierung öffentlicher Diskurse, https://discourseanalysis.net/de/diskursintervention-normativer-massstab-der-kritik-und-praktische-perspektiven-zur-kultivierung.

# 8 Perspektiven der Angewandten Linguistik

**Gegenstandsbereiche der Einführung:** In dieser Einführung haben wir uns auf vier zentrale Gegenstandsbereiche der Angewandten Linguistik konzentriert: Die Gesprächsforschung, die multimodale Textanalyse, die Medienlinguistik und die Diskursanalyse (Foucault). Diese Gegenstandsbereiche haben sich in der Linguistik lange Zeit getrennt voneinander entwickelt und etabliert. In der jüngeren Zeit kommt es allerdings zu immer mehr **Überschneidungen** zwischen den genannten Bereichen:

- Zum einen liegt das an den untersuchten **Daten** selbst, die sich mit der Digitalisierung ausdifferenziert haben: Mündlichkeit findet man längst nicht mehr nur *face-to-face*, sondern auch im Fernsehen oder in den sozialen Netzwerken. Schrift ist längst nicht mehr reserviert für Bücher oder Zeitungen, sondern findet sich in Internetkommentaren, Foren oder Chats. ›Gespräch‹ und ›Text‹ sind ebenfalls hypertextuell verwoben. Mit diesen vielfältigen Formen der Vermischung kommen weitere Modalitäten in den Blick: Bild, Ton, Geräusch, Mimik, Gestik, Blickverhalten, Körperorientierung im Raum etc. sind Quellen der Interpretation von Kommunikation.
- Zum andern findet sich eine wachsendende Zahl von Überschneidungen zwischen **methodischen Zugängen**, die vor einigen Jahrzehnten noch jeweils getrennten Teilgebieten (Gesprächs- oder Textlinguistik) zugeordnet werden konnten. Denn durch die semiotische Vielfalt der Daten(-korpora) bietet es sich zunehmend an, Methoden aus angrenzenden linguistischen Teilgebieten zu adaptieren und zu mischen.

*Gründe für Überschneidungen zwischen den Bereichen*

In diesem Sinne kann man am Ende dieser Einführung festhalten, dass dieser Prozess der Gegenstandskonstitution einer Angewandten Linguistik, die Kommunikation in ihren semiotisch vielfältigen Formen untersucht, gerade in vollem Gange ist.

Vor diesem Hintergrund haben wir mit dieser Einführung versucht, die vier genannten Gegenstandsbereiche zusammenzudenken und zu behandeln. Dazu haben wir nicht nur unsere empirischen Daten sehr vielfältig gewählt und zu ihrer Analyse an traditionelle linguistische Zugänge angeknüpft, sondern wir haben diese Zugänge aus verschiedenen angewandt-linguistischen Teildisziplinen aufeinander bezogen und kombiniert. Damit verstehen wir dieses Buch auch als einen Beitrag zu einer Angewandten Linguistik, die für empirische Daten aus unterschiedlichen Bereichen menschlicher Kommunikation kombinierte methodische Zugänge bereithält.

Am Beispiel anwaltlicher Mandant/innengespräche haben wir in Kapitel 3 verschiedene analytische Zugänge zur Untersuchung von authentischen (institutionellen) Gesprächen eingeführt. Dabei sollte gezeigt werden, dass sich mit authentischen Daten analytisch nachzeichnen lässt, wie die Beteiligten gemeinsam ein Gespräch herstellen, indem sie ihr Gesprächshandeln aufeinander beziehen und aneinander anpassen (Ethnomethodologische Konversationsanalyse). Dieses gemeinsame Herstellen eines Gesprächs wird umso deutlicher, wenn man auch multimodale Ressourcen einbezieht, die man mittels Videoaufnahmen und deren Analysen systematisch untersuchen kann (multimodale Ausdrucksressourcen). Wir haben zudem anhand der authentischen Daten gezeigt, wie man das Handeln der Beteiligten im Gespräch so fassen kann, dass man es mit Wissen und mentalen Prozessen der Beteiligten sowie der außersprachlichen (institutionellen) Wirklichkeit in Verbindung bringen kann (Funktionale Pragmatik). Darüber hinaus wurde deutlich, wie man anhand authentischer Gespräche Aspekte konversationeller Asymmetrien als Ergebnis und Prozess von Machtwirkungen (im Anschluss an Foucault) untersuchen kann.

**Kapitel 4** hat sodann in die multimodale Textanalyse eingeführt, mit der wir das Zusammenspiel verschiedener Modalitäten (Zeichenressourcen) für die Analyse von Produktverpackungen, T-Shirt-Aufdrucken und Printwerbungen fruchtbar gemacht haben. Hier haben wir uns über die Analyse von Sehflächen an multimodale Texte angenähert und gezeigt, dass man Produktverpackungen oder T-Shirt-Aufdrucke auf verschiedenen Wahrnehmungsebenen beschreiben kann, also durchaus zunächst einmal Sprache-Bild-Kombinationen in ihrem Gesamtarrangement erfassen kann. Zur genaueren analytischen Erfassung von Sprache-Bild-Texten wurden anschließend anhand von Printanzeigen Zugänge aufgezeigt, die die Positionen bestimmter Elemente der Sehfläche und deren Anordnung genauer beschreiben. Dabei kamen zum einen verschiedene Bildachsen in den Blick, die multimodale Sehflächen strukturieren. Zum anderen zeigte sich, wie auch dynamische Beziehungen zwischen verschiedenen Elementen des Gesamttextes durch Vektoren (Blickrichtungen, Anordnungen von Gegenständen, Raum) hergestellt werden können. Diese Beschreibungsdimensionen machen die Komposition der Sehflächen deutlich und lassen Rückschlüsse darauf zu, wie ihre Wahrnehmung durch einzelne Elemente und ihr Gesamtarrangement gesteuert wird. Darüber hinaus wurde das Zusammenspiel verschiedener funktionaler Ebenen von Sehflächen (Darstellung, Interaktion, Vertextung) analytisch noch genauer erfasst.

In **Kapitel 5** haben wir uns ebenfalls anhand einer Printanzeige mit (multimodalen) Texten im Sinne der Textlinguistik beschäftigt und Sehflächen anhand von Texttualitätsmerkmalen beschrieben. Entsprechend konnten multimodale Texte auch als Textsorten bestimmt werden, was den Weg zu einer intertextuellen und in einem weiteren Schritt hypertextuellen Bestimmung von Text und Textsorten ermöglichte. Darauf aufbauend ließen sich zusätzlich audiovisuelle Produkte, hier exemplarisch ein Werbespot, als Texte untersuchen und methodische Zugänge zu deren linguistischer Analyse aufzeigen. In diesem Zusammenhang hat sich herausgestellt, dass audiovisuelle Daten vor allem durch den Einsatz bewegter Bilder und unterschiedlicher Formen der Nutzung von Ton im Vergleich zu einfachen Sprache-Bild-Texten an Dynamik gewinnen, die das deutlichere Entfalten von Handlungen (z. B. durch narrative Muster) ermöglichen. Die dabei dargestellten linguistischen Zugänge zu audiovisuellen Texten ließen sich in einem weiteren Schritt durch medien- und filmwissenschaftliche Kategorien ergänzen. Wir konnten hierbei exemplarisch zeigen, wie diese Kategorien für linguistische Fragestellungen und Analyseinteressen ganz gezielt zu adaptieren sind.

In **Kapitel 6** wurden die untersuchten Daten noch komplexer. Hier haben wir uns mit Zugängen zu hypermedialen Texten beschäftigt, die multimodal, nicht linear organisiert und fluide sind. Zudem ermöglichen Hypermedien den Austausch von Nutzer/innen, was neue Beteiligungsrollen hervorbringt. Aufbauend hierauf haben wir uns mit der Hybridisierung und Ausdifferenzierung von Textsorten auseinandergesetzt, die sich durch neue technische Möglichkeiten und Grenzen und sich ändernde kommunikative Bedürfnisse ergeben. Analytisch haben wir an einer BRAVO-Mode-/Schminkstrecke und einem YouTube-Styling-Tutorial gezeigt, wie sich Textsorten ausdifferenzieren und hybridisieren. Obwohl bei beiden Textsorten in Teilen ähnliche Funktionen analysiert werden können, zeigen sich doch bezogen auf weitere Merkmale grundsätzliche Unterschiede, die auf eine Ausdifferenzierung hindeuten. Gleichzeitig wurden aber auch Hybridisierungstendenzen im Printbereich deutlich, die als Ergebnis hypermedialer Veränderungen betrachtet werden müssen. Hybridisierung und Ausdifferenzierung lassen sich somit anhand vergleichender Methoden analytisch ermitteln.

**Kapitel 7** bietet einen weiteren analytischen Zugang zu empirischen Daten an. Auch hier werden die untersuchten Daten im Vergleich zu den Anfangskapiteln dieses Buches komplexer, da sie sich aus vielfältigen Datentypen in verschiedenen Modalitäten zusammensetzen, die (meist) einen thematischen Fokus aufweisen und in Form größerer Korpora untersucht werden können. Für solche Daten, die wir in diesem Rahmen nur exemplarisch aus verschiedenen politischen Zusammenhängen gewonnen haben, haben wir versucht, einen diskursanalytischen Zugang (im Anschluss an Foucault) darzustellen, der die Relevanz multimodaler Ressourcen, vor allem von Bildern, für eine diskursanalytische Methodik herausstellt.

**Angewandte Linguistik:** Bezogen auf den Begriff der Angewandten Linguistik, unter dem wir die hier behandelten Gegenstände und Zugänge summieren, ohne damit andere ausschließen zu wollen, haben wir uns mit unseren Analysen weitgehend im Rahmen eines engen Anwendungsbegriffes bewegt. Immer wieder, spätestens jedoch am Ende eines jeden Kapitels, haben wir uns auch mit Fragen eines erweiterten Anwendungsbegriffs beschäftigt, bei dem es darum geht, ›angewandte Anwendung‹ zu verfolgen und aufzuzeigen, in welcher Weise empirische Ergebnisse für ein außerlinguistisches Publikum von Interesse sein können. Dabei ist deutlich geworden, dass mit dieser Einführung vor allem zwei große Gruppen adressiert werden:

- Zum einen ist das die **gesellschaftliche Praxis**, vor allem diejenigen, die die von uns untersuchten Daten produzieren (Agent/innen und Klient/innen in Institutionen, die Gespräche führen, (Werbe-)Texter/innen, Journalist/innen, Politiker/innen etc.).
- Zum anderen sind die Ergebnisse vieler Analysen vor allem für den **schulischen Deutschunterricht** relevant, um reflexive und analytische Kompetenzen von Schüler/innen zu fördern, die allerdings, wie

*Adressat/innen der Angewandten Linguistik*

wir mehrfach betont haben, auch mit einer Weiterbildung von Lehrpersonen einhergehen müssen.

Mit diesen beiden genannten Gruppen wird eine sehr breite gesellschaftliche Interessengruppe angesprochen. Dies hat seinen Grund auch darin, dass nahezu jede/r mit dem einen oder anderen im Rahmen der empirischen Linguistik untersuchend Thema Berührung hat.

Vor diesem Hintergrund sehen wir als künftige Perspektiven der Angewandten Linguistik vor allem zwei **wichtige Desiderate**:

Erstes Desiderat: Die Linguistik bietet bereits ein breites methodisches und theoretisches Spektrum, mit dem analytische Zugänge zu Kommunikation in all ihren medialen, monologischen und dialogischen Erscheinungsformen sehr detailliert und differenziert beschrieben werden können. Dieses **Methodenrepertoire** gilt es jedoch zukünftig so weiterzuentwickeln, dass es für die Entstehung neuer Formen von Kommunikation nutzbar gemacht werden kann. Dazu ist sicherlich an traditionelle Konzepte anzuschließen, diese müssen aber auch in Zukunft zusammengedacht werden, um sie auch an neue Gegenstände adaptieren zu können. Einige Möglichkeiten dazu wurden in diesem Buch gezeigt. Zur (Weiter-)Entwicklung von analytischen Konzepten und tragfähigen Methoden aber – und das ist unsere wichtigste Überzeugung – ist weiterhin zwingend empirisches Arbeiten erforderlich. Das bedeutet, dass eine Entwicklung von Methoden und Theorien der Kommunikation immer in direkter Konfrontation mit empirischen Daten vollzogen werden muss. Damit plädieren wir ausdrücklich für eine Stärkung **empirischer Theoriebildung**, die in der Linguistik erst allmählich aus ihrem Schattendasein findet und breitere Akzeptanz entwickelt.

Zweites Desiderat: Vor allem bezogen auf die **Weiterentwicklung der ›angewandten‹ Anwendung** sehen wir Entwicklungsbedarf. Auch wenn die Angewandte Linguistik in den letzten Jahrzehnten an manchen Stellen ihre Ergebnisse in konkrete Praxisfelder ›einspeisen‹ konnte, so gilt es dennoch auch in Zukunft, die gesellschaftliche Relevanz der Linguistik zu stärken. Möglichkeiten dazu sehen wir vor allem in der Weiterentwicklung der linguistischen Methodik. Dies mag überraschen, haben wir doch bisher stets die Reichhaltigkeit linguistischer Methodik und deren Eignung zur Beschreibung empirischer Daten hervorgehoben. Diese Methoden setzt die Linguistik bislang allerdings weitgehend in empirisch deskriptiver Perspektive ein und fokussiert dabei in der Regel auf Fragen, die Sprachverwendung beschreiben und analytisch strukturieren. Fragen in dieser empirisch deskriptiven Ausrichtung sind z. B. auch die in diesem Buch behandelten: Ist eine Printanzeige ein Text? Was unterscheidet Styling-Tutorials von Schminkstrecken, wie sind anwaltliche Mandant/innengespräche aufgebaut und welche Methoden nutzen Gesprächsbeteiligte, um ihren Sprecherwechsel zu koordinieren? Diese Fragen aber sind meist für Sprachverwender/innen (und damit für die Gesellschaft im weitesten Sinne) in ihrer Relevanz nicht unmittelbar einzuordnen bzw. nutzbar.

Ausgehend von solchen Fragen und Ergebnissen in die Anwendung zu gehen, also mit beteiligten Praxisgruppen auf Basis empirischer, meist struktureller Beschreibungen ihr sprachliches Handeln zu reflektieren, ist nicht immer leicht, weil ein linguistischer Zugang für die Praxis nicht immer intuitiv nachvollziehbar ist. Aus unserer Sicht sollte sich die Angewandte Linguistik hier weiterentwickeln: Hierzu muss sie ihre analytischen, strukturierenden Zugänge nutzen, sie sollte genau diese Methoden aber auch für die Beantwortung von Fragen fruchtbar machen, die potenziell Beteiligte und im weiteren Sinne die Gesellschaft interessiert. Häufig spielen hier Fragen der Bewertung sprachlichen Handelns eine Rolle, denn aus Sicht von Sprachverwender/innen geht es häufig darum, ein Gespräch, beispielsweise ein Mandant/innengespräch, gut und eine Printanzeigen überzeugend zu gestalten. Solche Fragen standen bisher nicht im Zentrum angewandt linguistischen Interesses. Hier betrachten wir es als ein methodisches Desiderat, linguistisch gesicherte analytische Zugänge zu Bewertungen empirischer Daten zu entwickeln und möchten insofern für eine Stärkung einer **praxisorientierten Ausrichtung empirischer Forschung** in der Angewandten Linguistik plädieren.

**Angewandt-linguistische Kompetenzen:** Über diese genannten Perspektiven und Desiderate hinaus möchten wir abschließend eine zentrale Frage zumindest kurz streifen, die viele Studierende und Absolvent/innen linguistischer Studienrichtungen, aber auch deren potenzielle Arbeitgeber/innen umtreibt: Die Frage danach, was eigentlich genau angewandt-linguistische Kompetenzen sind. Wir denken, es sind vor dem Hintergrund der in dieser Einführung verwendeten Verfahren mindestens die folgenden Kompetenzen:

- **Sensibilität** für Kommunikationssituationen aufgrund der Erfahrung mit empirischen, authentischen Kommunikationsdaten, dadurch erleichtere **Steuerungsmöglichkeiten** dieser Situationen.
- Die Fähigkeit, komplexe Zusammenhänge und Prozesse zu **abstrahieren** und zu verstehen, vor allem, aber nicht nur, bezogen auf kommunikative Prozesse, dadurch Fähigkeit, komplexe Prozesse zu **planen,** zu **begleiten** und zu **überwachen**.
- Schwierige Kommunikationssituationen, ggf. mit nicht zu vereinbarenden Zielen, zu verstehen und nach **Spielräumen** für Lösungsansätze zu suchen.
- Ein umfangreiches **Methodenrepertoire** und **analytische Zugriffsmöglichkeiten** auf authentische Kommunikation, um diese empirisch gesichert zu rekonstruieren und gezielte Einzelfallanalysen im beruflichen Alltag zu ermöglichen. Bei viel Analyseerfahrung sind analytische Fähigkeiten auch ad hoc zum Verstehen und Verändern von Kommunikation/Kommunikaten einsetzbar.
- Zielführender Umgang mit Informationen und **großen Textmengen**.
- Einblicke in vielfältige Kommunikationssituationen durch Analysen von Kommunikation in verschiedensten Verwendungszusammenhängen, dadurch vielfältiges **Wissen** zu praktischen kommunikativen Problemen und **kreativen Zugängen** zu deren Lösung.

Angewandt-linguistische Kompetenzen

Wir hoffen, solche linguistischen Kompetenzen mit diesem Buch für Studierende, aber auch für andere an der Angewandten Linguistik interessierte Gruppen, sichtbarer und zugänglicher gemacht zu haben.

# 9 Anhang

## 9.1 | Gesamttranskription des Coca-Cola Zero-Werbespots aus Kapitel 5

**Transkript: Werbespot Coca-Cola Zero**
**(YouTube: https://www.youtube.com/watch?v = ZONZsklgOjw; gesehen am 23.6.2019)**

NI: Mann Nico
FR: Frau
MN: Manuel Neuer
MS: männliche Stimme (aus dem Off)

```
                |
01      [(2.0)
Ge      [((glasklimpergeräusche))
        [((fußball-tv-geräusche))
```

```
                |
02      [(1.0
Ge      [((tür des Kühlschranks wird geschlossen))
        ((fussball-tv-geräusche weiter im hintergrund))
```

```
            |
03      (2.0)
Ge      ((fussball-tv-geräusche weiter im hintergrund))
Ko      Die Hände (der Frau) kleben ein Originaletikett
        über das Coke zero-Etikett.
```

```
            |
04  FR  HIER nico-
Ge      ((fussball-tv-geräusche bleiben lauter))
```

```
            |
05      (2.0)
Ge      ((fussball-tv-geräusche bleiben lauter))
```

## Gesamttranskription des Coca-Cola Zero-Werbespots aus Kapitel 5

```
                       |
06    FR      [ÜBRIgens-
Mu            [((langsamer. leiser, sehr hoher synthesizerton
              beginnt))
```

```
                               |
07            [das IS gar keine coca cola;
Mu            [((synthesiser-ton wird lauter))
```

```
                       |
08            [das=s coke-ZEro;
Mu            [((syntheziser-ton wird ergänzt durch einen piano-
              klang, der in drei oktaven aufsteigt))
```

```
09      [echter geSCHMACK, [(.)                        ]
Ge                         [((reißgeräusch))           ]
Mu      [((gleichbleibende musikalische phrase))
                                   [((ein dissonanter ton))]
KO      Frau reißt rotes Coca Cola Etikett ab und schwar-
        zes Coke Zero Etikett ist zu sehen
```

```
10      null zucker;
Mu      ((gleichbleibende musikalische phrase))
Ko      Aufkleber auf der Flasche hat sich von Coca Cola
        in rot zu Coke Zero in schwarz geändert
```

```
11      SIEHST du-
Mu      ((gleichbleibende musikalische phrase))
```

**Gesamttranskription des Coca-Cola Zero-Werbespots aus Kapitel 5**

```
                          |
12         wenn du willst kannst du ALLes haben;
Mu         ((gleichbleibende musikalische phrase))
```

```
                          |
13         [wenn du willst BIN=ich gar nich deine freundin-
Mu         [((musikalische phrase wird lauter und ergänzt
           durch harfe und einsetzende streicher))
Ko         Stimme der Freundin wird deutlich tiefer und ist
           mit Hall unterlegt
```

```
           |
14 Fr/MN   [sondern manuel NEUer;
Mu         [((musikalische phrase wird lauter))
Ko         Manuel Neuer ist zu sehen, spricht aber mit der
           Stimme der Frau
```

```
15  MN     [und wir SIND gar nich im wohnzimmer-
    Ge/Mu  [((stadiongeräusche überblenden die Musik))
    Ko     Neuer spricht ab hier mit seiner eigenen Stimme
```

```
16         sondern im STAdion;              (0.1)
    Ge     ((weiter stadiongeräusche))
    Ko     Nico und Manuel Neuer stehen vom Sofa auf und
           stehen nach einer Überblendung im Stadion
```

```
17         [    (1.0)
    Ge     [((stadiongeräusche und jubelgeräusche))
```

# 9.1

**Gesamttranskription des Coca-Cola Zero-Werbespots aus Kapitel 5**

```
18      und wir feiern den SIEG-
Ge      ((stadiongeräusche und jubelgeräusche))
```

```
19      aber nicht [HIER-                              ]
Ge                 [((stadion- und jubelgeräusche hören
                   auf))                               ]
```

```
20      [sondern HIER;
Ge      [((jubelnde Männerstimmen))
Ko      Manuel Neuer dreht seinen Kopf und steht nach einer
        Überblendung gemeinsam mit dem Mann in der Kabine
```

```
21      (2.0)
Ge      ((jubelnde Männerstimmen))
```

183

```
                |
22   MN    und wenn du nach HAUse kommst-      ]
Ge         ((jubelnde Männerstimmen hören auf))]
Ko         Nico wird von Manuel Neuer angestoßen und fällt
           nach hinten um (Überblendung)
```

```
                |
23         [(2.0)
Ge         [((dumpfes fallgeräusch ))
Mu         [((schlagzeugintro))
```

```
                |
24   FR    (1.0)
Mu         ((schlagzeugintro))
```

## 9.1 Gesamttranskription des Coca-Cola Zero-Werbespots aus Kapitel 5

```
             |
25      bin ich NICH mehr manuel neuer;
Mu      ((schlagzeugintro))
```

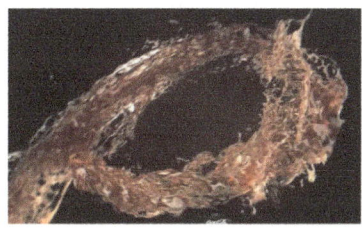

```
             |
26  MS  [du kannst ALLes haben;
Mu      [((schlagzeug wird ergänzt durch verzerrte
        e-gitarre; beginnender rocksong))
```

```
             |
27      [mit coke ZEro;
Mu      ((rocksong))
Ge      [((geräusch, das menschen machen, nachdem durst
        gelöscht wurde))
```

```
28      ECHTer geschmack null zucker;]
Mu      ((rocksong, endet abrupt))    ]
Ge      ((geräusch, endet abrupt))    ]
```

## 9.2 Auswahlbibliografie

Adamzik, Kirsten (2016): *Textlinguistik. Grundlagen, Kontroversen, Perspektiven*. Berlin: De Gruyter.
Auer, Peter (2013): *Sprachliche Interaktion*. 2 Aufl. Berlin: De Gruyter.
Beaugrande, Robert-Alain de/Dressler, Wolfgang U. (1981): *Einführung in die Textlinguistik*. Tübingen: Niemeyer.
Bendel Larcher, Sylvia (2015): *Linguistische Diskursanalyse. Ein Lehr und Arbeitsbuch*. Tübingen: Narr/Francke/Attempto.
Brünner, Gisela/Fiehler, Reinhard/Kindt, Walther (1999/2001): *Angewandte Diskursforschung*. 2 Bände. Mannheim: Verlag für Gesprächsforschung.
Burger, Harald/Luginbühl, Martin (2014): *Mediensprache*. 4 Aufl. Berlin: De Gruyter.
Deppermann, Arnulf (2000): Ethnographische Gesprächsanalyse: Zu Nutzen und Notwendigkeit von Ethnographie für die Konversationsanalyse. In: *Gesprächsforschung – Online-Zeitschrift zur verbalen Interaktion*. Ausgabe 1, 96–124.
Deppermann, Arnulf (2008): *Gespräche analysieren*. 4 Aufl. Wiesbaden: VS Verlag.
Deppermann, Arnulf/Feilke, Helmuth/Linke, Angelika (Hg.) (2016): *Sprachliche und kommunikative Praktiken*. Berlin: De Gruyter.
Ehlich, Konrad/Rehbein, Jochen (1986): *Muster und Institution. Untersuchungen zur schulischen Kommunikation*. Tübingen: Narr.
Fix, Ulla (2008): Text und Textlingusitik. In: Janich, Nina (Hg.): *Textlinguistik. 15 Einführungen*. Tübingen: Narr, 15–34.
Foucault, Michel (1977): *Die Ordnung des Diskurses. Inauguralvorlesung am Collège de France – 2. Dezember 1970*. Frankfurt a. M.: Ullstein.
Georgakopoulou, Alexandra/Spilioti, Tereza (2016): *The Routledge Handbook of Language and Digital Communication*. London/New York: Routledge.
Hauser, Stefan/Luginbühl, Martin (2015): *Hybridisierung und Ausdifferenzierung. Kontrastive Perspektiven linguistischer Medienanalyse*. Bern u. a.: Peter Lang Verlag.
Hickethier, Knut (2012): *Film- und Fernsehanalyse*. 5. Aufl. Stuttgart: J. B. Metzler.
Imo, Wolfgang (2016): Dialogizität – eine Einführung. In: *Zeitschrift für Germanistische Linguistik* 44 (3).
Imo, Wolfgang/Lanwer, Jens Philipp (2019): *Interaktionale Linguistik. Eine Einführung*. Berlin: J. B. Metzler.
Janich, Nina (Hg.) (2012): *Handbuch Werbekommunikation. Sprachwissenschaftliche und interdisziplinäre Zugänge*. München: UTB.
Janich, Nina (Hg.) (2008): *Textlinguistik*. Tübingen: Narr.
Kress, Gunther/van Leeuwen, Theo (2006): *Reading Images. The Grammar of Visual Design. Second Edition*. London/New York: Routledge.
Levinson, Stephen C. (2000): *Pragmatics*. Cambridge: Cambridge University Press.
Marx, Konstanze/Weidacher, Georg (2014): *Einführung in die Internetlinguistik. Ein Lehr- und Arbeitsbuch*. Tübingen: Narr Verlag.
Meer, Dorothee (2017): Institutionen als Handlungsfeld II: Exekutive. In: Roth, Kersten Sven/Wengeler, Martin/Ziem, Alexander (Hg.): *Handbuch Sprache in Politik und Gesellschaft*. Berlin: De Gruyter, 398–421.
Meer, Dorothee (2018): Dagi Bee und die Bewerbung von Jugendlichen: aktuelle Entwicklungen im Bereich der Hypermedien am Beispiel der Textsorte ›Tutorial‹. In: Michel, Sascha/Pappert, Steffen (Hg.): *Multimodale Kommunikation im öffentlichen Räumen. Kommunikationsformen und Textsorten zwischen Tradition und Innovation*. Stuttgart: ibidem, 201–230.
Mikos, Lothar (2015): *Film- und Fernsehanalyse*. München: UVK.
Niehr, Thomas (2014a): *Einführung in die Politolinguistik*. München: UTB.

Niehr, Thomas (2014b): *Einführung in die linguistische Diskursanalyse*. Darmstadt: WBG.

Pick, Ina (2017): Gesprächslinguistik. In: Felder, Ekkehard/Vogel, Friedemann (Hg.): *Handbuch Sprache im Recht*. Berlin: De Gruyter, 251–270.

Sandig, Barbara (2000): Text als prototypisches Konzept. In: Mangasser-Wahl, Martina (Hg.): *Prototypentheorie in der Linguistik. Anwendungsbeispiele – Methodenreflexion – Perspektiven*. Tübingen: Stauffenburg Verlag, 93–112.

Schneider, Jan/Stöckl, Hartmut (Hg.) (2011): *Medientheorien und Multimodalität. Ein TV-Werbespot – Sieben methodische Beschreibungsansätze*. Köln: Herbert von Halem Verlag.

Schmitz, Ulrich (2018): Media Linguistic Landscapes. Alle Linguistik sollte Medienlinguistik sein. In: *Journal für Medienlinguistik* 1 (1), 1–34.

Schmitz, Ulrich (2015): *Einführung in die Medienlinguistik*. Darmstadt: WBG.

Spitzmüller, Jürgen/Warnke, Ingo H. (2011): *Diskurslinguistik. Eine Einführung in Theorien und Methoden der transtextuellen Sprachanalyse*. Berlin: De Gruyter.

Staiger, Michael (2008): Filmanalyse – Ein Kompendium. In: *Der Deutschunterricht*, Heft 3, 8–18.

Stukenbrock, Anja (2013): Sprachliche Interaktion. In: Auer, Peter (Hg.): *Sprachwissenschaft. Grammatik – Interaktion – Kognition*. Stuttgart/Weimar: J. B. Metzler, 217–259.

## 9.3 Sachregister

**A**

accomplishment 21
accountability 21
Adjazenz 28
Angewandte Linguistik 1, 2, 5, 45, 48, 52, 53, 58, 64, 65, 74, 75, 77, 79, 87, 109, 115, 119, 121, 139, 141, 171, 173, 174, 175
Anwendungsbegriff, eng 12, 115
Anwendungsbegriff, weit 12, 74, 115
Ausdifferenzierung 115, 125, 173

**B**

Bildachse 66, 72
Bilddiagonale 66, 88
bildliches Zeichen 51
Bildlichkeit 149, 151–152, 159
bottom-up 59–60, 62, 70
boundary signals 27

**C**

Catch Visual 82, 90

**D**

Daten, authentische 8, 11–13, 20, 77, 79, 94, 171–172
Diskurs 37, 141
Diskursanalyse 171, 173
– linguistische Diskursanalyse 20, 35, 37–38, 141
Disziplinen 5–8, 13, 53, 65, 74, 143

**F**

Foucault, Michel 20, 35, 37–38, 141, 171, 173
Funktionale Pragmatik 20, 30, 35

**G**

geschriebene Sprache 9, 11, 35, 52, 73–74, 80, 95, 97, 109, 130
Gespräch 171–173, 175
– authentisches Gespräch 16
Gesprächsbeitrag/turn 25
Gesprächsforschung 7, 13, 15, 45, 52, 65, 72–74, 76, 91, 142, 171
Gesprächssituation 15, 131–132, 134
Gesprächs-/Textsorten 138–139
gesprochene Sprache 9, 11, 34–35, 51–52, 73–74, 79–80, 90, 107–108, 130, 132, 138

**H**

holistisch 59–60, 62, 70, 79, 93
Hörerrückmeldungen/back-channel-behaviour 26
Hybridisierung 115, 124, 135–136, 173
Hypermedien, hypermedial 115, 173
Hypertext, Hypertextualität, hypertextuell 116, 136–137, 171–172

**I**

Ikon, ikonisches Zeichen 57–59, 61–63, 70, 82, 148
Indexikalität 22
Index, indexikalisches Zeichen 22, 30, 57–59, 63, 148
Interpersonale Koordination 43
Intrapersonale Koordination 43
Introspektion 9

**K**

Katachrese (Bildbruch) 154, 157
Kode 52, 73–74, 93, 108, 124
(Kollektiv-)Symbol/Symbolik 151
Konstituentenmodell (Spitzmüller, Warnke) 10 ff.
Konversationsanalyse, ethnomethodologische 20, 23, 29, 172
Korpus, Korpora 9, 12, 52, 64–65, 69, 87, 91, 145

**L**

linear 51, 54, 56, 58, 60, 62, 70, 79, 93
linear, nicht linear 116, 124, 173

**M**

Massenmedien, massenmedial 141
Medienlinguistik 171
Metapher 143
Modalität 9–10, 26, 39–40, 52, 54, 73–74, 79–80, 91, 107, 130, 171
Multimodalität, multimodal 8, 15–16, 25, 39, 44, 51–52, 59, 65, 72–74, 76, 79, 115, 138, 171–173

**N**

Next Turn Proof Procedure (sequenzanalytisch) 23

**P**

paradigmatisch 56, 58
paraverbal 9

Peirce, Charles Sanders  22, 56–59
Phonologie  10
Pictura  152
Pragmatik  55, 80
Praxis  5–6, 8–9, 12, 45–48, 109, 134, 137, 173, 175

**R**
Reflexivität  22

**S**
Saussure, Ferdinand de  9–10, 53–56, 58, 60
Sehflächen  51, 59, 79, 85, 109, 117, 129–130, 132, 172
– Darstellungsebene  71
– Interaktionsebene  72
– Textualistätsebene  72
Semantik, semantisch  10, 82, 99, 135
Semiotik, semiotisch  9–10, 13, 22, 51, 79, 98, 111, 118, 124, 130, 134, 141, 151, 155, 171
semiotische Qualität  58
Sequenz, sequenzanalytisch  23
Sprache  9, 32, 52, 60, 62, 70, 73, 142, 145
Sprache-Bild-Relation/-Text  73, 80, 87, 116, 130, 137, 152, 172
sprachliches Handeln  32–33, 35, 46–48
sprachliches Zeichen  10, 22, 51, 66, 69–70, 72, 151
Sprecherwechsel/turn-taking  25
Subscriptio  152
Symbol, symbolisches Zeichen  23, 57–59, 61, 63, 70, 116, 152

syntagmatisch  56
Systemlinguistik  55, 80

**T**
Teildisziplinen  1, 7, 13, 15, 45, 48, 52–53, 80, 145, 167, 171
Text (als multimodale Größe)  79, 115, 141, 171–172
Textsorten  79, 115, 125, 172–173
tonales Zeichen  52
top-down  59–60, 62, 70, 79, 147
Transkript, Transkription  16, 79, 91, 106, 109
Turn Construction Unit (TCU)  25
turn, linguistischer  23
Typografie, typografisch  9, 51, 56, 61, 63, 73, 89

**U**
Übergaberelevante Stelle/transition relevance place (TRP)  25

**V**
Vektor  67–69, 72, 83, 88, 100, 172
visual emphasis  67, 69

**W**
Wahrnehmungsebene  59, 61–62, 65, 71, 172
Wahrnehmungsgrenzen  90
Wissensasymmetrie  11

**Z**
Zeichen  10, 53, 65, 72, 74
Zeichensystem  9–10, 52, 73

GPSR Compliance

The European Union's (EU) General Product Safety Regulation (GPSR) is a set of rules that requires consumer products to be safe and our obligations to ensure this.

If you have any concerns about our products, you can contact us on ProductSafety@springernature.com

In case Publisher is established outside the EU, the EU authorized representative is:

Springer Nature Customer Service Center GmbH
Europaplatz 3
69115 Heidelberg, Germany

**Batch number: 09764823**

Printed by Printforce, the Netherlands